阎崇年 著

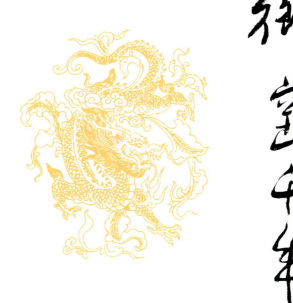

御窑千年

生活·讀書·新知 三联书店

Copyright © 2017 by SDX Joint Publishing Company.
All Rights Reserved.

本作品版权由生活·读书·新知三联书店所有。
未经许可，不得翻印。

图书在版编目（CIP）数据

御窑千年/阎崇年著．—北京：生活·读书·新知三联书店，
2017.4
  ISBN 978 − 7 − 108 − 05932 − 1

  Ⅰ.①御⋯ Ⅱ.①阎⋯ Ⅲ.①官窑－瓷器（考古）－研究－中国
Ⅳ.① K876.34

  中国版本图书馆 CIP 数据核字（2017）第 061650 号

封面题签	爱新觉罗·启骧	
扉页题签	耿宝昌	
责任编辑	张　龙	
装帧设计	蔡立国	
责任校对	曹忠苓　常高峰　张国荣	
责任印制	卢　岳　徐　方	
出版发行	生活·讀書·新知 三联书店	
	（北京市东城区美术馆东街 22 号 100010）	
网　　址	www.sdxjpc.com	
经　　销	新华书店	
印　　刷	北京图文天地制版印刷有限公司	
版　　次	2017 年 4 月北京第 1 版	
	2017 年 4 月北京第 1 次印刷	
开　　本	720 毫米 × 880 毫米　1/16　印张 19.5	
字　　数	253 千字　插图 137 幅	
印　　数	000,001 − 100,000 册	
定　　价	69.00 元	

（印装查询：01064002715；邮购查询：01084010542）

目　录

序 / 1

开篇：窑神童宾的故事 / 11

御窑之源 / 15
　　一　赐名景德 / 17
　　二　名窑荟萃 / 21
　　三　水土宜陶 / 30

设博易务 / 35
　　一　始设机构 / 35
　　二　首任税官 / 41
　　三　景德镇监 / 44

大元青花 / 51
　　一　霍氏发现 / 52
　　二　波普论证 / 55
　　三　根在中国 / 60

浮梁磁局 / 70
　　一　蒙元文化 / 70
　　二　国家磁局 / 74
　　三　大元工匠 / 79

明御器厂 / 89
　　一　洪武贵红 / 89
　　二　永乐甜白 / 96
　　三　士嘉监陶 / 100

宣德青花 / 104
　　一　太平天子 / 104
　　二　宣窑为最 / 110
　　三　太监督陶 / 117

成化斗彩 / 122
　　一　苦难太子 / 122
　　二　斗彩争艳 / 125
　　三　监陶清官 / 135

高峰迭起 / 138
　　一　弘治娇黄 / 138
　　二　正德青花 / 142
　　三　嘉靖大器 / 146

万历晚霞 / 154

    一　万历彩瓷 / 154

    二　有年督陶 / 158

    三　潘相激变 / 162

清设御窑 / 169

    一　三罹战火 / 169

    二　废除匠籍 / 171

    三　王锳治饶 / 178

康熙恢宏 / 183

    一　文化大势 / 183

    二　康熙御瓷 / 188

    三　郎窑红瓷 / 196

雍正雅致 / 208

    一　风格之变 / 208

    二　珐琅之秀 / 213

    三　用人之道 / 218

乾隆华缛 / 226

    一　文化大业 / 226

    二　奇巧繁丽 / 229

    三　集成创新 / 234

唐英督陶 / 241
    一 唐英家世 / 241
    二 唐英督陶 / 245
    三 唐英心语 / 251

日薄西山 / 257
    一 最后百年 / 257
    二 名工雅匠 / 260
    三 女人的瓷 / 263

瓷器之路 / 277
    一 海陆交流 / 277
    二 七下西洋 / 282
    三 远播四方 / 289

插图目录 / 294

主要参考书目 / 299

感谢辞 / 304

序

阎崇年

2004年，我在《正说清朝十二帝》一书的扉页上写道："历史是镜子，历史也是艺术。它可以借鉴，更可以欣赏。"最近，我的朋友严钟义先生说："一切科学到了最高境界，就是哲学和艺术。"哲学探讨规律性，艺术追求真善美。科学的研究，既通往规律性，又通向真善美，向科学的最高境界攀缘。鉴于此，我将与御窑之缘作为本书的开笔。

一　御窑之缘

2010—2012年，我写作《大故宫》第一、二、三部，并在中央电视台"百家讲坛"讲述《大故宫》，共66讲。当时，我就关注到宫廷文化的一个重要载体——皇家御窑与瓷器。御窑，以国家之财力，尽天下之资源，聚全国之巧匠，集士人之智慧，曾经烧造出不可计数的精美绝伦的瓷器——在当时供皇宫专享，体现皇家至高无上的权力与尊贵；而作为文化礼物和贸易货物，瓷器体现了中华传统文化礼遇四邦的精神与艺术魅力。御窑瓷器经皇宫兴替传承，以不同方式流传，如今已经成为全民共有共享的国家财富、文化遗产，更成为全世界共有共享的文化财富、艺术珍品。由是，我开始关注御窑与瓷器。

2014年，我应邀到景德镇参加"唐英陶瓷学术研讨会"，出席"非物质文化遗产保护日"纪念活动，亲临国宝级古代镇窑复烧点火与开窑仪式，参观珠山明清御窑遗址。御窑与瓷器，再一次撞击了我的心灵。2015年，我应邀参加"童宾铜像揭幕及学术研讨会"，仰望矗立在景德镇古窑博览区广场的"窑神童宾"塑像，心潮澎湃，肃然起敬，心底生发出要为伟大工匠精神大声讴歌、撰写实录的强烈愿望。

为此，我查阅历史古籍、档案文献、府县志书、文集笔记、学彦新著、期刊论文、院馆珍萃，考察古窑遗址、博物馆藏、考古发现，亲临高岭、参观工艺、访问艺人，参与古窑复烧、开窑仪式，目睹体验瓷器制作的72道工序。从中，我体会到御窑文化的博大精深，感知到瓷器艺术的真善美。

出乎意料的是，我翻阅相关目录之学，感到非常惊讶！关于御窑，关于陶瓷，虽有宋人蒋祈的《陶记》、明人王宗沐的《陶书》、清人朱琰的《陶说》、蓝浦的《景德镇陶录》、唐英的《陶冶图说》等，填补前贤之所阙；但这数量与中华汗牛充栋的古籍相比，实在可悲！一部《四库全书》，采入书籍三千四百六十一种、七万九千三百零九卷（《四库全书总目·出版说明》），而关于御窑和陶瓷之作，居然阙录。御窑瓷器，贡献巨大，影响深远，著述却少。这是多么可悲的缺憾，又是多么可叹的往事！但这也不必苛求，自有其历史因缘。

重道轻器，厚理薄技，是中华文化传统的一个缺憾。为什么中国近世落后挨打，割地赔款，备受欺凌？原因之一，就是重道轻器，厚理薄技，片面地将"器"蔑之为"雕虫小技""奇技淫巧"，不重视科学技术的作用，流传千年，或遗至今。无论过去、现在，还是未来，中国人需要：既重道，又重术；既厚理，又厚器；既重知，又重行；既厚士，又厚工。

回想起来，御窑和陶瓷其实一直徜徉在我的学术考察之中。福建的建窑、德化窑，浙江的龙泉窑、德清窑，河南的钧窑，山东的博山窑，广东的潮州窑、广西的中和窑、辽宁的辽阳窑，等等，还有出土过大量陶器的诸多文化遗址，都曾在不经意间跟我相遇。这种缘分来自哪里？

第一，瓷器是中华文化的伟大符号。瓷器是中国历史文化的一项伟大创造，是中国对世界文明的伟大贡献。甚至在英文中，"中国"和"瓷器"共用一个单词"China"。为什么"瓷器""中国"的英文都叫作"China"呢？瓷都景德镇，"古昌南镇也"，相传瓷器销往海外，一些外国人不知道这种器物该叫什么，只知道来自昌南，于是将"昌南"谐音作china。所以，china不仅成了瓷器的英文名字，而且成了中国的英文名称。要想理解大写的"China"（用作中国国名时，第一个英文字母是大写C），就不能不懂小写的china（用作瓷器名称时，第一个英文字母是小写c）。总之，以一种优美器物即瓷器作为中国的英文国名，既是瓷器的骄傲，也是中国的自豪。

第二，御窑是宫廷文化的重要载体。御窑，是帝制时代的产物，依托国家力量，荟萃了瓷器文化的精华。皇宫有御窑，更能成其大；御窑为皇宫，更能显其贵。所以，要深入理解中华历史文化，尤其是宫廷文化的精髓，就应当了解御窑文化。

第三，景德镇是御窑瓷器的创新基地。宋代，全国的六大名窑、八大窑场等，产品众多，争奇斗胜，许多产品供应皇宫、官府。宋真宗景德元年（1004）赐青白瓷产地浮梁镇名为"景德"，开了乡镇历史之先河。此后，景德镇瓷器逐渐脱颖而出，景德镇逐渐发展成瓷都。

总之，御窑与瓷器，是对历史的敬畏，是对文化的凝聚，是对人类的贡献，是对生命的理解。这些，吸引我去了解、研究、著作、讲述御窑的历史文化和生动故事。

由是，我萌生了一个念头：撰著《御窑千年》，以此为载体，挖掘御窑及瓷器的历史、人物、事件、典制、技艺、器物、文化、艺术、生活、影响，弘扬中华传统文化，传播优秀工匠精神，与广大读者共享与共思。

二 御窑之思

景德镇，北宋真宗以景德年号赐名。或曰：皇帝赐名的不仅有景德镇，还有绍兴。不错，绍兴也是御赐地名。《宋史·高宗本纪三》记载：绍兴元年（1131）正月初一，"帝在越州，帅百官遥拜二帝，不受朝贺。下诏改元（绍兴）"。又载：同年十月，"升越州为绍兴府"。然而，赐名"绍兴"与赐名"景德"有所不同：其一，赐名"景德"是北宋，在先；赐名"绍兴"是南宋，在后。其二，景德为镇，绍兴为府。御赐镇名，更显重视。北宋真宗赐镇名景德，景德镇奉旨董造瓷器。而后，南宋设全国唯一的瓷窑博易务，元代设浮梁磁局，明代设御器厂，清代设御窑厂。普通的窑场，发展成为御窑，窑火旺盛，瓷器精美，供给皇家，千年未绝。全国各地其他的历史名窑，都为御窑的发展做出了贡献；但因本书容量所限，不能一一阐述，留下些许遗憾。

关于"御窑千年"之名，做"御窑"与"千年"双重思考。

先说"御窑"。御窑，有狭义与广义之分——它既可以指皇家御用窑场及管理机构（狭义），又可以指烧造过御用瓷器的窑场（广义）。就狭义而言，御窑贯穿明、清两朝；就广义而言，御窑萌芽于宋、元，成熟于明、清。广义的御窑，历史已逾千年。

再说"千年"。千年，或有异议：明设"御器厂"，清设"御窑厂"，至今七百多年，哪里有千年？这里考虑的是广义的御窑。朝廷之窑，先有官窑，后有御窑，而官窑已绵延千年。另外，景德镇获御赐镇名，奉旨董造，可以作为御窑的一个始源标志，应是符合历史事实的。景德镇御窑的历史特点是：立足本土，吸纳融合，不断创新，薪火千年。从此，窑火不断，传承不断，被誉为"千年瓷都"，既当之无愧，也当无异议。

陶瓷的历史，也是陶瓷工匠的历史。陶瓷工匠是陶瓷历史的主体。在陶瓷生产过程中，陶瓷工匠贡献巨大。他们中的一些人或以身殉职，或以器名世。有诗云："瓦缶胜金玉，布衣傲王侯。"瓷土烧造的瓷器，在国际拍卖市场，一件价值竟破亿元。这两句诗再次表明："瓦缶"胜过了"金玉"，"工匠"傲视着"王侯"！

然而，中国自秦始皇以降的皇朝时期，有关陶瓷艺术，存在一种现象：士人的艺术与工匠的艺术，二者分裂，不相契合。但是，从宋朝以降，特别是元朝以来，士人的艺术与工匠的艺术，逐渐开始结合。如元朝宫廷画师绘出的官样，交到景德镇官窑烧造。明朝，尤其是清朝，很多宫廷书家、画家，甚至皇帝，都参与其事。"郎窑""年窑""唐窑"就是生动的史证。于是，文人的艺术与工匠的艺术，既相贴合，又相融合，并蒂开出瓷器艺术的灿烂新花。

"御窑千年"，本是明清史学研究的应有之义，更是明清宫廷史研究的应有之义。在中国，研究宫廷历史，不知御窑，是个缺憾；于历史，学点瓷器知识，学术视野会更加拓展。历史与瓷器，要互相观照。从历史看御窑，由宏观到微观；从御窑看历史，由微观到宏观。御窑与瓷器，是我研究的短板。我在如饥似渴地学习的同时，力求借用自己的学术积累，从历史学的角度，运用史学研究的方法，让历史研究与御窑瓷器，溔溔沧海与潺潺河溪，宏观微观，双方对话，彼此观照，从而既使历史生动，也使器物厚重。从历史看瓷器，会更高、更远、更深、更广；从瓷器看历史，会更亲、更真、更善、更美。

历史学的研究，不像音乐、舞蹈、绘画、书法等那样倚重才华，而是更重积累。长年积累，厚积薄发，这是历史学研究的一个特点。所谓史学家成功于史才、史学、史识三要素，似可以说，没有多年积累，没有高见卓识，就难以在史学上取得大成绩。历史学者的学术视野，不仅是一个点、一条线、一个面,而更是一个体,一个多维度的体,一条变化着的流。因此,历史学研究,既关注局部,又关注整体;既关注过去,又关注发展。对历史人物、历史事件、历史文物、历史册籍、典章制度、历史演变,没有长年积累,没有透彻见识,就难以总体把握所研究对象的真实性、整体性、演变性、规律性。所以,我在写作《御窑千年》的过程中,既力求从细节上去了解、去把握,更着力于从总体上去认识、去阐述。

在撰著《御窑千年》的过程中,我不仅做了文化梳理,也做了学术考证。譬如,《清史稿·唐英传》记载:"顺治中,巡抚郎廷佐所督造,精美有名,世称'郎窑'。"这就是说,"郎窑"的"郎",指的是郎廷佐。经过考证,此"郎"不是郎廷佐,而是郎廷极。又譬如,《清史稿·郎廷佐传》《清史列传·郎廷佐传》《清国史·郎廷佐传》《钦定八旗通志初集·郎廷佐传》等,均将郎廷佐任江西巡抚排在顺治十一年(1654),但据清宫档案,此事系在顺治十二年(1655)二月。依据清宫档案和《清世祖实录》等文献,我做出考证,纠正疏误。另譬如,《清史稿·唐英传》说唐英是"汉军旗人"。对于这个学术定论,我提出新见。再譬如,对元青花瓷的发现与研究,我查阅了英国人罗伯特·洛克哈特·霍布森(Robert Lockhart Hobson,1872—1941)、美国人约翰·亚历山大·波普(John Alexander Pope,1906—1982)发表的相关论文,又旁及后来学者相续之研究,对元青花的学术史进行了考证。由是我再次体会到,学重考据,亦贵探源。有鉴于此,我在《御窑千年》中,力求体现学术原创性精神,尽力探索千年御窑之灵魂。

三 御窑之魂

御窑千年的历史表明:中国瓷器文化始终贯穿着一条主线,不是姓

"皇",而是姓"新",就是不断创新。创新,既是御窑之魂,也是瓷器之魂。在这里,我想起朱熹的《观书有感》,诗云:

> 半亩方塘一鉴开,
> 天光云影共徘徊。
> 问渠那得清如许,
> 为有源头活水来。

此诗旨趣是"言日新之功"。诗分四层,因果递进:因源头活水,方渠清如许;因渠清如许,才光影徘徊;因光影徘徊,故方塘如鉴。所以,朱熹这首诗的精粹就是"活水",也就是"日新"。正如《礼记·大学》引述商汤之盘铭所说的"苟日新,日日新,又日新"。御窑千年,贵在求新。由此,我联想到"御窑千年"的历史文化,在精美瓷器的背后,隐藏着的精华是"新",就是思想创新、管理创新、技艺创新、产品创新!创新,既是中国瓷器文化发展之动力,更是中国瓷器文化绵延之生命力!宋代的青白釉,"青如天,明如镜,薄如纸,声如磬";元代的青花瓷和釉里红,一改单一颜色瓷器的局面,而开创彩色瓷器的新境界;明代的斗彩、五彩,争奇斗艳,色彩缤纷;清代的珐琅彩、粉彩,各种色彩、各种绘画,都可以纵情而灵动地展现在瓷器上——在国内一马当先,在世界独领风骚!

为什么景德镇能成为中华瓷器之都、创新基地?为什么这个创新基地窑火千年、长盛不衰?这是应当思考、研究、总结和回答的问题。研究这些问题,可以为今人提供历史的经验、智慧的启迪。

缘此,粗思浅述,兹举四点:

其一,形成重要创新基地。《荀子·劝学》说:"积土成山,风雨兴焉；积水成渊，蛟龙生焉。"积土成山兴风雨，积水成渊生蛟龙，就是搭建一个创新平台，形成一个创新生态。清乾隆时的景德镇，督陶官唐英说："民窑二三百区，终岁烟火相望，工匠人夫不下数十余万，靡不借瓷资生。"景德镇成为瓷器创新基地。

其二，汇集大批创新人才。汇集宫廷画局（或画院）的一流绘画、书法名家，结合民间一流的制胎、修模、彩绘、上釉、窑火等能工巧匠，使得景德镇瓷器生产的每个环节均有优秀创新人才从事生产，各种人才之间又密切配合。如制瓷修模之名匠，唐英《陶冶图说》言："景德一镇，群推名手，不过三两人。"可见制瓷人才、创新人才之难得、之可贵。

其三，充实丰盛创新资金。要想成品创新，必须加大投入。每一件创新瓷器，都要有大量投入。其时，创新产品的资金，从国库、内帑、关榷、盐商、捐纳等多方面筹措，保证了创新瓷器的投入和运作。国盛瓷则盛，国衰瓷则衰，在皇朝时代，瓷器的盛衰折射着皇朝的兴替。

其四，构建一流创新体系。皇帝谕旨创新要求，臣工按旨慎勤落实，各方各面，互相配合，尽心尽力，厥职完成。想别人所未想，做别人所未做，能别人所未能，成别人所未成，烧造出新奇唯一、空前精美的瓷器。

创新思维可鉴，创新瓷器更美。

四　御窑之人

《诗经·大雅·文王》云："济济多士，文王以宁。"御窑瓷器，重在得人。

探索御窑的历史，既要重器，也要重道；既应重物，更应重人。瓷人，为御窑烧造瓷器，献出了汗水、心力、智慧和生命。"窑神"童宾是其英烈，

"瓷神"唐英是其英杰。唐英为人——"未能随俗惟求己,除却读书都让人",唐英为官——"真清真白阶前雪,奇富奇贫架上书"。这是真的心扉,善的心灵,美的心境。唐英,不幸也奴仆,有幸也奴仆。他之不幸,出身奴仆,没有享受八旗特权,而任劳、任怨、任贫、任贱,与工匠"同其食息";他之有幸,出身奴仆,没有成为八旗子弟,而善书、善画、善艺、善陶,被誉为"陶瓷神人"。御窑历史,笔者做出评价:御窑千年史,唐英第一人。从瓷器历史来看,无论是在当时的中国,还是在当时的世界,都能站在引领瓷器潮流创新的前沿者,唐英当之无愧。因此,不仅在中国瓷器史上,而且在世界瓷器史上,唐英都应当有着自己的历史地位。

在这里插一段闲话。我同中央电视台"百家讲坛"的联系已经14年。关于与观众、听众的关系,从演讲的人来说,应当努力追求"四个明白":一要"学明白",就是自己要把讲的内容弄明白,不能"以己昏昏,使人昭昭";二要"写明白",自己心里明白,不一定能用文字表述明白,所以讲稿要尽量写明白;三要"讲明白",写明白不一定能讲明白,要力求讲得雅俗共赏,事理圆通;四要"听明白",就是自己觉得讲明白了,但观众、听众往往没有看明白、听明白,要根据大家的反应,把问题讲清楚。所以,学明白、写明白、讲明白、听明白,应是一位教师、一位讲者,对观众、听众、读者、网民所应当细心体察、热心关注的目标。

回过头来说本书。《御窑千年》不是一部陶瓷史,而是探讨宫廷与御窑瓷器的历史与文化之关系,选择明清故宫存量最多、档案记载最详、文献记述最丰、社会影响最大的御窑瓷器为重点,难免有以偏概全、顾此失彼之虞。瓷器之选择,以故宫博物院、台北故宫博物院、沈阳故宫博物院、南京博物院和景德镇市陶瓷考古研究所、高安博物馆的藏品为主,酌予兼收其他博物馆的珍藏。

本书分为四个单元、共十六讲，即宋代两讲、元代两讲、明代五讲、清代六讲，最后以"瓷器之路"一讲为结尾。本书插图137幅，尽量选择有代表性的、博物院（馆）收藏的、宫廷旧藏的、极其精美的瓷器照片，图随文走，以供赏阅。

最后，经过三年多的学习与思考、构思与撰著、编辑与出版，《御窑千年》终于同广大读者见面了。考卷算是交了，心力算是尽了，分数是多少？成绩又如何？借用佛家的话收尾："只结善缘，不问前程。"

是为序。

开篇：窑神童宾的故事

御窑，是皇朝时代烧造宫廷用瓷的机构和窑场。关于御窑，有一个历史故事，震撼心灵，记忆恒久。

明朝万历年间，皇帝下旨，令景德镇御窑烧造大龙缸，并派太监潘相督陶。这种大龙缸，体量大，技艺精，难度高，时限紧。太监潘相传旨：克期完工，完美无疵，奉送北京，否则斩首！御窑工匠，全心全力，夜以继日，烧成一炉，微有瑕疵；再烧一炉，或有罂，或变形；反复烧造，全都失败。

太监潘相督责更甚。御窑工匠或受呵斥，或遭鞭笞，惶恐不安，人人自危。万般无奈之时，万计无施之刻，有一个人挺身而出，他就是把桩（领班）师傅童宾。童宾为烧成大龙缸、为工友的安全，面对熊熊窑火，纵身一跃，投入烈焰，以身殉职。

当日熄火，翌日开窑。巨丽龙缸，豁然出现。而童宾身躯早已化作青烟，灵魂升上天空。童妻痛哭，奠酒三祭，葬夫于凤凰山。乡人感泣，尊童宾为窑神，立祠祀之。从此，烧窑必祭窑神童宾。这就是景德镇童宾祠、火神庙的由来。

在今景德镇市古窑民俗博览园广场上，矗立着窑神童宾铜像，纪念这位工匠英雄。像高9.9米，重8.8吨，连底座通高15.9米，庄严肃穆，气势雄伟。

这个故事，在景德镇、在御窑厂，感动天地，哀泣鬼神，祭祀往者，激

图1 童宾铜像

励来人。正如清朝督陶官唐英所说：

> 一旦身投烈焰，岂无妻子割舍之痛与骨肉锻炼之苦？而皆不在顾，卒能上济国事，而下贷百工之命也，何其壮乎！

其实，皇家御窑，窑火千年，动人故事，可颂人物，何止童宾，何止百千！

一个伟大行业，必有伟大英雄，必有惊世精品，必有动人故事。

让我们通过重温御窑的悠久历史和灿烂文化，从新的角度，以新的诠释，感悟中华文化的博大精深，感受中华瓷器的深远影响。

御窑之源

什么是御窑？御窑有狭义和广义之分——狭义指明清朝廷设立负责御用瓷器生产的机构和窑场；广义指皇朝时代为宫廷生产御用瓷器的机构和窑场。我从狭义与广义相结合的角度，开讲御窑之源。从哪里开始呢？

我从宋代《文会图》[1]说起。这是绢本设色的名画，高184.4厘米，宽123.9厘米，收藏在台北故宫博物院。有徽宗"天下一人"之押，及瘦金体题图诗："儒林华国古今同，吟咏飞毫醒醉中。多士作新知入彀，画图犹喜见文雄。"图中画有文人雅士十一人，其中九人在座，两人立在树下交谈，左侧一人，被认为是宋徽宗赵佶。侍者九人，其中在方桌旁四人、小方桌处五人。在巨大黑色方桌上，摆放着水果、点心、酒具、茶具、温壶等。垂柳旁的石几上摆着瑶琴。图中瓷器排列四行，据统计共145件，有台盏、果盘、执壶、小碟、小碗、茶盏、茶匙、茶叶罐、梅瓶等。这幅《文会图》透露出一个信息：北宋瓷器发达，窑口繁盛，品种繁多，器质优良。景德镇瓷器著名，引起宋廷关注，宋真宗因之为景德镇御赐镇名。

1　《文会图》有宋徽宗之作和宋宫画师之作、宋徽宗题诗等说法。本文重在说画中瓷器，而不讨论画的作者。

图2　宋代《文会图》

一　赐名景德

御窑之源，从宋切入。宋朝是一个怎样的朝代？宋朝是一个特殊的朝代，特殊之处，举例有四。

其一，重新统一中原。自唐玄宗天宝十四年（755）"安史之乱"以降，唐朝转衰，社会动荡，军阀割据；唐朝以后，五代十国，或动乱，或分治。这种动乱、分治局面长达二百年，直到建隆元年（960），赵匡胤建立宋朝，中原出现一个重新统一的皇朝。新朝建立，百业复苏，瓷器烧造，出现契机。

其二，半壁河山。北宋九帝，奠都汴梁（今河南省开封市），历168年；南宋九帝，迁都临安（今浙江省杭州市），历153年；共十八帝，历320年。两宋从未完成国家一统，都是偏安一隅的半壁江山。北宋临辽、西夏、大理、吐蕃；南宋临金、西辽、蒙古、吐蕃、大理等。宋朝实际管辖的版图不大，约200万平方公里，相当于中华盛时版图的七分之一。开国君主赵匡胤之后，虽不乏擅长书画、多才多情的君主，却没有雄才大略、不屈不挠的皇帝。大宋皇朝，积弱更弱，受辱更辱，其悲剧是：北宋徽宗被俘，客死北国；钦宗遭戏弄，惨死马蹄之下；南宋末帝赵昺年仅八岁，由陆秀夫背着在崖山蹈海而死，南宋覆亡。

其三，文脉昌盛。两宋诸帝，重文轻武，文脉昌盛，人才辈出。如宋仁宗赵祯每科取士千人以上，促使读书上进，推动读书风气。宋朝文化大兴，名家辈出：文学家如唐宋八大家——韩愈、柳宗元和欧阳修、苏洵、苏轼、苏辙、王安石、曾巩，除韩愈和柳宗元外，有六家在宋；诗词名家如北宋晏殊、范仲淹、柳永、秦观，南宋陆游、辛弃疾、李清照；画家如张择端、李公麟、马远等；书法家如苏（轼）、黄（庭坚）、米（芾）、蔡（襄）；著名工匠如黄道婆、毕昇，两宋时期是中华历史上的一个文化高峰。《宋史》论称：

> 声明文物之治，道德仁义之风，宋于汉、唐，盖无让焉。[1]

就是说，三代以降，考论历史，宋朝的文化道德，可与汉、唐媲美。

其四，海路发达。宋代不仅经济发达、商业发达、文化发达，而且海路发达。陆运虽不能四通八达，水运却远达海外——内河航运贯通，海上交通畅达。在"五州"——杭州、明州（今浙江省宁波市）、泉州、福州、广州等地，朝廷设置市舶司，以茶叶、瓷器、丝绸等物品同"大食、古逻、阇婆、占城、勃泥、麻逸、三佛齐诸蕃并通货易"[2]。宋朝瓷器、丝绸等商品，经过海路远达南洋、西亚、东非、欧洲的重要港口。这成为瓷器外销的重要渠道。

在两宋十八位皇帝中，第一位有史料记载、同御窑贡瓷有密切关系者，是宋真宗。

宋真宗，名赵恒（968—1022），是宋太祖赵匡胤的侄子，宋太宗赵炅的第三子，北宋第三任皇帝。他三十岁继位，在位二十五年，因病而死，终年五十五岁。

宋真宗是一位有天赋的皇帝，曾经受到其伯父宋太祖赵匡胤的抚育和培养。《宋史》载：

> 幼英睿，姿表特异，与诸王嬉戏，好作战阵之状，自称元帅。太祖爱之，育于宫中。尝登万岁殿，升御榻坐，太祖大奇之，抚而问曰：

---

[1] 《宋史》卷3《太祖纪三》，北京：中华书局校点本，1977年。
[2] 《宋史》卷186《食货志下八》。

"天子好作否？"对曰："由天命耳。"比就学受经，一览成诵。[1]

总其一生，宋真宗好文学、善书法，勤政事、重和平。

宋真宗在任上，做了三件有益于窑业发展的大事：议和、劝学、赐名。

第一件大事是议和。景德元年（1004），辽萧太后与圣宗率兵南下，直抵澶渊（今河南省濮阳市）。宋真宗亲率大军与之对峙。双方罢战议和，订立澶渊之盟，约为兄弟之邦；宋赠予辽岁币，每年绢20万匹、银10万两；且规定人户不得互越疆界，互不接纳逃亡及互不增加边防设备，并互遣使臣。千百年来，对于澶渊之盟，争议颇多，毁誉参半，这里不做讨论。但宋、辽由此维持了百余年的和平关系，国家太平、生民安定，为窑业繁兴奠定了基础。

第二件大事是劝学。《励学篇》是宋真宗所作，流传千年，传颂至今：

富家不用买良田，书中自有千钟粟。
安居不用架高楼，书中自有黄金屋。
娶妻莫恨无良媒，书中自有颜如玉。
出门莫恨无人随，书中车马多如簇。
男儿欲遂平生志，五经勤向窗前读。

这就是后来"书中自有千钟粟""书中自有黄金屋""书中自有颜如玉"典故的出处。《励学篇》对后世影响深远——既有鼓励为追名逐利而读书的消极影响，又有促进文脉昌盛而窑业发展的积极因素。

第三件大事是赐名。宋真宗先后有四个名字：赵德昌、赵元休、赵元

---

[1] 《宋史》卷6《真宗纪一》。

侃、赵恒；使用过五个年号：咸平、景德、大中祥符、天禧、乾兴。"景德"是宋真宗的第二个年号。中国从汉武帝刘彻开始，定年号"建元"，以后皇帝延续这种做法，各自确定自己的年号，成为中国帝制时代的一种纪年方式。以皇帝年号命为地名，不乏史例。如南宋高宗在越州，改元绍兴，"升越州为绍兴府"[1]。那么，景德镇呢？

北宋景德元年，宋真宗颁布诏书，改年号为"景德"。就在同一年，真宗以年号"景德"，赐名景德镇。据《宋会要辑稿》记载：

江东东路饶州[2]浮梁县景德镇，景德元年置。

以皇帝的年号，因瓷器命镇名景德，至今已一千多年。这在中华文明史上，前无先例，后无来者。从此，景德镇既名扬中华，也名扬世界。这不仅表现了宋真宗对景德镇的青睐有加，而且也亮出了景德镇窑业兴旺的历史信号。

宋真宗为什么如此重视景德镇呢？清乾隆《浮梁县志》记载：

宋景德中，始置镇，因名。置监镇一员，以奉御董造。[3]

当时，景德镇除具有悠久陶瓷生产历史、大量出产优质瓷器以外，并无其他独特之处，瓷器"奉御董造"后，其生产、管理、流通、税收，才受到宋

1　《宋史》卷26《高宗纪三》。
2　饶州，隋在鄱阳置郡，寻废。唐复置，改名鄱阳郡，寻复为饶州。宋为饶州鄱阳郡。元升为饶州路。明初改鄱阳府，寻改饶州府。清沿明制，饶州府辖浮梁等7县，治所在今江西省鄱阳县。
3　［清］程廷济修，［清］凌如绵纂：乾隆《浮梁县志》卷5，清乾隆四十八年（1783）刻本，故宫博物院图书馆藏。

真宗的关注,所以御赐镇名"景德",并派遣官员,按照旨意管理瓷业。

据《浮梁县志》纂者理解,"御窑昉自宋景德中"云云,是说景德镇的官窑,自景德中已具有御窑的性质。

诚然,宋代的瓷器生产,景德镇之外,全国各地名窑迭出。

二 名窑荟萃

目前所见最早专供朝廷或官府使用的瓷器,是南朝至唐,湖南湘阴窑烧造的两件青瓷碗,其内底一件印有"太官"二字,另一件印有"大官"二字。河北内丘的邢窑,生产精细白瓷,其底有"盈"字或"翰林"二字。"盈"是指唐代皇宫四库之一"百宝大盈库","翰林"则指宫廷翰林院。与唐代朝廷关系密切的陕西法门寺,则收藏着来自浙江越窑的秘色瓷。

到了宋代,文化发达,商业繁盛,名窑荟萃。宋代瓷器有一个突出的特点,就是色泽单一,如青瓷、白瓷、黑瓷、青白瓷等。不妨用色彩作线索,我们做个简要梳理,欣赏一下这些美瓷。

——青瓷,是指釉色为青色的瓷器。青色来自铁元素。青瓷的烧造技术成熟最早,汝窑、官窑、哥窑、龙泉窑、耀州窑,都以青瓷为主。在浙江省慈溪市上林湖也发现了唐宋越窑的重要遗址。北宋时,宫里用的瓷器大多是汝窑所产,所以汝窑地位很高。到南宋时,汝瓷已不多见。有人估计,现存的汝瓷传世品,寰宇不足百件。汝窑青瓷"香灰色胎,天青色釉,玛瑙入釉,冰裂纹片,芝麻挣钉",多为淡天青色的小件器皿,如圆洗、温碗等。

1. 北宋汝窑青瓷莲花式温碗,台北故宫博物院藏。高6.3厘米,口径26.6厘米,足径23.5厘米。这件莲花式温碗应与一只执壶配套,是温酒用器。其形体高足深壁,线条婉约,口沿十朵莲瓣,形似未盛开的莲花。釉质匀润,色呈

图3　北宋汝窑青瓷莲花式温碗　　　　　　图4　南宋官窑青瓷贯耳壶

蓝中带青,釉表满布细密开片纹路。温润光泽,高雅大方,给人以高洁清丽的美感。此为宋瓷第一名品,亦为唯一传世名品。

2. 南宋官窑青瓷贯耳壶,台北故宫博物院藏。高37.8厘米,口横18.5厘米,口纵14.3厘米,底横14厘米,底纵17厘米。这件青瓷贯耳壶,仿自铜器形,侈口、短颈、硕腹、高圈足,两道弦纹缠绕在颈腹间,一双竖圆管形耳对贴在两侧。通体施青釉,釉质莹润,色呈粉青,带鳝血纹,釉表满布深色开片纹路,给人以端庄敦厚的美感。此为南宋官窑传世唯一、典藏唯一的稀世珍宝。

3. 宋代哥窑青釉鱼耳炉,故宫博物院藏。高9厘米,口径11.8厘米,足径9.6厘米。这是一件香炉,造型仿自商周青铜礼器,端庄饱满,肃重厚实,有

图5　宋代哥窑青釉鱼耳炉　　　　图6　宋代龙泉窑青釉弦纹瓶

一对鱼形耳贴于腹部两侧。釉色灰青,釉面开片,铁黑色纹路和金黄色纹路交织如网,给人以古朴典雅的美感。

4. 宋代龙泉窑青釉弦纹瓶,故宫博物院藏。高31厘米,口径10.4厘米,足径11.3厘米。这件瓷瓶,颈部细长,从上到下以七道弦纹装饰。釉色粉青,釉面开片,给人以挺拔端庄的美感。

5. 宋代耀州窑青釉刻花牡丹纹瓶,故宫博物院藏。高19.9厘米,口径6.9厘米,足径7.8厘米。这件青釉瓷瓶,最引人注目之处是它的遍体刻花。鼓起的腹部上,刻缠枝牡丹纹,大朵的牡丹花占据了腹部最突出的部位,给人以富贵丰满的美感。

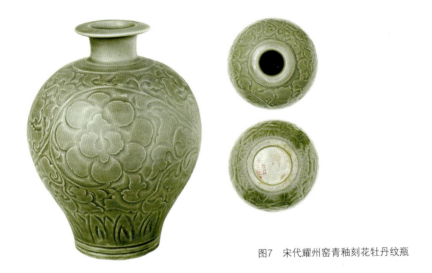

图7　宋代耀州窑青釉刻花牡丹纹瓶

图8　北宋定窑白瓷婴儿枕

——白瓷，是指胎色洁白、施以透明釉的瓷器。

北宋定窑白瓷婴儿枕，台北故宫博物院藏。高18.8厘米，底横31厘米，底纵13.2厘米。釉色牙白温润，男婴伏卧榻上，头部上扬，大眼直鼻，双耳肥润，俏皮可爱。后背形成平缓圆弧曲面，即为头枕之处。婴孩服装和卧榻，或刻或印各种纹饰。更有妙处，瓷枕内有一个泥块，移动时就发出叮叮的响声。枕底刻有乾隆帝御制诗一首："北定出精陶，曲肱代枕高。锦绷围处妥，绣榻卧还牢。彼此同一梦，蝶庄且自豪。警眠常送响，底用掷签劳。"[1]说明此枕流传有绪。婴儿枕寄托了对于优秀子孙光耀门楣的厚望。

——黑瓷，是指施以黑色釉的瓷器。

1. 宋代建窑黑釉兔毫纹盏，故宫博物院藏。高6厘米，口径12厘米，足径4厘米。大书法家蔡襄说："茶色白，宜黑盏。"是为宋时风尚。此件是当时喝茶的茶盏，黑釉，釉面呈细毛状纹路，与兔毛相似，所以俗称"兔毫盏"。

2. 宋代吉州窑剪纸贴花三凤纹盏，故宫博物院藏。高4.5厘米，口径10厘米，足径3厘米。茶盏，黑釉，上有黄褐色斑纹。三只剪纸凤鸟，仿佛飞翔在盏的内壁。

——钧红瓷，是青瓷加入铜元素，在一定条件下产生窑变，形成铜红釉，颜色青中带红。铜红釉是钧窑所创制的，所以又叫"钧红"，其瓷器亦称"钧红瓷"。

宋代钧窑玫瑰紫釉葵花式花盆，故宫博物院藏。相传宋徽宗时，钧瓷成

---

[1] 乾隆《御制诗集》（第四集）卷13，清内府刻本，故宫博物院图书馆藏。

图9 宋代建窑黑釉兔毫纹盏　　　　图10 宋代吉州窑剪纸贴花三凤纹盏

图11 宋代钧窑玫瑰紫釉
　　　葵花式花盆

为御用珍品，封其为"神钧宝瓷"，设置官窑，烧造宫廷用瓷，每年钦定生产36件，禁止民间收藏。所以，钧窑瓷器能传至当今的，少之又少，极为珍贵。图中这件钧窑花盆，高15.8厘米，口径22.8厘米，足径11.5厘米，呈六瓣葵花形，折沿，内外施釉，底有五个圆漏水孔。内釉为天蓝色，外釉为紫玫瑰色。原为北宋皇家花园花盆，后移入清大内建福宫花园。

——青白瓷，是减少青瓷中的铁元素，而又不减少到白瓷的程度，产生了介乎青白之间的釉色，青中有白，白中显青，故称青白瓷。青白瓷由景德镇所创烧。蒋祈《陶记》曰：

> 景德陶，昔三百余座，埏埴之器，洁白不疵。故鬻于他所，皆有饶玉之称。[1]

上面说，饶州浮梁景德镇，有窑300多座，烧造瓷器，美如白玉，人们誉之为"饶玉"。青白瓷如玉与中华"尚玉"文化传统契合。许慎在《说文解字》中提出"玉"有"五德"：

> 玉，石之美有五德者，润泽以温，仁之方也；鳃理自外，可以知中，义之方也；其声舒扬，专以远闻，智之方也；不挠而折，勇之方也；锐廉而不忮，絜之方也。[2]

---

1 [宋]蒋祈：《陶记》，载[清]李涭德修，[清]汪埍纂：乾隆《浮梁县志》，清乾隆七年（1742）刻本，国家图书馆藏。
2 [汉]许慎著，[清]段玉裁注：《说文解字注》，北京：中华书局，2013年。

图12　宋代景德镇窑青白釉刻花缠枝花卉纹梅瓶

人们赋予"玉"以美德的内涵,使得玉成为圣人和贤人、文人和士人之所爱。景德镇的青白瓷,名品多,略举几例。

1. 宋代景德镇窑青白釉刻花缠枝花卉纹梅瓶,故宫博物院藏。高26.6厘米,口径5厘米,足径8.5厘米。我们来欣赏这件瓷器。

先看釉色:这件梅瓶呈青白色、细腻、洁净、莹亮,叩之声脆。

后看花纹:宋人在这件梅瓶的腹部,刻画出缠枝花纹,虽然用上、下两道弦纹加以突出,但这些缠枝花卉仍然若隐若现,含蓄而沉静。

再看造型:梅瓶,开始用来贮酒,后来成为供观赏的艺术品。梅瓶的特征明显,小口、短颈、溜肩、肩下渐收敛,最下面以一个圈足托底。千百年来,梅瓶的造型多有变化,但万变不离其宗。

我们通过这件一千年以前诞生在景德镇的梅瓶,可以体味其内敛、恬

图13 宋代景德镇窑青白釉双狮枕

静、温润、清雅之美。

2. 宋代景德镇窑青白釉双狮枕，故宫博物院藏。高15.5厘米，长17.5厘米，宽13厘米。瓷枕，凉爽怡人，文人所爱。宋、金、元时期一度广泛流行。而景德镇的青白釉瓷枕，当时即有"玉枕"之称。这件瓷枕，胜在造型和釉色。

造型：枕分上、中、下三部分。上部是枕面，刻画缠枝菊花纹，从中间往外渐翘；中部雕塑了两只狮子滚抱嬉戏的形态；下部是椭圆形底座。

釉色：颜色淡雅，釉面光润，堪比白玉，精美可爱。

通过这件瓷枕，我们既能体味宋代青白瓷器温润如玉的美感，也能感受宋人丰富生动的生活情趣。

宋代景德镇烧造的青白瓷，不仅具备温润如玉的美质，而且具有"青如天,明如镜,薄如纸,声如磬"的特征。

景德镇因瓷器与北宋朝廷建立起密切联系,这是景德镇千年御窑文化的一个重要源头。而后,在元、明、清三代,景德镇发展成为"瓷都"。其内在原因是什么?是"水土宜陶"。

三 水土宜陶

御窑文化,窑火千年,传承有绪,首推景德。究其内在原因,在于水土宜陶。

一方水土养一方人,一方水土产一方器。景德镇的自然和人文条件得天独厚、得地独厚、得人独厚。具体说,有六条:天、地、木、水、人、史。

一说天。这里的天,指纬度、温度、湿度、气候、光照和降雨量等。景德镇地处东经117°15′,北纬29°10′,属于亚热带季风性气候,温和湿润,四季分明,无霜期长。年均气温17℃左右,跟岭南比,不算太热;跟塞北比,不算太冷。可以说是不冷不热,而且温差变化小,所以烧瓷器的坯胎不容易胀缩。年均降水量约为1760毫米,总量适中,且很少有梅雨季节,坯胎不易因潮湿变形。

二说地。烧造精美瓷器,需要优质瓷土。景德镇具有得地独厚的条件,不仅地理区位距元、明、清都城不算太远,也不太偏僻,而且拥有瓷石和瓷土——高岭土。所谓高岭土,指在高岭村发现的瓷土。我去那里看过,挖出来的高岭土是雪白的,后来被世界公认是烧造瓷器最好的原材料。在景德镇周围群山中,除瓷石和高岭土外,还蕴藏其他陶瓷原料40余种,不仅种类众多,而且储量丰富。

三说木。景德镇地域,森林繁茂,数量多,更生快。景德镇烧造瓷器,主要用松柴和杂柴。中原缺少山林，多用煤烧瓷器。用松柴烧窑，火焰更旺，温度更高，可达1300℃。其中马尾松油脂多、火焰长、燃点高、耐久燃、数量大。宋代诗人苏轼就有"夜烧松明火，照室红龙鸾"的诗句。景德镇的窑柴，就是将松树砍伐后，锯成七八寸长的木段，再劈开成块，阴晾干燥，以备烧用。此外，窑场和坯房、料桶和料板、桌案和堆架，也都需要大量木材。松木、杉木、杂木、灌木等，正是景德镇窑业发展的重要因素。

四说水。景德镇，土既宜瓷，水亦宜瓷。水成为景德镇瓷器生产、贸易、运输的生命线。景德镇濒临一条江，叫昌江。昌江是景德镇的母亲河，因镇在昌江以南，古称昌南镇。昌江发源于安徽祁门，穿过景德镇，西南流经二百里，合乐安江，汇鄱江（饶江），入鄱阳湖，连通长江。景德镇还有南河环绕于东南，西河贯穿于西面，形成三水环城之势。其水作用有三：

第一，瓷石粉碎用水。景德镇的河流有一个作为动力的特殊作用。古代制瓷矿石靠人工粉碎，所耗人力甚多。景德镇瓷工充分利用天然水流落差作动力，在一些支流上安装起水轮车和水碓，用以粉碎瓷石。这种水轮车，大的最多装水碓十六支，小的最少装水碓四支。每当春夏水发，车轮旋转，水碓翻腾，数里相接，响声隆隆，真是"重重水碓夹江开，未雨殷传数里雷"。这种粉碎瓷石加工制瓷原料的方式，省人、省事、省时、省钱，显示出中国古代科技的神奇。

第二，瓷土淘洗用水。"造瓷首需泥土，淘练尤在精纯。"景德镇烧造瓷器，澄清瓷土，泥料淘洗，制造瓷胎，用水量大。烧瓷炼灰，调配色釉，也要用水。昌江下游，河水平缓，河床稳定，水量充沛，泥沙甚微，水质优良，制瓷需水，最为合用。

第三，瓷器运输用水。一个地方的产品，运不出去，便是"死物"。瓷器运输,行于九州,远达外洋,更要水运。现代有句话:要想富,先修路。在古代,要想富,通水路。大小河流提供了水上运输的便利。旱路运瓷,容易破损。志书《陶政》记载:"查明初陶厂皆自水运达京。"这是御瓷的运输。民间用瓷,则因木船载量大、较安全、运费低,所以更是靠水运。昌江之上,运输繁忙,渡口码头,热闹非常。古人作歌,记其盛况:

坯房挑得白釉去,匣厂装将黄土来。
上下纷争中渡口,柴船才拢槎船开。

五说人。人,在这里有两个意思:

一是江西人文条件好,历史上名人荟萃,如欧阳修、苏东坡、王安石、曾巩、朱熹、黄庭坚、米芾、文天祥、马端临、洪迈、汤显祖等,或出生江西,或旅寓江西,为景德镇提供了丰厚的文化积淀。

二是制瓷工匠数量多,不是一两位优秀的工匠,也不是一个门类的工匠,当地云集众多心灵手巧、技艺纯熟的工匠和技师,形成了包括各个门类、各个工种的产业体系。当时景德镇有句俗语:"匠从八方来,器成天下走。"意思是来自江南塞北、四面八方的工匠会聚在景德镇,他们制成的瓷器遍及天下。

六说史。景德镇陶瓷,历史久远,窑场众多。在今景德镇乐平市乐安江畔的接渡镇南窑村,1964年曾发现唐中晚期南窑龙窑遗址,后进行考古发掘,2013年被评为全国十大考古新发现。这座龙窑长达78.8米,是至今发现最大的龙窑遗址。出土瓷器有:青釉瓷碗、青釉瓷罐、青釉双系瓷罐、青釉执壶,以及酱釉腰鼓等。景德镇窑山也曾发现唐代龙窑遗址。这些重大发现与柳宗元为饶州刺史元崔所作《代人进瓷器状》文中所载"饶州尝贡瓷器"相印证,[1]说明在唐中晚期,景德镇烧造的青釉瓷器已进贡唐朝宫廷。在景德镇静坑,曾发现宋窑遗址。还有,宋人[2]蒋祈的《陶记》记载景德镇陶瓷,为诸窑口所独见,该书虽只有1184个字,却是第一部陶瓷制作的经典性文献。

从天、地、木、水、人、史六个方面来说,景德镇具备了瓷器生产的自然与人文的全面元素。景德镇窑火,历经唐、宋、元、明、清,其特点有三:一是,千年窑火,至今兴旺,烧造不断;二是,奉旨董造,献纳宫廷,进贡不断;三是,技艺求精,世代传承,出新不断。

因此,景德镇被赞为"瓷都",饮誉中外,实至名归。

宋代景德镇瓷业日益兴旺,成为国家财政的一大收入。朝廷除派地方行政官员在景德镇"奉御董造"之外,还在景德镇设立全国唯一的创新机构——瓷窑博易务,这是什么意思呢?下一章介绍。

【小资料】

(1)六大名窑和八大窑系　六大名窑,说法不同,明人《宣德鼎彝谱》记载:"内库所藏,柴、汝、官、哥、钧、定,名窑器皿,款式典雅者,写图进呈。"八大窑系是指景德镇窑系、龙泉窑系、吉州窑系、建窑系、定窑系、耀州窑系、钧窑系、磁州窑系等。

(2)汝窑,窑址主要在今河南省平顶山市宝丰县大营镇清凉寺村。此地,唐宋时期属于汝州,故得名。

1　[唐]柳宗元著:《柳河东集》卷39,上海:上海古籍出版社,2008年。
2　刘新园:《蒋祈〈陶记〉著作时代考辨——兼论景德镇南宋与元代瓷器工艺、市场及税制等方面的差异》,《景德镇陶瓷》(《陶记》研究专刊),1981年。

（3）官窑，宋代由朝廷开办，为官府特制瓷器，故得名。一般认为，北宋时窑址在汴京，称汴京官窑；南宋时窑址在临安，先有修内司官窑，后有郊坛下官窑。北宋官窑受到汝窑和哥窑的影响，南宋官窑则受北宋官窑的影响，一脉相承。"官窑品格，大率与哥窑相同。"官窑瓷器，除了郊坛下官窑之外，都是以青瓷为主。

（4）哥窑，相传窑址在浙江龙泉，是兄弟俩当中的哥哥开办的，故得名。传世的哥窑瓷器是青瓷，"多断纹，号曰百圾破"。"百圾破"是哥窑瓷器釉面开片的一种，形容大小纹片夹杂在一起的样子。开片，就是烧窑中瓷器表面发生开裂，而制造者"巧用缺陷"，别具特色。

（5）钧窑，窑址在今河南省禹州市，金代称钧州，故得名。

（6）定窑，窑址在今河北省曲阳县，以烧造白瓷为主，因当时曲阳归定州管辖，故得名。

（7）高岭土　1869年10月，德国地质学家、柏林大学教授李希霍芬考察了江西景德镇和安徽祁门后，在《中国》第三卷中，详细介绍了瓷石和高岭土。他从岩石学角度第一次论述中国的高岭土，并根据汉语高岭读音译成KaoLin，于是"高岭"成为国际矿物学的专用名词。高岭土因产自高岭山而得名。

设博易务

一 始设机构

宋真宗命名景德镇之后,经过半个多世纪的发展变迁,宋神宗赵顼（1068—1085年在位）在熙宁年间,任用王安石进行变法,史称"熙宁新政"。其间,因景德镇瓷窑兴旺,在这里设瓷窑博易务。瓷窑博易务是国家税务机构,负责陶瓷的贸易和税务。宋代名窑荟萃,而设置瓷窑博易务机构的,只有景德镇。景德镇设立瓷窑博易务,这是御窑史上的大事,史书做了记载:

> 神宗元丰五年（1082）八月,置饶州景德镇瓷窑博易务。[1]

> （元丰五年八月）甲寅,饶州景德镇置瓷窑博易务。从宣义郎、都提举市易司勾当公事余尧臣请也。[2]

---

1 《宋史》卷186《食货志下八》,北京：中华书局校点本,1977年。
2 ［宋］李焘：《续资治通鉴长编》卷329,北京：中华书局校点本,2004年。

瓷窑博易务，我们普通人对它很陌生；就是历史学工作者，不是专门研究宋史的人，对它也不熟悉。我对瓷窑博易务先做个简要解释。瓷窑博易务的"博、易、务"——

"博"，多义项，在这里的意思为广博；

"易"，多义项，在这里的意思为交易；

"务"，多义项，在这里的意思为机构。

"瓷窑博易务"的意思，就是国家专管瓷窑贸易和税收的机构，通俗地说，就是瓷窑税务所或瓷窑税务局。

为什么叫"瓷窑博易务"，而不叫"瓷器博易务"呢？《宋史·食货志》没作解释。据分析，称之为"瓷窑博易务"的原因是这一机构不是按瓷器收税，而是按瓷窑收税。蒋祈在《陶记》中记载：

窑之长短，率有甓数，官籍丈尺，以第其税。

这就是说，按照瓷窑的丈尺大小，定其等第，征收窑税。

以上记载，可以看出：

第一，瓷窑博易务设置的时间是：宋神宗元丰五年八月初五日。

第二，瓷窑博易务设置的地点是：饶州府景德镇，就是今江西省景德镇市。

第三，瓷窑博易务征税定额是：按照瓷窑的丈尺大小，法定征收税额。

第四，瓷窑博易务的职责范围是：专管饶州景德镇瓷窑的贸易和税收事务。

第五，建议设瓷窑博易务的官员是：宣义郎、都提举市易司勾当公事余尧臣。[1]

在景德镇设立瓷窑博易务，是因为：

其一，政府增加税收。北宋面临的一大困局是：积贫积弱，多官多兵，入不敷出，财政匮乏。宋神宗任用王安石实行新政，"汲汲焉以财利兵革为先"，想出很多筹钱的新办法。其中之一，就是"市易法"。

当时，富人经常囤积居奇，操纵物价。小民需要什么，富人就让什么涨价。这样一来，正如《宋史·食货志》所说："今富人大姓，乘民之亟，牟利数倍，财既偏聚，国用亦屈。"[2] 社会两极分化，富人越来越富，穷人越来越穷，国家也越来越穷。

王安石推行的"市易法"，就是针对这种局面提出的。国家平价收购滞销货物，市场缺货时便卖出；借贷官钱给商贩，收取一定的利息；国家需要的物资，由政府统一采购。按照这个方案，其结果是：国家低进高出，差价补贴财政，得了好处；市价比较平稳，小民免遭盘剥，得了好处；小商人有了资金周转，维持经营，得了好处；大商人无法囤积居奇，财路受阻。

国家既能赚到钱，小民也能得好处，这种好事，怎么能不积极推行呢？在景德镇设置瓷窑博易务，就这样应运而生了。

其二，按窑法定税额。景德镇有瓷窑300余座，征得税额，数量很大。景德镇窑业，产品优良，产业庞大，人口众多，商业兴旺，必然带来丰厚的经济效益。据《宋会要辑稿·食货十》记载：熙宁十年（1077），景德镇商税为三千三百五十七贯九百五十七文；而浙江湖州商业大镇乌墩为二千一百零四

---

1 余尧臣（1037—1101），字唐卿，余靖之孙、伯庄之长子，至和元年（1054）经贡举，嘉祐五年（1060）为江西提举。弟舜臣、禹臣均经贡举，在朝为官。据《余氏族谱》。
2 《宋史》卷186《食货志下八》。

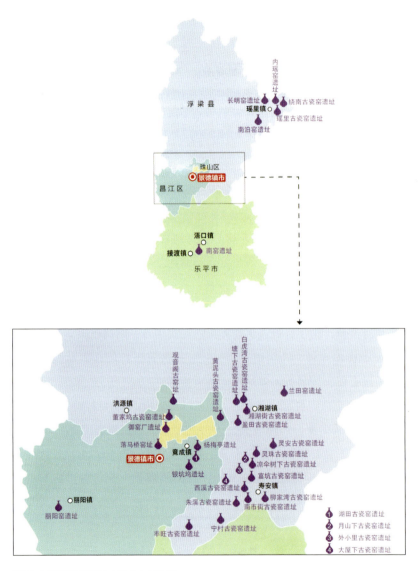

图14　景德镇瓷窑遗址（部分）示意图

贯，梅溪则为一千余贯，景德镇商税比它们都多。

其三，瓷器畅销八方。蒋祈在《陶记》中记载景德镇瓷器：

皆有饶玉之称。其视真定红瓷、龙泉青秘，相竞奇矣。

景德镇烧造出如玉的瓷器，颜色青白，质地细腻，没有瑕疵，精美如玉，因此销往外地，博得"饶玉"（饶州之玉）的美名，与定窑的红定瓷器、越窑的秘色青瓷，争奇媲美，绽放异彩。

那么，与之媲美的"红定瓷"和"秘色瓷"，又是怎样的呢？

先说"红定瓷"。据北宋邵伯温《邵氏闻见录》记载：

仁宗一日幸张贵妃阁，见定州红瓷器，帝坚问曰："安得此物？"妃以王拱辰[1]所献为对，帝怒曰："尝戒汝勿通臣僚馈遗，不听何也？"因以所持柱斧碎之。妃愧谢，久之乃已。

当时这种定窑红瓷被高官作为进献皇帝宠妃的礼物，可见其珍贵。

再说"秘色瓷"。千百年间，人们不知道它究竟是怎样的。晚唐诗人陆龟蒙《秘色越器》诗曰：

九秋风露越窑开，夺得千峰翠色来。好向中宵盛沆瀣，共嵇中散斗

---

[1] 《宋史》卷318《王拱辰传》载：王拱辰，字君贶，开封咸平人。年十九，举进士第一。庆历元年（1041），为翰林学士，后权知开封府，拜御史中丞，加检校太师。死年七十四。赠开府仪同三司。

遗杯。[1]

后人可以通过这首诗对秘色瓷展开无尽的想象,却见不到真实的瓷器。直到1987年5月,在陕西法门寺发现了秘色瓷。寺在今陕西省宝鸡市扶风县城北10公里的法门镇,始建于东汉末年,距今约有1700多年。唐高宗显庆五年(660),迎佛骨于东都洛阳,供养三年后,于龙朔二年(662)送归法门寺地宫,并诏令重修法门寺塔。之后,有唐高宗、武后、中宗、肃宗、德宗、宪宗、懿宗、僖宗先后八位皇帝,六迎二送供养佛指舍利。每次迎送,声势浩大,庄严隆重,朝野轰动,皇帝顶礼膜拜,等级之高,绝无仅有。据史载,"三十年一开,则岁丰人安",干戈平息,风调雨顺,五谷丰登,国泰民康。咸通十五年(874)正月初四日,唐僖宗李儇最后一次送还佛骨时,按照佛教仪轨,将佛指舍利及数千件稀世珍宝,一同封入塔下地宫。自此之后,地宫关闭,与世隔绝。

1987年,考古工作者对法门寺唐代塔基地宫进行发掘,除发现珍贵佛骨舍利之外,还发现了"监送真身使随真身供养道具及金银宝器衣物账"石碑一通,碑上记载着地宫内全部2499件宝物。在这里要特别提出的是,考古工作者发现了14件秘色瓷器:瓷秘色碗七口,内二口银棱;瓷秘色盘子、碟子共六枚;另外在地宫入口处有一件秘色八棱净水瓶,瓶内装有佛教五彩宝珠29颗,口上置一颗大的水晶宝珠覆盖。

所以,在蒋祈笔下,景德镇瓷窑烧造玉石般晶莹的瓷器,与定窑红瓷、越窑秘色瓷齐名,可见景德镇青白瓷器的质量是当时一流水平。这也是在景德

---

[1] "中宵",指夜半。如杜甫《吹笛诗》:"胡骑中宵堪北走,武陵一曲想南征。""沉滭",指北方半夜之气,清爽宜人。"嵇"指嵇康;"中散",指朝散大夫,王莽时设,为散官,后废。

图15 八棱净水瓶

镇设立博易务的一个重要原因。

朝廷在景德镇设置瓷窑博易务后,派遣能干的官员前来任职。下面分别介绍其中的三位,即余尧臣、莫濛和罗愿。

二 首任税官

在景德镇设置瓷窑博易务,提出建议并首任税官的是余尧臣。

余尧臣,韶州曲江(今广东省韶关市曲江区)人,是名门之后。他的祖父余靖(1000—1064),字安道,天圣二年(1024)进士,时年二十五,《宋史》有传。余靖中进士后,经过十年历练,仕途迎来转机,进京任职,校勘古籍，展露才华。范仲淹上书批评宰相吕夷简，结果被贬到江西，知饶州。余靖的官位还没有坐稳，因替范仲淹说话，也被贬谪出京。庆历年间，宋仁宗实行新政，范仲淹主持。余靖和欧阳修、蔡襄等担任谏官。余靖得到仁宗信任，经常面圣，直言不讳。据说，余靖不修边幅，盛夏入宫，力谏不休。一次，仁宗总算打发他走了，对身边人说，自己"被一汗臭汉薰杀，喷唾在吾面上"[1]。皇帝能宽容臣下到这种程度，也不容易。然而，几年后，范仲淹失势，余靖也受到牵连。他上疏："陛下自亲政以来，屡逐言事者，恐钳天下口，不可。"[2] 疏入，余靖遭落职，被贬出京城，客死于秦亭（今南京秦淮亭）。这里有个故事，史载："靖尝梦神人告以所终官而死秦亭，故靖常畏西行。及卒，则江宁府秦淮亭也。"

时过境迁。余靖的孙子余尧臣时任宣义郎、都提举市易司勾当公事。"市易司"就是前面说的执行王安石"市易法"的机构。余尧臣在市易司任职，积极推行"市易法"。他认为景德镇陶瓷贸易繁盛，国家如果参与进去，不失为一大财源，所以提议在景德镇实行"市易法"，建立"瓷窑博易务"。不仅如此，朝廷还让余尧臣负责瓷窑博易务工作。万事开头难，余尧臣奋斗了一年，"方且就绪，以勤官而死"[3]，竟然累死在任上。

余尧臣因公殉职。他的弟弟余舜臣当时也在饶州做官，上疏请求接替哥哥之职，颇有几分前仆后继的悲壮，不过没有获得批准。事实上，虽然余尧臣积极参与变法，又死于职守，朝廷却从未旌表过他，甚至历史记载都非常稀少。究其原因，大概和"市易法"本身存在争议有关。"市易法"虽然设想很

---

1 ［宋］孔平仲撰，杨倩描、徐立群点校：《孔氏谈苑》卷3，北京：中华书局，2012年。
2 《宋史》卷320《余靖传》。
3 《续资治通鉴长编》卷340。

好,执行起来却走了样。

一是,国家做生意,为了赚钱,官员倚仗权力欺行霸市。

> 商旅所有者尽收,市肆所无者必索,率贱市贵鬻,广衷赢余,是挟官府为兼并也。[1]

这显然比囤积居奇的大商人还坏。

二是,国家为赚利息,放高利贷。说来说去,还是赚钱心切,顾不上老百姓的利益,本以为可以利国利民,却导致与民争利,可谓适得其反。

好心办了坏事,事情的首议者、实际的推行者,难免要挨批评。大文豪苏轼就曾经批评过余尧臣:

> 扬州芍药为天下冠。蔡繁卿为守,始作万花会,用花十余万枝,既残诸园,又吏因缘为奸,民大病之。余始至,问民疾苦,以此为首,遂罢之。万花本洛阳故事,亦必为民害也,会当有罢之者。钱惟演为留守,始置驿,贡洛花,识者鄙之,此宦妾爱君之意也。蔡君谟始加法造小团茶贡之,富彦国叹曰:"君谟乃为此耶!"近者余安道孙献策榷饶州陶器,自监榷,得提举,死焉。偶读《太平广记》:贞元五年,李白子伯禽为嘉兴乍浦下场杂盐官,侮慢庙神以死。以此知不肖子,代不乏人也。

在苏轼看来,蔡繁卿、钱惟演、蔡襄(君谟),特别是余尧臣从景德镇

---

[1] 《宋史》卷186《食货志下八》。

瓷窑中为国取利、聚敛民财、诌媚圣上，小民受害，实不足取。苏东坡大概实在生气，竟然把余尧臣殉职和"侮慢庙神以死"相提并论。"市易法"遭到一些人仇恨，自然推行不了多久。宋神宗一死，人亡政息。余尧臣的事迹，也和瓷窑博易务一道，淹没在历史的烟尘之中。

北宋时，先后有两次大的新政运动：一是宋仁宗朝的庆历新政，主要由范仲淹主持；二是宋神宗朝的熙宁新政，主要由王安石主持。余靖、余尧臣祖孙，分别是庆历新政和熙宁新政的参与者。仕途艰难，变幻莫测。新政变法，宦海风浪，既生机遇，更伏凶险。余靖、余尧臣祖孙，投入变法漩涡，忽而跃上潮头，忽而跌入浪谷。他们的际遇，既令人叹惋，也引人深思。

下面介绍两位景德镇镇监，即莫濛和罗愿。

三　景德镇监

北宋亡，南宋立，都临安。南宋在景德镇设镇监，其重要职责是"奉御董造"。南宋有两位杰出的景德镇镇监：莫濛和罗愿。

莫濛，字子蒙，浙江归安（今浙江省湖州市吴兴区）人。他精通法律，善于断案，深得宋高宗器重。宋高宗说"莫濛非独晓刑狱，可俾理金谷"，调莫濛去户部，官员外郎，做财政工作。

当时，江湖滨水地域，有很多沙田和芦场。有人建议：对沙田、芦场，重新丈量，按亩收税，扩大税源。莫濛被派前去，行前，谕旨："得此可助经费，归日以版曹处卿。"就是说，丈出地亩收税，回朝给你升官。莫濛面对的难题是：沙田、芦荡之地，水退耕种，水涨淹没。水，或涨或退；地，或现或没，按什么标准来计算田地面积呢？此事，《宋史·莫濛传》记载：

图16 传统制瓷工艺（部分）示意图

>（莫）濛多方括责，得二百五十三万七千余亩。

莫濛因丈量失实得罪当地百姓，又因科责太严得罪地方官员。

宋高宗把责任全都算到了莫濛头上，官职没升反降，治了莫濛的罪，被贬到景德镇——"责监饶州景德镇"[1]，就是打发莫濛去当了景德镇的镇监。

两年以后，宋高宗召见莫濛说："朕常记向措置沙田甚不易。"这算是委婉地表示歉意。莫濛回答说："职尔，不敢避怨。"这是职责担当，不敢躲避劳怨！而后，莫濛又被起用。

宋高宗崩后，他儿子赵昚继位，莫濛受命，以工部尚书名义，作为正使，赴金国祝贺新年正旦。金帝在宫内设宴，款待来使。莫濛却表示，宋朝正处在"国丧"，按照礼制，不能赴宴，"簪花听乐"。金帝派人到馆舍催促，莫濛不从。直到午后，金帝让步，准许莫濛一行在馆舍用餐。莫濛身在金国，本来可以客随主便，入乡随俗，但他坚持礼法，敢于担当，终于迫使金帝让步。

莫濛从绍兴二十九年（1159）闰六月，到三十一年（1161）七月，任景德镇镇监。莫濛一生——断案，有勇有谋；理财，任劳任怨；镇监，勤政尽职；出使，不卑不亢，确是难得的人才。

景德镇镇监，莫濛之后，还有罗愿。

罗愿，字端良，徽州歙县（今安徽省黄山市歙县）人。罗愿幼时"资特颖异"，7岁时就写了一篇《青草赋》，为父亲贺寿，算是神童。他不但聪明，而且稳重，"幼凝重寡言"，"既冠，乃数月不妄下一语"，毫无张扬浮躁之气。这样的性格，无论是治学还是做官，都容易有大成就。

罗愿长大后，学问、人品，备受称道。史书说，有位叫汤公汉的书生，

---

[1]　《宋史》卷390《莫濛传》。

欣赏罗愿人品，收藏罗愿文集，当成范文，"每为文，必读数十百过方下笔"[1]。遇到来客时，他总是先把文集放在箱子里，小心地锁好，再去接待客人。

当时的大学问家、理学大师朱熹，把罗愿视作畏友。什么是"畏友"？明代学者苏浚曾把朋友分成四类：

> 道义相砥，过失相规，畏友也。缓急可共，死生可托，密友也。
> 甘言如饴，游戏征逐，昵友也。和则相攘，患则相倾，贼友也。[2]

人生在世，都有朋友。"昵友"说话中听，一起玩乐，可以同甘，不能共苦。真要遇到沟沟坎坎，甚至到了生死关头，只有"密友"可以托付。至于有些人，得意时对你百般逢迎，失意时对你落井下石，名曰朋友，实为"贼友"。"贼友"这个概括，准确、深刻、精粹。而"四友"当中，"畏友"用道义砥砺自己，用规矩匡正过失。这种朋友坚持原则，甚至不近情面，令人望而生畏。但是，畏友督促自己走正路，行大道，鼓志气，做君子，成大事，真正为自己考虑长远，这才是朋友之道。以朱熹的学养和修为，把罗愿当作畏友，足见罗愿的人品高尚。

罗愿初入仕途，即任景德镇镇监。景德镇瓷业兴旺，人户众多，商旅往来，税源丰富，形势复杂。镇监官不大，责任重，可谓"小官大任"。罗愿尽职尽责，"有能名"，露头角。

---

1 ［宋］赵不悔修，［宋］罗愿撰：《新安志》卷10，曹宏斋：《鄂州太守存斋先生罗公传》，北京：中华书局，1990年。

2 ［明］苏浚：《鸡鸣偶记》，《说郛续》卷25，清顺治刻本。

罗愿从政二十余年，在许多地方当过官，积累了丰富的经验。有一年，罗愿得到一个机会陛见皇帝，陈述政见。机会珍贵，罗愿并没有空谈帝王之道，更没有包装和推销自己，而是讲了一个朴实的主题：富民。他总结了五条导致百姓穷苦的原因。

第一条涉及央地关系。当时，朝廷经常给州郡下派新任务，却并不同时下拨经费。地方左右为难，就把负担转移给百姓。罗愿说，那些建议下派新任务的人，只想着自己的主意妙不妙，不体谅州郡的实际情况。总之，高官好大喜功，地方百姓遭殃。

第二条涉及官场陋习。当时，地方官到任，要装点官舍，置办器物，大宴宾客，雇用吏卒；离任时，同样要隆重地送别。迎来送往，花钱如水，这钱从哪儿出？从百姓身上搜刮。罗愿提出官员不要更换得太频繁，"使得满任而无数易"，迎来送往事少，百姓负担就轻。

剩下的三条，讲的都是一个问题：政府逼着基层官员搜刮金钱。谁能搞到钱，谁就是好官，产生了"三滥"怪象：

一是滥收诉讼费。一些地方，百姓来打官司，官吏不问是非，先收诉讼费。"如争田，则以沃瘠认钱；争婚，则以妍丑定价。"两家人想娶同一个女子，如果女子长得漂亮，就多交诉讼费；如果女子长相差些，就少交诉讼费。这是何等荒唐！更过分的是，打赢了官司，还要再敲一笔"贺喜钱"！

二是滥收田赋钱。政府想多收钱粮，就任用酷吏，用"以荐牍及钱物诱其多取"，就是用升官发财来鼓励官吏多收，置法律于不顾。结果，官吏越选越凶，田赋越收越多，百姓越交越穷，民怨越积越大。罗愿表示，这些怪象，应当革除。

三是滥籍没家产。没收全部财产是刑罚的一种，当时叫作"籍没"，就是全部财产登记造册，予以没收，上缴国库。但是，如果抓住个有钱人，治

图17 景德镇古窑
（龙窑）遗址

罪籍没，就可以弄到一大笔钱财，"世亦因指以为能吏"。这对官吏的诱惑太大。所以，有的官吏"专仰此为术，日夜察民有财产者，传致以罪而没入之"，出现了滥用"籍没"的现象。

罗愿的富民之道，"不为浮文，切中积弊"，获得了宋孝宗的青睐。宋孝宗说："卿磊落，议论可采，必副朕委任！"后来朝廷派他去担任鄂州知事，值夏天大旱，他在炎阳下求雨，突降甘霖，受凉得病，以致不起，不久病死，年仅49岁。

罗愿是神童，是大儒，是畏友，是干才，是直臣。他不负圣任，死于职守，终得千古传诵，有《新安志》10卷、《尔雅翼》20卷、《鄂州小集》7卷传世。

综上，赐名景德镇，设瓷窑博易务，派景德镇镇监，奉旨董造瓷器，这就升腾起一道历史文化信号——景德镇瓷窑成为千年御窑的文化之源。宋代景德镇瓷窑的发展，为元代创造青花，惊艳世界，奠定了基础，准备了条件。

大元青花

2005年7月12日,一件中国瓷器"元青花鬼谷子下山图大罐",在英国伦敦佳士德拍卖行拍出1400万英镑的高价,加佣金后,折合人民币约2.3亿元。这是当时中国艺术品在国际拍卖市场上拍出的最高价钱。大元青花的惊艳表现,引起万众瞩目。

元代后期,青花瓷器便已远销东亚、东南亚、南亚、中亚、西亚等地区。然而,朝代更替,世事沧桑。元亡之后,大元青花竟然逐渐不被后人

图18 元青花鬼谷子下山图大罐

知晓。长达六百年间,人们一直认为,青花瓷诞生于明代。直到20世纪20年代至50年代,欧洲、美洲和亚洲的学者,展开漫长的学术接力,拨云见日,水落石出,终于揭开了元青花的面纱,留下动人的学术与艺术的传奇和故事。

元青花瓷器是怎样被发现的?这要从英国学者霍布森说起。

一 霍氏发现

1929年初,英国《老家具:家居装潢》杂志发表了一篇学术论文,题目是《明代以前的青花瓷器:一对写有日期的元代瓷瓶》。这篇文章7页,翻译成汉字约有5000字。这是在国际陶瓷学界,第一次报告有元代青花瓷器的存在,这对于陶瓷发展史的研究做出了划时代的贡献。这篇论文说明:论文的价值,不在于长短,而在于创新。

文章作者是英国大英博物馆研究人员罗伯特·洛克哈特·霍布森(Robert Lockhart Hobson,1872—1941)。霍布森,英国人,25岁起供职于大英博物馆,66岁从大英博物馆东方文物与民族志部保管员的位置上退休,三年后去世。在大英博物馆工作的41年里,霍布森先是研究英国陶瓷,后来转向研究中国瓷器。他曾为《不列颠百科全书》撰写陶瓷条目,是公认的陶瓷研究权威。

霍布森在大英博物馆工作期间,正值英帝国鼎盛之时。英国势力每扩张到一个地方,都要搜罗奇珍异宝,漂洋过海,运往伦敦。大量中国瓷器也在其中。北京智化寺是明代大太监王振所建,曾经供奉一对"至正十一年"铭青花云龙纹象耳瓶。这对青花象耳瓷瓶在20世纪20年代被盗卖到英国,后为英国大

图19 "至正十一年"铭青花云龙纹象耳瓶

维德中国艺术基金会[1]分两次[2]购得收藏,所以又称"大维德瓶"。

甲瓶(原编号B614),通高63.5厘米,口径14.3厘米,足径17.5厘米。器形瘦高,两侧置象耳。瓷瓶纹饰,自下而上,共有八层,主要是飞行在云间的龙和凤,也有菊花、蕉叶、莲花、牡丹等植物纹样。瓶上有铭文,竖写,六行,62个字,移录如下:

> 信州路玉山县顺城乡德教里荆塘社,奉圣第(弟)子张文进,喜舍香炉、花瓶一付,祈保合家清吉、子女平安。至正十一年四月良辰谨

---

1 英国大维德中国艺术基金会,其全称为珀西瓦尔・大维德中国艺术基金会(Percival David Foundation of Chinese Art)。
2 元青花云龙纹象耳瓶一对,二瓶分别于1927年和1935年被大维德购买,从此二瓶合璧。为叙述方便,我将原大维德基金会编号为B614称为甲瓶,编号为B613称为乙瓶。

记。星源祖殿,胡净一元帅打供。

乙瓶(原编号B613),通高63.4厘米,铭文竖写,五行,61个字。两瓶铭文差异是:甲瓶为"良辰谨记"四字,乙瓶为"吉日舍"三字。

根据上述铭文可知,这对花瓶是祭祀用的"供器"。供在哪里呢?在"星源祖殿"。经过考证,这座"星源祖殿"即今江西婺源灵顺庙。此地距景德镇约68公里。此庙供奉什么神仙呢?是"五显神"——显聪、显明、显正、显直、显德。聪明、正直、厚德,是人们对道德的追求和愿景。人们祭祀五显神,反映了对于这些高尚品质的推崇和向往。五显神信仰起源于婺源,扩展到邻近省份。从宋到明,[1]五显神信仰,历代官方赐予封号,民间百姓建庙祭祀。

灵顺庙还供奉一尊从神,就是胡净一元帅。[2]他生前侍候于灵顺庙,羽化之后,入庙奉侍。朝廷赐封尊号给这位从神,地位尊崇,单独供奉。这对青花瓷瓶就是供奉灵顺庙从神——胡净一元帅的供器。

青花瓶烧造完成,要找个良辰吉日,虔诚地举行宗教仪式。铭文中的"四月良辰"或"四月吉日"是指农历四月初八。这一天,既是佛教的浴佛节,又是灵顺庙的祈福日。

至正十一年(1351)四月初八,在一年一度的盛大祈福道场上,这对青花瓷瓶被隆重地供奉于婺源的灵顺庙。供奉者张文进是一位虔诚的信士,他定制如此精美庄重的供器,花了不少钱,为的是祈求神明保佑"合家清吉""子女平安"。张文进的祈求有社会背景:此时距元朝覆灭只有十七年。覆巢之

---

1 据康熙《婺源县志》载:康熙二十五年(1686),江苏巡抚汤斌奏毁天下五显庙,而改为关帝庙。
2 胡净一,明《搜神记》等书均作胡靖一。其"净"字似为当地俗写。

下,焉有完卵:一介小民,怎能自保"合家清吉""子女平安"?不久,红巾大起义爆发,元朝的丧钟敲响了!在张文进献瓶打供后的第二年,因农民军战火,灵顺庙被毁,但这对青花瓷瓶,受到善者保护,竟然流传下来。

霍布森在论文中介绍了这对青花瓷瓶,瓶上写着"至正十一年"的文字。"至正"是元顺帝的年号,至正十一年是1351年。这证明:最晚到元代至正十一年,已出现了青花瓷器。

霍布森还准确地判断出这对青花瓷瓶的产地是中国景德镇。根据铭文记载,青花瓶的拥有者就住在离景德镇不远的地方。霍布森提出:早在元代后期,景德镇就开始烧造青花瓷器。

历史上原来并没有关于元代青花瓷器的文献记载。霍布森对元青花瓷瓶的发现和考证,轰动了陶瓷界和文化界。这对青花云龙纹象耳瓷瓶,成为同期元青花瓷器断代的一杆标尺,具有重要学术创新意义。

2012年,这对元青花云龙纹象耳瓶中的一只(甲瓶)从英国来到上海博物馆展出,万人争睹,盛况空前。

学术规范,孤证不立。一对青花瓶就能证明元青花瓷器的存在吗?后来美国学者约翰·波普寻找和研究了更多的青花瓷器,以求做出新的论证。

二 波普论证

美国学者约翰·波普继霍布森之后,在国际陶瓷学界第一次证明元青花瓷器并非孤例,而是一大类瓷器。

波普在20世纪50年代,以刚才介绍的那对青花云龙纹象耳瓷瓶为参照物,分析比对土耳其托普卡比宫和伊朗阿德比尔清真寺中所藏的青花瓷器,从而辨识出40件与前者相似、32件与后者相似的青花瓷器,命名为"14世纪型"

青花瓷器。这一类青花瓷器后来被称为"至正型"青花瓷器，奠定了元青花瓷器研究的学术基础。

约翰·亚历山大·波普（John Alexander Pope，1906—1982），美国人，毕业于美国耶鲁大学，获得文学学士学位。耶鲁大学是美国汉学的滥觞之地。1876年（清光绪二年），耶鲁大学在美国最早开设汉语课程，建立汉语教研室和东方图书馆。波普早在耶鲁大学读书期间，就与中国结缘。他曾自愿到中国华北工作，担任美国红十字会的救护车司机。

后来，波普到哈佛大学研究中国装饰艺术，取得硕士学位，并在哈佛燕京学社资助下，到英国伦敦从事研究。在那里，波普了解到霍布森对元青花的研究成果。回到美国后，波普在哥伦比亚大学任教，讲授中国艺术。第二次世界大战期间，波普在海军陆战队担任翻译。北平光复后，波普曾随军短暂驻扎北平。这次北平之行，促使波普开始了元青花瓷的研究之旅。

波普深知，霍布森的研究虽然石破天惊，但从学理上说，只有一对元青花瓷瓶，不能证明元青花瓷器存在的普遍性。波普设想：如能找到更多的元代青花瓷器，形制和色彩都与霍布森发现的那两件相似，就能够证明霍布森的发现不是孤证。

1950年，波普远赴伊朗德黑兰和土耳其伊斯坦布尔，开始了元青花研究的新发现之旅。

波普先到伊朗国家博物馆考察。据伊朗文献记载，1611年，国王阿巴斯·萨菲（1578—1629年在位）将宫廷珍藏的1162件中国陶瓷器，献给阿德比尔清真寺。这批中国瓷器后来大部分由伊朗国家博物馆收藏。

波普又到位于土耳其伊斯坦布尔的托普卡比宫考察。伊斯坦布尔地处欧亚两大洲交通要冲，先为东罗马帝国首都，改名君士坦丁堡；1453年，为奥斯曼帝国首都，始称伊斯坦布尔。托普卡比宫是奥斯曼帝国的皇宫，1478年建成，作为皇宫400年。1942年，土耳其共和国将这座皇宫改为博物馆，现已被列为世界文化遗产。托普卡比宫珍藏的中国瓷器近2万件。这是世界上除中国本土之外最大的瓷器收藏，也是世界上瓷器品质最高、数量最多的收藏之一。这些瓷器主要是青瓷和青花瓷，也有相当数量颜色釉瓷器和彩绘瓷器，历经中国元、明、清三朝，时间跨度达600年。

伊斯坦布尔托普卡比宫有庞大的御厨房，墙上挂着苏丹大宴群臣的图画。画面上众大臣围坐在一张张圆桌周边，有的伸手到青花瓷大盘中取食，有的用羹匙从青花瓷大盆中舀汤喝。而就在这个御厨房中，收藏和陈列着当时使用过的硕大的元青花瓷盘，直径多在40—60厘米。

考察和研究了伊朗、土耳其上述两座博物馆后，波普分别于1950年、1952年、1956年发表论文。他从这两个地方的收藏中，拣选出72件青花瓷器，对比其他青花瓷器，经研究后提出：这些瓷器在造型、胎质、色彩、纹饰等方面有很多相同、相通、相近、相似的地方，与15世纪明代永乐、宣德年间的青

图20　元青花云龙纹菱花口大盘

图21　元青花缠枝牡丹纹梅瓶　　　　图22　元青花青地白花凤凰穿花纹菱口大盘

花瓷器差别很大，而和霍布森报告的两件元青花瓷器属于同类。这类瓷器，就是"14世纪型"青花瓷器。

一说造型。波普发现，这些青花瓷器的器形硕大、厚重，散发着博大、雄浑、古朴、厚实之气。和后世瓷器相比，这些青花瓷器，增了几分厚重、少了几分轻薄，多了几分自由、少了几分匠气。

二说胎质。波普发现，这些青花瓷器的胎体细密，胎釉青白，丝毫不逊于永乐、宣德时期的瓷器。这表明，青白瓷器的烧造技术到元代已经非常成熟。这些青花瓷器外底都没有上釉，这是一个很明显的特征。

三说色彩。波普发现，这些青花瓷器以钴（苏麻离青）料为着色剂，颜色比后世的青花瓷器更加浓艳。

四说纹饰。波普发现，这些青花瓷器的纹饰题材比后世更加丰富、多

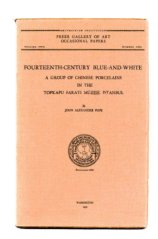

图23　波普论文书影

样,但也显出不成熟之处。比如,在大圆盘中央部分,经常密布纹饰,布局不清,有些杂乱。又如,这一时期的竹叶是一笔画成的,简洁清晰;后世则用两条细线画出竹叶边缘,再用薄涂法来渲染叶面。

于是,波普证明,霍布森的发现并非孤例,而那对器形硕大的青花象耳瓶是整整一类青花瓷器的代表。波普更进一步证明,14世纪不是青花瓷的萌芽期,也不是青花瓷的衰落期,而是青花瓷的发展期。早在14世纪,中国青花瓷的烧造就达到了相当高的水平。"明代以前无青花瓷"的认识被改写了。正是因为对青花瓷研究的杰出贡献,波普获得哈佛大学博士学位,后任美国弗利尔美术馆馆长。[1]

---

[1] John Alexander Pope, Fourteenth-century Blue-and-White: A Group of Chinese Porcelains in the Topkapu Sarayi Müzesi, Istanbul, Freer Gallery of Art Occasional Papers, Volume2, Number 1, Washington, 1952.

14世纪，元青花瓷器横空出世，惊艳欧亚，华风西渐，一时无双。20世纪，元青花重见天日，震动寰宇，西学东渐，谱写佳话。700年的元青花瓷器，见证了东西交融，家国荣辱，令人惊叹，令人赞赏。

三　根在中国

大元青花，霍氏发现，波普论证，已成共识，其根在哪里？根在中国——文字、窑址、实物、纹饰，资料丰富，均可为证。

第一，文字为证。举例如下：

一是前面讲的一对元青花云龙纹象耳瓶，特别是62个字或61个字的铭文——其时（至正十一年，即1351年）、其地（今江西省婺源县）、其庙（灵顺庙）、其神（五显神、胡净一元帅）、其人（张文进）、其愿（合家清吉，子女平安）、其纹（云龙纹饰）、其物（元青花象耳瓶）八个方面，都是中国传统文化元素。

二是江西高安出土窖藏元青花墨书带盖梅瓶（六只）。这六只梅瓶，分别墨书六个字——礼、乐、射、御、书、数。这是古代儒家教育的"六艺"，是中华传统文化的精华。这六件带盖梅瓶，造型精，纹饰美，数量多，组合巧，同地出土，实属空前。其中的元青花云肩缠枝牡丹纹带盖梅瓶（"礼"字），通高48厘米、瓶高42厘米、腹径23.9厘米、口径6.4厘米、足径14厘米。内壁素胎，一侧墨书楷体"礼"字。墨书礼、乐、射、书、御、数六个汉字，都是中国文化所特有的做法。[1]

三是江西高安出土窖藏元青花高足杯（九件），其中一件杯内底以青花

---

[1] 刘金成著：《高安博物馆馆藏文物精粹》，北京：文物出版社，2011年。

图24　元青花墨书带盖梅瓶（六只）

图25　元青花云肩缠枝牡丹纹带盖梅瓶（"礼"字）

图26　元青花题诗句缠枝花纹高足杯

料书写草书"人生百年长在醉，算来三万六千场"14个汉字。这是元朝末年贵族、官员醉生梦死、享乐至上的世风在瓷器艺术上的鲜明展现，其诗、其字都是典型的中国文化。

第二，窑址为证。在景德镇市已经发现湖田、落马桥、珠山等元代窑址，特别是在湖田发现烧造元青花的龙窑遗址。这些窑址出土元青花大盘、罐、瓶等瓷器或残片，多见"枢府""太禧"铭文和五爪龙纹图案，许多碎片能拼出完整青花器物。如1980年在落马桥元代窑址出土的元青花淡描云龙纹花口大盘，两条三爪蛟龙在盘心位置，纹饰醒目，形象生动。再如1988年在珠山出土的元青花云龙纹桶式盖罐，造型规整，质量上乘。这些都证明烧造元青花瓷器的窑址在中国景德镇。

第三，实物为证。国内考古发现和博物馆收藏，目前有元青花瓷200多件。其中如内蒙古自治区乌兰察布市集宁区、河北省保定市和江西省高安市

图27 元青花淡描云龙纹花口大盘　　图28 元青花云龙纹桶式盖罐

等,其出土数量之多、造型之精、纹饰之美、颜色之艳,可与美国人波普在伊朗和土耳其的发现相媲美。除前述高安出土的"六艺"梅瓶之外,再举数例:

1. 元青花海水白龙纹八棱带盖梅瓶。1964年,河北省保定市出土一批窖藏元代瓷器。其中有一对高约51.5厘米的元青花八棱梅瓶。这对大梅瓶通体连瓶盖都呈八棱形,胎骨厚重,釉层晶莹,烧造难度大,造型、纹饰、青花发色,无不优美。

2. 元青花釉里红开光镂雕花卉纹罐。一对,保定出土,引人注目。器形硕大,通高42.3厘米,最大胸围107.78厘米。这对盖罐的主题纹饰是四组釉里红菱花形四季花开光,间以四组蓝色云肩,秀丽端庄,凝重大气。1980年,江西高安出土一只盖罐,也是难得。通高46.5厘米,肩部两侧各贴塑模印铺首一只,铺首贯穿铜环各一,铜环完整,造型优美。

3. 元青花凤首扁壶。1970年,在北京市旧鼓楼大街豁口出土元代窖藏元

图29 元青花海水白龙纹八棱带盖梅瓶

图30 元青花釉里红开光镂雕花卉纹罐

图31 元青花云龙缠枝牡丹纹铺首耳盖罐

图32　元青花凤首扁壶（北京出土）

图33　元青花凤首扁壶（霍城出土）

青花11件，其中一件元青花凤首扁壶，壶嘴为凤首、壶身为凤翼、壶把为凤尾，造型新奇，生动可爱。天下事情，无独有偶。更为珍奇的是在新疆维吾尔自治区伊犁哈萨克自治州霍城县，也曾出土一件元青花凤首扁壶，与北京出土的这件器物非常相似。而霍城，在元代是察合台汗国的都城阿力麻里城所在地。

以上这些国内出土的元青花大型窖藏，不仅使大量精美的元青花瓷器重现于世，而且促进了对于元青花瓷的学术研究。有学者认为，这些成套的元青花瓷器，有可能是官府主持祭祀活动所用的祭器。

第四，纹饰为证。举例如下：

一是元青花以蓝色纹饰、大量留白为特征。这同蒙古族"崇白尚蓝"的习俗吻合，带有明显的草原文化特征。如俄罗斯艾尔米塔什博物馆收藏的元青花缠枝莲花杂宝纹蒙古包，以及元青花扁壶、靶杯，都具有马上民族的特色。草原文化再现，让人耳目一新。

图34 元青花缠枝莲花杂宝纹蒙古包

二是元青花戏剧人物故事图案,带有浓郁的中原农耕文化气息,并与产地景德镇文化有密切关系。今景德镇乐平市有320余个行政村,还保留着420余座古戏楼。这里的民谚是:三天不看戏,肚子就胀气;十天不看戏,做工没力气;一月不看戏,见谁都有气。直至今日,这里还保留着"人人看戏,村村演戏"的文化现象。大量戏曲故事和历史典故,演绎成元青花瓷器的纹饰题材,如鬼谷子下山图罐、萧何月下追韩信图梅瓶、三顾茅庐图梅瓶、昭君出塞图罐、崔母拷红图梅瓶、尉迟恭救主图罐、周敦颐爱莲图玉壶春瓶、蒙恬将军图玉壶春瓶,等等。

三是图案多有中国元素,动物如龙凤、仙鹤、鸳鸯,植物如牡丹、菊花、缠枝莲、松竹梅等。多元文化融合的图案也有出现。如藏于伊朗国家博物

图35 元青花萧何月下追韩信图梅瓶

图36 元青花云肩凤纹大盘

馆的"云肩凤纹大盘",六朵如意形云肩纹饰,体现草原文化的特色;六只翻飞凤鸟、缠枝牡丹,体现农耕文化传统;60厘米口径、硕大厚重形体,则体现阿拉伯文化的特点。

从以上四点看,"14世纪型"青花瓷器,其根在中国。景德镇生产的元青花瓷器,除满足宫廷、贵族需求外,既有被中亚、西亚国家珍藏的硕大器物,又有受到东南亚国家喜爱的精小器物;有生活日用品,更有观赏艺术品。其设计、造型、工艺、色彩、纹饰等诸方面,均达到炉火纯青的境界。

青花瓷器在元代景德镇创烧成功,在陶瓷史上具有划时代的意义。

第一,开创彩瓷时代。一扫唐宋瓷器以单一釉色为主,而以青白作底,衬托蓝色花纹,明快大气,纹饰丰富,光彩夺目,精美绝伦。

第二,丰富瓷器装饰。在瓷器花纹刻、印、划、剔、贴、塑等技法之外,彩绘成为瓷器纹饰的主流。

元青花的出现表明,创新,是景德镇窑业的生命源泉,使景德镇成为著名的瓷都;创新,使景德镇既在国内一马当先,也在世界独领风骚!

【小资料】

〔1〕据《元青花》(北京艺术博物馆、北京市元青花文化交流中心、首都博物馆主编,石家庄:河北教育出版社,2009年)附录:中国大陆出土元青花一览表。

地区	件数	地区	件数
江西	61件	四川	4件
内蒙古自治区	31件	甘肃	4件
安徽	30件	浙江	4件
北京	20件	湖南	3件
江苏	20件	新疆维吾尔自治区	2件

地区	件数	地区	件数
河北	13件	广西壮族自治区	1件
湖北	5件	河南	1件
山东	5件	吉林	1件
合计	205件		

〔2〕据统计，世界各国博物馆珍藏的元青花瓷器，土耳其托普卡比宫藏40件，位列第一；伊朗国家博物馆藏32件，位列第二；中国高安元青花博物馆藏19件，位列第三。据估计，世界现存元青花瓷器约300件，其中国外约200件，国内约100件。

〔3〕1980年，江西高安出土窖藏19件元青花瓷器。其中，元青花兽耳盖罐（带铜环）一只、元青花云龙纹荷叶盖罐两只、元青花带盖梅瓶六只、元青花高足杯九件、元青花菊纹碗一只、元釉里红瓷器四件，总共23件。为此，江西省建立"高安元青花博物馆"，用于展示、收藏、研究元青花瓷器。这是世界上首座元青花瓷博物馆，于2016年7月25日开馆。

〔4〕梅瓶：因瓶口小，仅能容梅枝而得名。其造型出现在唐代，流行于宋代，称为"经瓶"，经历元、明、清而长盛不衰，清代得名"梅瓶"。元青花梅瓶主要用来盛酒，兼具陈设装饰、祭祀礼器或陪葬明器的功能。

浮梁磁局

青花瓷器横空出世，为什么会出现在元朝？为什么会出现在景德镇？元青花瓷器产生的文化元素，是多种因素而形成的一枚硕果。在诸多因素中，我们拟从宏观、中观、微观三个方面进行分析，来思考和探讨这个文化史的叩问。

一 蒙元文化

一切事物，都有因缘。大元青花瓷器出现，它的因缘是什么呢？在诸多因缘中，从宏观来说，是蒙元文化。

在13世纪和14世纪前半叶，草原文化与农耕文化、中华文化与西亚文化、东方文化与西方文化之间，发生了空前的碰撞与交融。这要从成吉思汗说起。

成吉思汗铁木真（1162—1227），幼年饱受磨难，善于学习，宏愿远大，意志坚强。他于1206年（南宋开禧二年），在斡难河源蒙古忽里勒台大会上被推举为成吉思汗，即"海洋般的"大汗。

一次，金卫绍王完颜永济派使臣到蒙古传圣旨，要成吉思汗跪拜接旨。成吉思汗问金使道："新君是谁？"金使回答："是卫绍王。"成吉思汗唾道："我谓中原皇帝是天上人做，此等庸懦亦为之耶，何以拜为！"[1]他率兵统一蒙古，打败金国，灭亡西夏，征服西辽，进入西域，打到伏尔加河，占有钦察草原。成吉思汗在1225年（南宋宝庆元年）分封诸子，建立汗国，史称"蒙古四大汗国"或称"四大汗国"。

四大汗国就是钦察汗国、察合台汗国、窝阔台汗国和伊利汗国。下面分别简述。

钦察汗国为成吉思汗长子术赤的封地。术赤第二子拔都西征后，汗国的版图是：西达多瑙河下游，东到额尔齐斯河，南至高加索、里海，北迄北极圈南，建都萨莱（在今俄罗斯伏尔加格勒附近），因领有钦察草原，故名钦察汗国，得到忽必烈的正式册封，与元朝经常遣使往来。

察合台汗国为成吉思汗次子察合台的封地。最盛时的范围，东起吐鲁番，西到阿姆河（今乌兹别克斯坦西境），南越兴都库什山，北达塔尔巴哈台山。大帐设在阿力麻里城。阿力麻里为突厥语，意思是有苹果的地方，在今新疆维吾尔自治区伊犁河畔霍城县境，当地至今盛产苹果。耶律楚材、丘处机等都到过阿力麻里。这里曾是世界五大文明——古埃及、古巴比伦、古印度、古中国、古罗马——的文化交汇之地。忽必烈即位后，察合台汗国承认元朝皇帝的宗主地位，经常遣使中原。

窝阔台汗国为成吉思汗第三子窝阔台的封地。其范围包括叶密立（今新疆维吾尔自治区额敏县境）与霍博（今新疆维吾尔自治区和布克赛尔蒙古自治县）等地区。之后，其控制地域，以伊犁河为中心，成为中亚的一大势力。后其领地分属，或归元朝，或归察合台汗国，或归伊利汗国。

伊利汗国为成吉思汗第四子拖雷之子旭烈兀的封地。元世祖忽必烈时曾

---

[1] 《元史》卷1《太祖本纪》，北京：中华书局校点本，1976年。

遣使传旨，将阿姆河以西直到波斯（今伊朗）的国土和当地军民划归旭烈兀。其汗国范围：东起阿姆河和印度河，西到小亚细亚大部分地区，南抵波斯湾，北至高加索山。都城在蔑剌哈（今伊朗东阿塞拜疆省马拉盖）。忽必烈曾派孛罗丞相等出使伊利汗国，双方使臣往来频繁。后蒙古贵族帖木儿（1336—1405）在伊利汗国基础上，建立帖木儿帝国，定都撒马尔罕（今乌兹别克斯坦境内）。这座古城，整座城市已被列为世界文化遗产。耶律楚材西行到过撒马尔罕，他的《西游录》留下记述。鼎盛时期的帖木儿帝国，含波斯、印度、阿塞拜疆等35个国家和地区的土地。到1507年（明正德二年），帖木儿帝国才灭亡。

成吉思汗之孙元世祖忽必烈（1215—1294），1260年（南宋景定元年）五月在平城（今内蒙古自治区锡林郭勒盟正蓝旗境）举行忽里勒台大会，即大汗位。至元八年（1271），以《易经》"大哉乾元"[1]之义，"建国号曰大元"[2]，元朝建立。

元朝定都大都（今北京），共98年，结束了五代十国、北宋、辽、南宋、金、西夏、西辽、蒙古、大理、吐蕃等长达363年或分治或割据的局面，重新实现中国的大一统。

元朝的疆域，东起大海，北达外兴安岭、贝加尔湖，西到西域，西南包括西藏，南到南海。

从1206年铁木真称大汗，到1368年朱元璋建立大明，约一个半世纪间，蒙古文化极盛时的范围：东起大海，西达伏尔加河，南到印度河，北近北极圈南。元朝暨四大汗国的执政者，都是成吉思汗的后裔。正如《元史·地理六》

---

1 《周易》卷1《上经乾传》，《宋本十三经》注疏本附校勘记本，北京：中华书局影印本，1980年。
2 《元史》卷4《世祖本纪》。

所载：

> 元有天下，薄海内外，人迹所及，皆置驿传，使驿往来，如行国中。[1]

大元帝国和四大汗国，改变了亚欧大陆的政治格局和文化生态。其时，亚洲——东亚、中亚、西亚以及南亚，欧洲——东欧、中欧、西欧以及南欧，还有东非、北非等，人类历史上第一次出现东西海陆大交通、亚欧文化大交流的局面，文化往来，盛况空前。

蒙古属于草原文化，在元朝虽与中原农耕文化相融合，却始终带有浓厚的草原文化特点。

风尚习俗，源于自然。蒙古人站在草原上，抬头仰望，白云蓝天，相似苍穹；到了冬季，俯视四野，皑皑白雪，一望无际，无限敬畏——"尚白崇蓝"。

我曾有幸从内蒙古最西部的阿拉善，穿过额济纳、乌海，到访鄂尔多斯草原、锡林郭勒草原、呼伦贝尔草原等，全长2400公里。我还有幸去过蒙古国的乌兰巴托。在呼伦贝尔、乌兰巴托等大草原上，举目四望，天似穹庐，天地相连。穷目所见，白云蓝天。歌词"蓝蓝的天上白云飘，白云下面马儿跑"，是这种景象的真实描画。这种自然景象，映现审美情趣，便是"尚白崇蓝"。"尚白"可以举出八条史证。

陶宗仪的《南村辍耕录》记载，"国俗尚白，以白为吉"[2]，此其一。元朝皇帝的皇冠——帽子，帽顶是白色的，此其二。元朝大臣正旦朝贺，身穿

---

1 《元史》卷63《地理志六》。
2 ［元］陶宗仪著：《南村辍耕录》卷1，北京：中华书局，1959年。

白色朝服叩拜，此其三。蒙古以白鹿作图腾，此其四。蒙古包是白色的，此其五。铁木真在斡难河（今鄂嫩河）源的忽里勒台大会，树九斿白纛，即蒙古大汗位，此其六。元世祖忽必烈在举行朝会大明殿御座上置白伞盖，[1]以伏邪魔、护邦国，此其七。现存台北故宫博物院的《元帝像册》，元太祖成吉思汗、元世祖忽必烈都戴白冠、着白袍，此其八。可见，蒙古文化是尚白的。蒙古这种"尚白"与"崇蓝"的文化对瓷器的影响，就出现了以白色为底色，以蓝色为主色的青花瓷器。

海陆四通八达，文化碰撞融合。就瓷器生产来说，钴原料苏麻离青能够从西亚进入中国，烧造的青花瓷器又方便运回西亚各地。中国景德镇青花瓷器的四大问题——钴蓝原料、能工巧匠、国际市场、交通物流，都在元代得以较好地解决，这自然为元青花瓷的创造与发展、西传与交流，提供了历史与现实、物质与文化的重要条件。

因此，元青花瓷的出现与流传，是蒙元草原文化与中原农耕文化、中华文化与域外文化的大融会、大交流而产生的一枚文化硕果！

二　国家磁局[2]

大元青花瓷器的产生，另一个重要因缘，从中观来说，是制度文化。就制度而言，元朝政府设立浮梁磁局，集中和强化对制瓷的管理。

浮梁磁局的设置，《元史·百官志四·将作院》记载：

1　《元史》卷77《祭祀志六》；［元］熊梦祥著：《析津志辑佚·岁纪》，北京：北京古籍出版社，1983年。
2　在《元史》中，"磁"与"瓷"都用，但"浮梁磁局"是专用名词，依照原文，用"磁"字。

浮梁磁局，秩正九品，至元十五年（1278）立。掌烧造磁器，并漆造马尾棕藤笠帽等事。大使、副使各一员。

这条记载表明：在皇朝历史上，中央政府第一次设立隶属于将作院管理瓷器烧造的机构"浮梁磁局"。它清楚地说明：

其一，至元十五年，设立管理烧造瓷业的浮梁磁局。

其二，磁局的职责是掌管宫廷、官府瓷器的烧造等事务。

其三，设浮梁磁局大使、副使各一员，为正九品，官职比较低。

元朝浮梁磁局隶属于将作院（主官正二品），比吏、户、礼、兵、刑、工六部尚书（正三品）秩高一品，可见其地位之重要。将作院为全国唯一管理官营瓷器生产的机构。万历《江西省大志》记载："元泰定本路总管监陶，皆有命则供，否则止。"就是说，路的总管、浮梁县令还兼任监理陶务。

浮梁县，元代隶属于江浙行省饶州路。元设浮梁磁局后，大量工匠集聚景德镇。据清乾隆四十八年（1783）《浮梁县志》记载，南宋咸淳五年（1269），浮梁人口为137053人；到元至元二十八年（1291），浮梁人口为192148人。在21年间，浮梁人口竟增加近40.2%，其中不乏南迁或官派的陶瓷匠户。

浮梁磁局成立后，首先创烧出"枢府瓷"。枢府指的是元朝最高军事机构枢密院（从一品）。浮梁磁局为枢密院烧造的专用瓷器，一律由官府画局提供纹饰样式，并在瓷器上模印"枢府"二字，交由浮梁磁局烧造，体现其身份的特殊。而瓷器的颜色，为白色，胎体厚重，釉色透亮，白而泛青，莹洁光亮，因类似鸭蛋壳色，故又名"卵白釉"。枢府瓷不仅釉色白润，而且以模印多种纹样为饰，如龙纹、芦雁纹、缠枝花卉纹等。明人曹昭著《格古要论·论

图37　元卵白釉枢府铭印花盘　　　　图38　元卵白釉"太禧"铭龙
　　　　　　　　　　　　　　　　　　　　纹盘（临摹图）

古饶器》记载："元朝烧小足印花者，内有'枢府'字者高。" 枢府类型的白瓷，在元大都遗址、景德镇湖田窑遗址中均发现过。目前，故宫博物院珍藏着元朝保留下来的"枢府瓷"。

　　目前发现与元代朝廷相关的卵白釉瓷器，除枢府瓷外，还有"太禧瓷"。太禧，指的是元朝宫廷"太禧宗禋院"。《元史》记载："太禧宗禋院，秩从一品。掌神御殿朔望岁时讳忌日辰禋享礼典。天历元年（1328），罢会福、殊祥二院，改置太禧院以总制之。"[1]太禧宗禋院掌管祭祀。蒙古族崇敬祖先，对先帝、先后，要在其专有的藏传佛教寺院里，设神御殿，供奉御容，祭祀不断。《元史·祭祀志四》记载，神御殿即影堂，为悬挂驾崩帝后画像的殿堂。天历二年（1329）改为太禧宗禋院，是元代专管祭祀的机构。其中，太禧宗禋院掌管先帝、先后的祭礼。太禧瓷也是卵白釉瓷。瓷器上模印"太禧"二字，是祭祀使用的祭器。

　　"太禧"铭卵白釉瓷器非常珍稀，传世仅三四件。故宫博物院收藏的印

1　《元史》卷87《百官志三》。

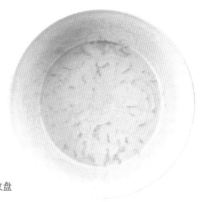

图39　元卵白釉印花太禧铭云龙纹盘

有"太禧"铭云龙纹卵白釉盘，口径17.8厘米，釉面洁白莹润，釉色白中泛青。盘心平整，印有阳纹五爪独龙戏珠，周边为一圈缠枝莲托八吉祥纹，花间对称印有"太""禧"二字。盘外壁近足处暗画莲瓣纹和弦纹装饰。这件卵白釉瓷盘的造型、胎质、釉色、纹饰等，堪称精美绝伦。

此外，元代浙江龙泉窑，也为宫廷烧造精美的瓷器，有些瓷器通过宫廷传承，如今收藏在海峡两岸的故宫博物院。如宫廷祭器，《元史·祭祀志三》载："中统以来，杂金、宋祭器而用之。至治初，始造新器于江浙行省，其旧器悉置几阁。"这件清宫旧藏的元至明初青釉菱花式折沿盘，口径达62厘米，足径为39.2厘米，盘体为十六瓣菱花形，青绿色釉，莹润如玉。直至晚清时还被作为祭器在太庙内使用。

另一件元代青釉刻划缠枝莲纹凤尾瓶，高70.5厘米，口径31厘米，足径19.5厘米。除了釉色粉青莹亮外，外形为喇叭形大撇口，恰似凤凰的尾羽，故称"凤尾瓶"或"凤尾尊"。这件体形高大、造型如凤尾的瓷瓶，直到清末还受到慈禧太后的喜爱，被陈设在她居住的储秀宫内。

元代河南钧窑也为宫廷烧造瓷器，经过世代传承，保存至今。如这件钧

图40　青釉菱花式折沿盘

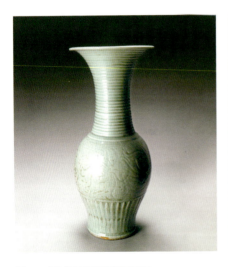

图41　青釉刻划缠枝莲纹凤尾瓶

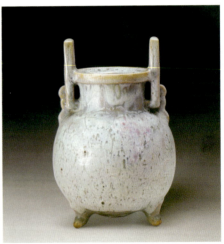

图42　钧窑双耳三足炉

窑双耳三足炉,高25.2厘米,口径11.5厘米,釉色蓝中泛灰,密布开片,造型古朴浑厚,故宫博物院收藏。

总之,元代浮梁磁局在不断创新中,适应朝廷需求和国外需求,成功地烧造出卵白釉、青花、釉里红、蓝釉、红釉瓷等新品种,显示出非凡的创造力,而工匠为此做出了重大贡献。

三 大元工匠

瓷器由陶瓷工匠制造出来,是陶瓷工匠创新的一朵奇葩。大元青花的产生,再一重要因缘,从微观来说,是工匠文化。那么,元代陶瓷工匠文化有什么特点呢?重道轻器、厚士薄工,是帝制时代文化的一大特色。以历史人物传记而言,在"二十四史"和《清史稿》中,帝王和将相是人物传记的核心,官员和士人是人物传记的主体,除《元史》有《工艺列传》外,其他诸史,一概没有。有关工匠的记载,也是凤毛麟角、片羽吉光。

草原文化、森林文化的民族,比农耕文化的民族,在士、农、工、商四民中,更为重视工匠。如蒙古成吉思汗、满洲努尔哈赤时代,工匠的地位既优于士农,也优于商贾。成吉思汗西征时,每攻陷一座城镇,往往要屠城,"惟工匠得免",[1]留下来使用。元朝比较重视工匠。讲一个故事:一天,成吉思汗拿着一件铁甲,对制作的工匠赞不绝口说:"你啊!也可兀兰!"匠人大喜,叩头谢恩。因为他知道这是大汗用蒙古语称赞自己是一位"伟大的工匠"!《元史·工艺列传》中,为建筑家阿尼哥、雕塑家刘元等立传。刘元以

---

1 《元史》卷163《张雄飞传》。

其雕塑绝艺，在当朝被塑像祭祀。¹他居住过的胡同，在元、明、清，²直到当代，³沿袭不变。刘元以工匠身份官至昭文馆大学士。

清太祖努尔哈赤早期，也是攻陷城池后屠杀其民，特别是儒生，史称为"屠儒"。一个是草原文化蒙古大汗成吉思汗的"嗜杀"，一个是森林文化满洲大汗努尔哈赤的"屠儒"，但他们都不杀工匠，而是保护工匠，利用工匠，优待工匠。如努尔哈赤说："将辽东地方之兵员几何，城堡几何，百姓几何，以及木匠、画匠匠役数目，亦皆具文奏报。"⁴他为什么如此重视工匠呢？因为工匠有用。一次，后金军攻下海州，获得工匠制造的绿瓷碗、盆、罐等3510件。为此，努尔哈赤高兴地说："称东珠、金、银为宝，何其为宝，寒者可衣乎？饥者可食乎？国中所养之贤人知（智）人所不知，匠人能人所不能，彼等实为宝也！"⁵

从上可见，工匠在成吉思汗、努尔哈赤眼中是有用的，比金银财宝更为珍贵。

成吉思汗非常器重手工艺工匠，所到之地，广泛搜罗能工巧匠，加以收编，集中管理，发挥其长。这就为元代瓷器制造准备了人力资源。

元代工匠特点主要表现在以下几个方面。

一是数量大。成吉思汗仅在攻陷撒马尔罕一地就获得"有手艺的工匠"三万。至元十六年（1279）三月，"括两淮造回回炮新附军匠六百，及蒙古、

---

1 ［清］高士奇：《金鳌退食笔记》，北京：北京出版社，2015年。
2 ［清］朱一新：《京师坊巷志稿》卷上，北京：北京出版社，2015年。
3 刘元，民间称刘銮、刘兰，北京西安门北有一条胡同叫刘銮塑胡同，相传刘元当年居此，胡同因之得名。
4 《满文老档》第20册，天命六年（1621）三月初七日，北京：中华书局译注本，1990年。
5 《满文老档》第23册，天命六年六月初七日。

回回、汉人、新附人能造炮者"[1]。南京（今河南省开封市）城降之后，令征召诸匠，"一日应募者数千"。忽必烈即位后，多次大规模招收工匠，至元十二年（1275），从招收的三十多万户江南工匠中"选有艺业者"十余万。窝阔台经略金朝地域时，金朝军器局的工匠被整批俘虏北上，又从中原"括其民匠，得七十二万余户"[2]。

二是待遇优。庞大的官工匠和军工匠队伍，直接为执政者的奢侈消费提供服务，其中从事军器制造的能工巧匠格外受到重视，他们之中有一批人升为匠官或受到奖赏。元政府对系官匠户实行"给之食、复其户"的政策。"给之食"就是供给饭食。元初曾规定，每名工匠每月支米四斗、盐半斤。"复其户"就是免徭役，如"一丁入局，全家丝银，尽行除免"。

三是管理严。元时官营手工业发达，形成从朝廷到地方的官府手工业系统，其规模、产量和分布都超过前代。建立匠籍，进行编户，组织生产，严格管理。《元经世大典》列官营手工业共22个门类，涉及土木、兵器、金工、玉工、纺织、皮毛、瓷器等军器和宫廷、官府消费的一切领域，种类繁多，机构庞大，管理严密。

四是专业精。官窑工艺，不计成本，制瓷原料充沛，掌管西域和中原各地的能工巧匠，集中生产、分类管理、技艺精绝。通行终身制和世袭制——从小学艺，终身不辍，匠身匠心，匠技匠艺，业业专精，代代相传；又分工精细——如画花、鸟、山水、人物等，各有专工，技艺纯熟，既保障工匠创新器物，又保障生产精美瓷器。

景德镇的陶瓷工匠善于创新、勇于创新。有关创新，列举三例：

---

1 《元史》卷10《世祖纪七》。
2 《元史》卷123《阔阔不花传》。

第一，二元配方。原来瓷器原料只有瓷石一元配方，到了元代，创新为瓷石加高岭土的二元配方，就是将瓷石和高岭土这两种原料，粉碎成末，按照一定比例，加以调和使用，其好处是减少变形，增强硬度，降低成本，提高质量。这才有可能出现硕大瓷器：口径40.5厘米的大碗、直径60厘米的大盘、高达63.8厘米的大瓶，并为出现纹样繁缛的元青花瓷器创造了条件。

第二，青花瓷器。创新烧造出元青花瓷器，其烧造过程，清人总结为72道工序。简言之为五：一是泥，开采瓷石和瓷土，并将其粉碎淘洗调成瓷泥；二是胎，用瓷泥制作器物坯胎；三是画，在瓷胎上用钴料等颜料绘画纹饰；四是釉，施加透明釉；五是烧，在窑中以1300℃柴火焙烧成瓷器。浮梁磁局借助元朝官方力量，从西亚引进青花钴料，集中最好的画师和工匠，凝练传统手艺，加上严格管理，终于在元朝后期使青花瓷横空出世，烧造出具有里程碑意义的青花瓷器。

第三，新的品种。创新烧造出釉里红、钴蓝釉和蓝釉白纹等新的瓷器。

一如釉里红瓷器。它的烧造技术极高、极难，超过青花瓷，因而成品率很低，极为珍贵。内蒙古自治区集宁古城遗址出土的一件釉里红花卉纹玉壶春瓶，是考古工作者在一个埋藏于地下的大瓮里发现的。瓮中只放着这一件瓷器，可见这件釉里红玉壶春瓶是其主人的珍爱之物。关于玉壶春瓶，唐代诗人岑参有"闻道辋川多胜事，玉壶春酒正堪携"[1]的诗句，可知玉壶春瓶在唐代是酒瓶。这件玉壶春瓶的特色，主要在于采用了釉里红，着笔施彩，非常巧妙。净白瓶身，红色装饰，既美观大气，又生动可爱。

二如钴蓝釉瓷器。浮梁磁局烧造的高温钴蓝釉，称为"祭蓝"或"祭

---

1 ［唐］岑参：《首春渭西郊行，呈蓝田张二主簿》，［清］彭定求等：《全唐诗》卷201，北京：中华书局，2003年。

图43 元釉里红花卉纹玉壶春瓶

图44 元景德镇窑祭蓝釉
　　　单把杯、盘

图45　元蓝釉白龙纹酒盏托盘

青",为元代重要创新。台北故宫博物院藏元景德镇窑祭蓝釉单把杯、盘,有着蓝宝石般耀眼的釉色,虽原金彩已脱落,但纹样隐约可见。杯子内壁,有整齐的菱格纹与仰角纹,器底中心是十二星芒团花图案,外壁环绕长枝梅花纹。盘内底面则绘双龙戏珠纹。杯、盘口沿均镶一圈银色棱扣。这种祭蓝釉金彩瓷器,显然为宫廷官府所用,非平民百姓所能拥有。

三如蓝釉白龙纹酒盏托盘。故宫博物院藏,高1.1厘米,口径16厘米,足径14厘米。在蓝釉地上以白色泥料塑贴一条矫健的白龙,昂首翻腾。白色矫龙衬托在宝石蓝的背景上,分外醒目。

尽管画师和窑工创新了以上多种瓷器的新品种,但是窑工生活很苦。工匠受到官吏克扣原料、冒支工粮、夹带私造、加班加点,甚至于责骂鞭笞。所以,工匠之苦,甚于盐丁。当时一首诗云:

课额日以增,官吏日以酷。

不为公所干，惟务私所欲。
田园供给尽，鹾数屡不足。
前夜总催骂，昨日场胥督。
今朝分运来，鞭笞更残毒。
灶下无尺草，瓮中无粒粟。[1]

在元代国家空前一统、海陆四通八达、草原文化主体、工匠地位凸显的文化大背景下，来自各方各地的陶瓷工匠，聚会于景德镇，在浮梁磁局督管下，从事陶瓷生产，并出现"匠从八方来，器成天下走"的陶瓷文化大观。景德镇烧造的元青花、釉里红、蓝釉等创新品种的瓷器，无论在工艺上，还是在艺术上，都呈现出划时代的创新，从而处于行业引领地位，成为全国陶瓷业的代表。

浮梁磁局和景德镇窑业，上承宋代瓷窑博易务，下启明代设置御器厂。元代为明代的御窑发展，为烧造更精美瓷器，积累了经验，做好了准备。

【小资料】

（1）瓷瓶：有以色彩分、以功能分、以纹饰分、以形状分者等。以形状分者如：梅瓶、玉壶春瓶、天球瓶、葫芦瓶、莲花葫芦瓶、橄榄瓶、蒜头瓶、扁瓶、棒槌瓶、油槌瓶、长颈瓶、瓜棱瓶、天圆地方葫芦瓶、胆瓶、赏瓶、双连瓶、轿瓶、壁瓶、转瓶（上转下不转、下转上不转、里转外不转）、六连瓶、九连瓶、筒瓶、荸荠瓶、石榴瓶、仙桃瓶、柳叶瓶、盘口瓶、灯笼瓶、奔巴瓶、甘露瓶、镂空套瓶、琮式瓶、

---

1 ［元］王冕：《伤亭户》，［清］钱谦益撰集，许逸民、林淑敏点校：《列朝诗集》甲集前编第五，北京：中华书局，2007年。

宝月瓶、八棱瓶、双耳瓶、直颈瓶、象耳瓶、戟耳瓶、贯耳瓶、莱菔瓶、盒瓶、五孔瓶、交泰瓶、金钟瓶、方瓶、天球扁肚瓶、六方瓶、花口瓶、双鱼瓶、洗口瓶、汤瓶、净水瓶、鹅颈瓶、盖瓶、鸡腿瓶、凤首瓶、凤尾瓶、系瓶、直颈瓶和蟠龙瓶等。

（2）金五京：金袭辽制，设置五京——上京（今黑龙江省哈尔滨市阿城区）、东京（今辽宁省辽阳市）、北京（今内蒙古自治区赤峰市宁城县）、西京（今山西省大同市）、南京（今河南省开封市）、中都（今北京市）。

明御器厂

明朝十六帝，历276年，是中国继西汉、唐以后，第三个两百年以上的大一统皇朝。明朝继北宋赐名景德镇、南宋设瓷窑博易务、元朝设浮梁磁局之后，在景德镇设御器厂，制定御窑制度。

一 洪武贵红

中国御窑的演变，有个历史趋势：皇权越来越集中，皇帝越来越掌控，管理越来越严密，瓷器越来越精美。

明朝前四位皇帝——洪武帝、建文帝、永乐帝、洪熙帝共在位58年，他们执政的重点，在于夺取政权和巩固政权。明初四帝，对于御窑，重在开创，使其服务皇宫。在明朝十六位皇帝中，有两位皇帝可以称得上是雄才大略之主，他们是洪武帝朱元璋和永乐帝朱棣。

朱元璋起兵反元，系着红巾，史称红巾军。朱元璋被称作雄才大略之主，因为他提出一个纲领，四句话、十六个字——"驱逐胡虏，恢复中华，立纲陈纪，救济斯民"[1]。这主要是指三件事：一是推翻元朝统治，二是恢

---

[1] 《明太祖实录》卷26，吴元年十月丙寅，台北"中研院"历史语言研究所校勘本，1962年。

复唐宋礼法，三是改善民众生活。洪武元年（1368），朱元璋建立明朝，从此结束了百年来草原文化对中原的主导，特别是恢复了450年来遭受破坏的唐宋礼法。

大明文化，影响陶瓷。朱元璋24岁时，作为皇觉寺的一个和尚，投奔义军，很快拉起一支队伍。28岁时，他率领水陆大军，攻占集庆（今江苏省南京市），改名为应天府，设官建政。而后，朱元璋以应天为基地，逐鹿群雄，生死搏斗。35岁时，朱元璋与陈友谅大战鄱阳湖。时陈友谅率领号称六十万军队，旗舰高十余丈，联结巨舰为阵，绵亘长数十里，气势浩大，望之如山。朱元璋军二十万，处于劣势。朱元璋亲自督阵，虽斩退缩者，兵士仍畏缩不进。据民间传说，这一时期朱元璋与浮梁县和景德镇结下缘分。浮梁县衙旁有一座古塔。因建塔使用红土，年深月久，风雨剥蚀，塔身成红色，俗称"红塔"。一天，朱元璋在鄱阳湖吃了败仗后，被陈友谅军队追到塔前，急中生智，躲进塔内。当时红塔门洞结满蜘蛛网，朱元璋进塔后，蜘蛛竟然重新织好网。追兵见蜘蛛网完好，就没进塔搜查，朱元璋躲过一劫。朱元璋从此得到神助，取得鄱阳湖大捷。

事实是，朱元璋在军事失利时，一个叫郭兴的人进谏：勇士不拼命，就看不到胜利。他建议"火攻"，被朱元璋采纳。朱元璋命敢死队，乘小船，载芦苇，装火药，到上风头，靠近敌舰，燃炮纵火。风急火燃，刹那之间，数百敌舰，一片火海，敌兵落水，湖水尽赤。陈友谅被箭贯穿头颅而亡。经过36天激战，朱元璋取得鄱阳湖大战胜利。第二年，朱元璋即吴王位；三年后，在应天称帝。

这个故事说明，朱元璋熟悉浮梁县和景德镇。这为明初在景德镇设立御器厂创造了机缘。

明初，设立"两京一都"，即南京、北京（今河南省开封市）、中都

（今安徽省凤阳县）。恢复皇家礼仪，需要大量祭器。洪武初建，征战正酣，国弱民穷，朱元璋发布诏令，祭器从简，改用瓷器。[1]《大明万历会典》做出相应规定。[2]朱元璋御准礼部奏议，"凡祭器，皆用磁（瓷）"[3]。这对瓷器产生前所未有的大需求量。

洪武二年（1369），明朝在景德镇惨遭兵燹、窑场破坏、工匠散失、民生凋敝的困境下，于元浮梁磁局旧址加以扩大，设御器厂，[4]为宫廷烧造瓷器。《浮梁县志》记载：

> 御器厂建于里仁都珠山之南，明洪武二年设厂制陶，以供尚方之用。规制既弘，迨后，基益扩，辟垣五里许。[5]

明代御器厂建在景德镇珠山之南，周长约五华里。康熙《浮梁县志》卷首有"景德镇图"。该图在昌江东岸绘有一周垣墙，设东门和南门，南面大门上有"御器厂"匾额。这张图记载了明朝御器厂的情景。根据考古资料，明代景德镇御器厂面积为54300平方米。万历《江西省大志·陶书》记载：

> 御器厂中为堂，后为轩、为寝，寝后高阜为亭（匾曰"兀然"，今改为"纪绩"），堂之傍为东西序，东南有门。堂之左为官署，堂之前为仪门、为鼓楼、为东西大库房、为作（二十三）……厂内神祠三（曰

---

1 《明太祖实录》卷29，洪武元年正月丙子，台北"中研院"历史语言研究所校勘本。
2 《大明万历会典》卷82，北京：中华书局影印本，1988年。
3 《明太祖实录》卷44，洪武二年八月丁亥，台北"中研院"历史语言研究所校勘本。
4 《明史》卷43《地理志四》记载："景德镇，宣德初，置御器厂于此。"
5 康熙《浮梁县志》，康熙二十一年（1682）刻本。

玄帝、曰仙陶、曰五显）。[1]

可见，御器厂既是皇家管理机构，又是御器生产窑场。御器厂作坊23个，有碗作、匣作、泥水作、大木作、小木作、船木作、竹作、漆作、桶作等。御器厂编制为92人，其中皂隶、巡守、轿夫等84人，专业管理人员8人。

御窑烧造的瓷器，全部属于宫廷。遵照皇帝旨意，宫廷发放官样，御窑照样生产，产品严格验收，入选瓷器运送皇宫，落选瓷器打碎掩埋。总之，御窑瓷器，从官样、烧成、使用、保管以及落选瓷器处理，都由皇宫严格掌控。

御器厂实行"匠籍制"，集中了全国优秀的陶瓷工匠，有朝廷特设的画局，负责设计瓷器纹样，又垄断优质原料，花费大量银两烧造精美的御制瓷器。

20世纪90年代，在明代御器厂遗址地下5米处，出土了洪武时期的瓷器，如青花、釉里红、白釉大盘和碗，还发现印有"官匣"字样的匣钵。出土的瓷瓦，左上角用黑褐色料书写有监造、监工、作头、甲首、浇釉、工匠的姓氏以及监工的姓名、官职。瓷瓦等建材见之于凤阳中都遗址，表明御器厂当时兼为"两京一都"烧造建筑材料。

朱元璋以红为贵，以红为吉。明朝的国号"明"字，左为"日"，右为"月"，都属火，均尚红。《明史》记载："洪武元年命制公服、朝服，以赐百官。"官服的颜色，命礼部议奏。洪武三年（1370），礼部奏："历代异尚。夏黑，商白，周赤，秦黑，汉赤，唐服饰黄，旗帜赤。今国家承元之后，

---

[1] 万历《江西省大志·陶书》，明嘉靖三十五年（1556）刻本。

取法周、汉、唐、宋，服饰所尚，于赤为宜。"太祖从之。[1]

同样，宫廷用瓷也一度以红为贵，如洪武时盛行红釉瓷器。红釉瓷器是将含有金属铜元素为呈色剂的颜料，按所需图案纹样，绘在瓷器坯胎表面，罩以无色透明釉，然后入窑焙烧，在1300℃以上高温下，彩料还原，呈现红色。这种红釉瓷器，由浮梁磁局创烧于元代，明御器厂做了改进，使之更为精美。其代表性器物如：

1. 明洪武红釉暗花云龙纹梨形执壶，故宫博物院藏。工艺精细，小巧玲珑，只有12.5厘米高，壶身像一只鸭梨。这把小壶，釉色红艳，云龙纹样若隐若现，令人喜爱。在壶盖和壶口两边各置一小圆系，用于系绳，保护壶盖。这种适应草原文化的游牧生活、又保持农耕文化特色的器物，是元末明初农耕与草原文化相融会的一个物证。

2. 明洪武釉里红缠枝花纹碗，故宫博物院藏。高10厘米，口径20.6厘米，足径9.1厘米。这只碗是宫碗中较小的一只，在白色底子上，布满釉里红装饰，碗底饰一枝牡丹，周边一圈6朵菊花，外壁是缠枝牡丹。红白相映，喜气洋洋。

红釉瓷器十分难烧，有时一窑甚至数窑，才能烧成一件红釉瓷器。所以，明初宫中红釉瓷器数量特少，极为罕见。

除红釉瓷器外，明代景德镇御器厂在元青花瓷器基础上，继续烧造青花大器。代表性器物如明洪武青花怪石牡丹纹菱花式盘，故宫博物院藏。高4.4厘米，口径55.8厘米，足径34.8厘米。这只硕大的青花盘，用花卉装饰，盘心绘牡丹，内壁和外壁都绘折枝牡丹、石榴、菊花、茶花，特别是盘子通体呈

---

1 《明史》卷67《舆服志三》，北京：中华书局校点本，1974年。

图46　明洪武红釉暗花云龙纹
　　　梨形执壶

图47　明洪武釉里红缠枝花纹碗

图48 明洪武青花怪石牡丹纹菱花式盘

十二瓣花形，就连圈足也随器身作花瓣形起伏。可以看出，它继承了元青花瓷盘的一些特点，但线条比较柔和，青花颜色也稍淡。这只青花大盘，既有草原文化的博大气势，又有农耕文化的隽秀之美。

二　永乐甜白

永乐帝在位22年，是一位雄才大略之主。他一生做了五件大事：一是迁都北京，兴建紫禁城；二是派郑和下西洋；三是派亦失哈北上奴儿干，设立奴儿干都司；四是修通大运河；五是编修《永乐大典》。永乐时，北起黑龙江入海口，南达爪哇，穿越印度洋，到达今东非马达加斯加的海陆通道被打通。海上和陆上"瓷器之路"重新开启，为瓷器生产、远销亚非，创造了重要的条件。

在永乐时期，御器厂得到朝廷更多的支持，而烧造的瓷器，以甜白釉和青花瓷最为突出。永乐帝为什么喜欢白色呢？他为什么对甜白釉瓷器情有独钟呢？这与他早年的经历有关。

朱棣11岁被封为燕王，21岁就藩北平。他从小受过系统的儒学教育，又常年在北方，农耕文化和草原文化对他具有双重的影响。

燕王府设在元朝皇城太子居住的兴庆宫，位于今北海大桥西南。他在这里生活了十多年，"靖难之役"后在南京即位，不久宣布以北平为北京。永乐七年（1409）后，他多次北巡，长期住在北京。永乐十八年（1420），北京宫殿建成，他住进紫禁城。他从21岁到65岁，44年间常住北京，受到元朝宫廷"尚白"文化的影响。更何况他长期镇守北京，而北京作为元大都，蒙古文化无处不在，对于蒙古文化，朱棣耳濡目染，深受影响。

这里有一个故事。作为朱棣的法师、军师、国师的道衍（姚广孝），跟燕王朱棣说："若蒙殿下不弃，当奉上白帽子戴。"[1]

朱棣时为燕王，"王"上加"白"，不就是"皇"吗？与此相似，查继佐《罪惟录·姚广孝传》中，也有"臣奉白帽着王"的记载。

永乐帝偏爱甜白釉瓷器，从其经历来看，似在情理之中。永乐时，景德镇御器厂创制出一种白色瓷器，因釉色甜润而洁白，故称甜白釉。其实，早在元朝，浮梁磁局就已经生产卵白釉瓷器。永乐甜白釉瓷，受到了永乐帝的青睐。《明太宗实录》记载：

> 回回结牙思进玉枕，上不受，命礼部赐钞遣归。谓尚书郑赐曰："朕朝夕所用中国磁（瓷）器，洁素莹然，甚适于心，不必此也。"[2]

上述记载说明，永乐帝每天使用的瓷器，都是御器厂烧造的白瓷，洁白晶莹，润泽素雅，合于心意，即使枕头，也用白瓷枕，所以不必接受来自西域的玉枕。1989年，景德镇明代珠山御器厂遗址发掘报告记载：在永乐前期地层出土的瓷器中，甜白釉瓷器占98%以上。这印证了上述《明实录》的记载。

永乐甜白釉瓷器，胎质细腻，造型秀美，色泽白润，精美如玉。下面介绍四件永乐甜白釉瓷器。

1. 明永乐甜白釉划花缠枝莲纹梅瓶。永乐皇帝最喜欢的甜白釉瓷器是什么样的？我们来看一件故宫博物院收藏的甜白釉梅瓶，堪称永乐甜白釉瓷器的典型代表。它高24.8厘米，口径4.5厘米，足径10厘米。白釉洁净，色泽柔润，纹饰优美，典雅大方，不愧为永乐甜白釉瓷器中的珍品。景德镇市陶瓷考古研

---

[1] ［明］王世贞著：《名卿绩纪》卷2，北京：中华书局，1991年。
[2] 《明太宗实录》卷60，永乐四年（1406）十月丁未，台北"中研院"历史语言研究所校勘本。

图49　明永乐甜白釉划花缠枝莲纹梅瓶

图50　明永乐甜白釉僧帽壶

图51　明永乐甜白釉三壶联通器

图52　明永乐甜白釉八方烛台

究所也藏有当地出土的高78厘米的甜白釉大梅瓶。

2. 明永乐甜白釉僧帽壶，因其壶口像西藏僧伽帽而得名。此壶以西藏喇嘛使用的金属器皿为原型，仿造成甜白釉瓷壶。造型奇特，实用美观。通体施甜白釉，色泽温润，光洁晶莹。明代景德镇御窑遗址曾出土约50件甜白釉僧帽壶，可见数量之多。

3. 明永乐甜白釉三壶联通器，景德镇市陶瓷考古研究所藏。这件怪模怪样的器物，1983年在景德镇珠山明代御窑遗址永乐地层出土。高31.2厘米，自上而下分为六层：第一层为口，呈碗状；第二层为脖，呈套环状；第三层为花形筛孔；第四层为三根连管；第五层为球形器皿，上连圆管；第六层为三个圈足。器身锥拱纹饰，釉色甜白温润。这件器物，造型奇特，极为罕见。它的用途，说法不一，有人推测为医药所用，有人推测为西亚清真寺供器。

4. 明永乐甜白釉八方烛台，景德镇市陶瓷考古研究所藏。古今中外，烛台屡见不鲜。甜白釉八方烛台，在世上却为仅见。这件珍贵器物，1983年在景德镇珠山明代御窑遗址永乐地层出土。口部、颈部、底座都呈八方形。

洪武的"贵红"和永乐的"甜白"，只是依据皇帝个人喜好和当朝规制，而蒙古的"尚白"，则具有民族性、恒久性。

三　士嘉监陶

明设御器厂，派官员监陶。王士嘉是被派往景德镇的一位监陶官。

王士嘉（1369—1455），武城（今山东省德州市武城县）人。他的父辈，读书不仕。王士嘉幼聪慧，12岁作《古塔诗》云：

> 浮屠何代建，峭拔入云端。绝顶登临处，摩挲星斗寒。[1]

师长看了，非常惊奇。他人小志大，读书勤奋，成绩优异。建文时，王士嘉官山西大同山阴（今山西省朔州市山阴县）知县。他身上曾发生过两件事，引起轰动。

有一天，一位盲人带着一百缗铜钱，坐在树下，因困乏睡着了。醒来之后，他发现钱丢了，于是报告官府。知县王士嘉听完案情后，高声说道："一定是这棵大树作的孽，我要惩治这棵大树。"县民得到消息，觉得神奇，倾城出动，想到树下看个究竟。王士嘉带着一队人马，列出仪仗，摆足派头要惩治大树，同时秘密派人查访有谁没有出来看热闹。果然，有人没有出来，待在家里探听。王士嘉密令将那个没有出来看热闹的人抓来，当堂审问。那人果然是偷钱的人，做贼心虚，仓皇失措。王士嘉严加审讯，贼人如实招供，被偷去的钱最终找到。案子破了，众人叹服。

又有一天，代简王府丢失内藏的锦帛。代简王朱桂是朱元璋第十三子，先封豫王，后改封为代简王，就藩大同。代简王性格粗暴，建文时废为庶人。其妃是徐达之女，永乐帝徐皇后之妹。通俗地说，燕王朱棣与代王朱桂，既是亲兄弟，又是一担挑。永乐帝即位后，虽恢复其王爵，但"列其三十二罪"，赐敕诫谕。[2]

故事说的是，代王府丢失锦帛时，门窗都紧锁着。贼是如何将府藏锦帛偷走的呢？案子到了知县王士嘉手里。他苦苦思索之后说，这必是"狙公教狙窃之"。这里，"狙"，音jū，是猿猴的意思；"狙公"是猿猴的养主。于

---

1 ［明］王直：《抑庵文后集》卷32，清"文渊阁四库全书"本。
2 《明史》卷117《代王桂传》。

是，王士嘉命将钱币陈列在厅堂，呼唤群猴过来。士嘉躲在暗处观察。一会儿，果然有猴将铜钱攫去。由是，王士嘉审问其主人，此人承认所为，案子告破，众人皆服，人以为神。[1]

王士嘉做官，勤慎清白，行为笃实，喜欢读书，声誉颇佳。永乐二年（1404），王士嘉升为工部员外郎，不久升为郎中。他被任命为"监饶州陶"，处事严谨，一丝不苟。监饶州陶器，凡三十余万，他皆如期而办。王士嘉的品行，史书记载是"持身清白，无他嗜好，不入义外一钱"[2]。

就是说，义外之财，分文不取。

王士嘉后来在北京做礼部侍郎。他严以律己，简约朴素，住房既漏雨，又倾斜，无钱修缮，只好将就。明英宗听说后，命工部给予建筑材料，修缮住宅。

正统十年（1445），王士嘉致仕。回家之后，他手不释卷，汲引后辈，人们对他望而敬之。王士嘉虽享有厚禄，生活宽裕，但居处、服食如同寒士，见到贫穷吃不上饭的、孤苦不能婚嫁的，都给予接济，成人之美。

王士嘉于景泰六年（1455）病故。他身历洪武、建文、永乐、洪熙、宣德、正统、景泰七朝，享年87岁。《论语·雍也》说"仁者寿"，王士嘉就是一个例证。官修《明史》虽没有他的传记，民间青史却留下他的光彩事迹。

洪武、永乐奠定了明代的文化格局，为此后御窑的发展打下了基础。

---

1 ［清］万斯同著：《明史稿》卷207《王士嘉传》，清钞本。
2 ［明］雷礼：《国朝列卿纪》卷44，明万历徐鉴刻本。

【小资料】

　　颜色釉　红釉，系以铜的氧化物为着色剂，可烧造出祭红、鲜红、宝石红、鸡血红、豇豆红等红釉；青釉，系以铁的氧化物为着色剂，可烧造出天青、豆青、粉青、梅子青等青釉；蓝釉，系以钴的氧化物为着色剂，可烧造出祭蓝（亦称宝石蓝）、天蓝等的蓝釉。

宣德青花

明宣宗宣德帝朱瞻基（1399—1435），是明朝继洪武、建文、永乐、洪熙之后的第五任皇帝，28岁继位，年号宣德，在位10年，37岁病逝。宣德瓷器，青花为最。

一　太平天子

朱瞻基生于北京，皇父为洪熙帝、祖父为永乐帝。朱棣即位，瞻基时年4岁。读书以姚广孝为师，受诗书礼乐之教，喜好学问。稍长，学习骑射。11岁随永乐帝车驾往北京，道途所经，祖父带他到农家，观看各种农具和农民衣食，并告诉他农民的艰苦，说："这是做帝王所不可不知的！"后来到农村，太后让他吃农家饭菜，说："此田家味也！" 13岁，瞻基被立为皇太孙，永乐帝"巡幸征战皆从"，并在军中读经书，学历史。洪熙帝继位，册立他为皇太子。洪熙帝在位十个月即病死，他继承皇位。一年之间，明宫两次大丧，震动朝野。此前，永乐帝曾几次想更换太子，之所以没有换，除立嫡以长的家法外，喜欢和看重这位皇太孙，也是一大重要原因。永乐帝曾跟瞻基之父朱高炽说："此他日太平天子也。"[1] 朱瞻基成年继位，应了他祖父的话，成为太平天子。

历史赐给宣德帝一个中原底定、北疆平定、周边安定、都城确定、皇权稳定的"五定"局面。当时，中原经过元末明初动荡，已经稳定下来。北疆经过洪武五次用兵、朱棣六次北征，也基本平定。与周边国家的关系，也比较安定。洪武帝赐名朝鲜，睦邻国家友好往来，永乐、宣德时出现"万国来朝"局面。

永乐元年（1403），朱棣决定迁都北京，改南京为行在。永乐十九年（1421），北京皇宫三殿、三宫建成，永乐帝宣布北京为首都，南京为行在；但一场天火，奉天、华盖、谨身三大殿焚毁，随之永乐帝死去。洪熙帝继位，改北京为行在，决意迁都南京，未及迁都，短寿而死。宣德帝在北方长大，采取中庸态度，虽称北京为"行在"，以示不违仁宗迁都之令，却以北京为实际首都。明朝建国五十多年，都城设在何处，这时才算确定。

在皇权方面，经燕王与建文叔侄、朱高炽与朱高煦兄弟、汉王与宣德帝叔侄之间争夺皇权后，政权进入平稳时期。宣德帝继位后，内有太后辅佐，"宣德初，军国大议多禀听裁决"；外有内阁倚重，内阁大学士杨士奇、杨荣、杨溥（并称"三杨"）等，多为永乐朝元老，德高望重，君臣同心，志在守成，先后平定汉王之叛，撤兵交趾，整顿吏治，安边息民，史称"永宣之治"。

宣德帝幼年目睹祖父靖难夺位，9岁出阁就学，立大志，受历练，勤读书，"夙夜孜孜，日诵万言"。[2] 12岁时，皇祖父朱棣率军北征蒙古，他作为

---

1 《明史》卷9《宣宗本纪》，北京：中华书局校点本，1974年。
2 《明宣宗实录》卷1，台北"中研院"历史语言研究所校勘本，1962年。

皇长孙留守北京，接受严峻的政治历练。被立为皇太孙后，皇祖父为他组建了一支护卫部队，从全国选拔17岁到20岁、勇武健壮的民间子弟，组成"幼军"。[1]从此，他勤操练、习骑射。有一次他驰马出行，见天上有野鸡飞过，便张弓搭箭，一箭射落，朝臣夏原吉为此赋诗一首，曰：

野鸡惊飞入半空，皇孙驰马试琱弓。
一声金镝云见响，五色离披堕晓风。[2]

16岁时，瞻基随皇祖父出征漠北，历时半年，饱经辛苦，身历战阵，受到锻炼。行猎爱好，伴其终生。他去世前几个月，还大猎于居庸关外。《明宣宗行乐图》《明宣宗观射图》是他生活的实录。

宣德帝既善于诗词文章、琴棋书画，又长于驰骑弯弓、枪刀剑戟，可谓文武兼长，但忽视身体健康，导致过早离世。

此外，祖父、父亲、两位叔叔围绕皇位而进行的复杂争斗，也贯穿了他的青少年时代。这些不平凡的经历，造就了一位不平凡的宣德帝。在明代帝王中，宣德帝是第一位兼具文武的君主。他从小长在宫中，身份高贵，有很高修养，但不拘小节，喜爱大自然，又顽皮好斗。他创作了大量的诗文、绘画和书法作品，见于记载的有《宣宗御制历代臣鉴》《外戚事鉴》《御制官箴》《明宣宗文集》《明宣宗诗集》《明宣宗乐府》等。他的诗作，如：

三边无警万民安，朝退恭承圣母欢。

---

1 《明太宗实录》卷131，台北"中研院"历史语言研究所校勘本，1962年。
2 夏原吉著：《夏忠靖公集》卷6，北京：全国图书馆文献缩微中心，1991年。

> 日晏小斋聊隐几，起拈书卷静中看。
> 日长庭院睡初醒，袅袅炉熏一缕轻。
> 坐对小山浑咫尺，落花啼鸟总幽情。[1]

上诗中所描写的袅袅轻烟，使人们联想到"宣德炉"。这种精致的铜香炉，凝聚了宣德帝的艺术气质，几百年来，备受喜爱。

宣德帝除留用永乐时宫廷画家外，还征召民间画家入宫供职。当时的画家、书法家谢环（1346—1431），善画山水，久负盛名，被征入画院，封赏授官。谢环有一幅传世画作收藏在镇江市博物馆，即《杏园雅集图》。此画绢本设色，画心纵37厘米，横401厘米。这幅长达四米的图卷，描绘了明正统二年（1437），内阁大臣杨士奇、杨荣、杨溥及画家等多人在杏园雅集的场景。图卷画面恢宏，工笔细腻，形象生动。宣德宫中还有一位画师戴进，钱塘（今浙江省杭州市）人，早年为金银首饰工匠，后改攻书画，为"浙派绘画"开山鼻祖。有谢环、戴进这样的画家在身边，宣德帝经常作画、赏画、品画、论画。他继承宋代院画工整、简洁、自如、纤巧的画风，画出如《三羊开泰图》《三鼠图》《花下狸奴图》等。宣德帝的书法也很好，经常挥毫，其书作如《重阳节诗》，笔笔中锋，画画中正。他在书法鉴赏方面造诣也颇高。

总之，宣德帝是一位读经史、著诗文、善书法、工绘画、爱音乐、会抚琴的文化皇帝，但他也是一位会玩、会享受的皇帝。

蛐蛐，又称蟋蟀、促织，是宣德帝酷爱之物。宣德帝被称作"蛐蛐皇帝"。宣德九年(1434)，他下旨敕书给苏州知府况钟：

---

[1] 《宣宗皇帝御制诗集》，沈乃文主编：《明别集丛刊》第一辑，合肥：黄山书社，2013年。

> 比者令内官安儿、吉祥,采取促织。今他所进促织数少,又多有细小不堪的。已敕他末后运,自要一千个。敕至,尔可用心协同他干办。不要误了。故敕。[1]

况钟接旨,自然尽心办理,集齐数量,派县丞樊敏到京呈缴。宣德帝为玩蛐蛐,内官采办,外官协办,征课之急,跃然圣谕。一次竟要千只蛐蛐,玩也要有皇家派头。他还命一些地方每丁交纳一只蛐蛐,苏州流传"有以一蟋蟀陨其家三命者"。[2]宣德帝死后,张太后命将蛐蛐罐全都砸碎掩埋,至今,故宫宣德蛐蛐罐罕见。景德镇珠山御窑遗址出土过不少写着宣德年款的蛐蛐罐,有龙纹、花鸟纹,绘画工细,小巧玲珑。图53所示的明宣德青花云龙纹蟋蟀罐,为景德镇市陶瓷考古研究所从碎片中拼合而成。图54所示为故宫博物院藏宣德仿汝釉蟋蟀罐,既美观,又精致。

宣德帝的其他兴趣,如射猎、斗鸡、赏花、玩鸟、乐舞、美食、品茶、下棋等,极为广泛,无所不好。据《万历野获编》所记,宣德帝死后,放归教坊乐工三千八百余人,放还宫中夫役二千六百余人,裁减厨役六千四百余人,合计一万二千余人。从这些数字可以看出,宣德宫廷是多么奢靡!

宣德帝的文化修养高,审美情趣雅,直接影响到御器厂的瓷器制作。

---

1 《皇明诏令》,明嘉靖十八年(1539)傅凤翱刻本。又《况太守集》文字略异:"比者令内官安儿、吉祥采取促织。今他所进数少,又多有细小不勘的,已敕他末后一运。自来时要一千个。敕到,尔可用心协同他干办。不要误了。故敕。"见南京:江苏人民出版社,1983年。

2 [明]黄景昉著,陈士楷、熊德基点校:《国史唯疑》卷2,上海:上海古籍出版社,2002年。

图53　明宣德青花云龙纹蟋蟀罐

图54　明宣德仿汝釉蟋蟀罐

二 宣窑为最

清人朱琰《陶说》提到"论青花，宣窑为最"。很多陶瓷专家认可朱琰之论。时值太平盛世，皇帝文武双全，当盛年，又好玩，促成宣德朝御窑瓷器水平达到一个高峰。王世懋撰《窥天外乘》载："永乐、宣德年间内府烧造，迄今为贵。其时以棕眼甜白为常，以苏麻离青为饰，以鲜红为宝。"王世懋，苏州太仓人，嘉靖朝进士，官至南京太常少卿，所记可信。下面我们先欣赏永宣青花瓷器。

明代青花，必说永乐。永乐青花瓷器磅礴大气，风采独具。

景德镇御器厂在永乐时期，不仅烧造甜白釉瓷，而且生产出大量优良的青花瓷器。这得益于郑和下西洋带回异域的钴料，音译为苏麻离青或苏勃泥青。用这种钴料调制成彩料画在瓷胎上，经入窑1300℃左右高温焙烧后，会在白地上出现浓艳的蓝色纹样，并有泅散的效果，形成独特的美感。

永乐时期御器厂已颇具规模，所生产的瓷器不仅供应朝廷日常、祭祀之用，还提供海外赏赉、文化交流。伴随对外交往日益频繁，异域文化与中华文化结合，青花瓷器也增加了别样风采。

1. 明永乐青花海水江崖纹香炉，故宫博物院藏。香炉形体硕大，高55.5厘米，口径37.3厘米，足距30厘米。这件御窑香炉形体规整，三只象形腿足支撑；鼓腹，两只朝天耳在肩部对称而置；短颈，凸起一周乳钉；上半身的沿口及朝天耳均为方形，与下半身圆形的腿、腹，方圆相衬，端庄协调。外壁通体以青花海水江崖纹装饰。这是一种官用纹饰，寓意江山永固、福山寿海。釉质肥腴，青花色泽浓艳，体现出皇家气势，同时，也反映出永乐时期景德镇御器厂高超的制瓷技艺。景德镇市陶瓷考古研究所用1994年从景德镇珠山御窑遗址出土的瓷片，拼接还原了一件香炉，与故宫博物院收藏的此件相似。按照当时

图55　明永乐青花海水江崖纹香炉　　　　图56　明永乐青花缠枝莲纹压手杯

的制度，御窑产品中有瑕疵的瓷器，必须就地打碎掩埋，严禁流入民间。这些出土瓷片证明御窑生产就地掩埋残次品制度的存在。

2. 明永乐青花缠枝莲纹压手杯，故宫博物院藏。高5.1厘米，口径9.1厘米，足径3.9厘米。所谓压手杯，是因为杯子从口沿到杯底，胎体越来越厚，放在手上感觉杯子压手，所以俗称"压手杯"。压手杯珍贵之处，在于杯子内底有青花篆体"永乐年制"四个字。这是至今所知唯一署有永乐年款的青花瓷器。这种压手杯，故宫博物院收藏有四件相似的实物。明代文献也有记载。明人谷泰撰《博物要览》记载："若我永乐年造压手杯，坦口折腰，砂足滑底，中心画有双狮滚球，球内篆书'大明永乐年制'，六字或四字，细若粒米，此为上品。鸳鸯心者次之，花心者又其次也。杯外青花深翠，式样精妙，传世可久，价亦甚高。"有人认为此杯年款为永乐时大书法家沈度所书，其推断依据

图57 明永乐青花园景花卉图大盘

是《明史·沈度传》所载:"日侍便殿,凡金版玉册,用之朝廷,藏秘府,颁属国,必命之书。"

3. 明永乐青花园景花卉图大盘,故宫博物院藏。高8.5厘米,口径63.5厘米,足径49.5厘米。这件青花大盘,贵在大而规整,形体非常美观,用细致的笔触画出由松树、棕榈树、奇石和花草构成的园景,以及菊花、茶花、石榴、栀子、牡丹等。

4. 明永乐青花花卉纹扁壶,台北故宫博物院藏。高38.8厘米,口径5.4厘米,背径34.4厘米,宽36.5厘米。这件青花扁壶,形体硕大浑厚,青花艳丽浓重,气势堂皇庄重。其造型为永乐时期所独有,小圆口,颈侧置一个小环钮。大圆扁肚,一面圆鼓,并在中央处凸起;另一面平坦,中央处下凹,而且砂底无釉。肚两侧各饰一花形耳。该器形与传统器形不同,或是受到外来文化影

图58　明永乐青花花卉纹扁壶

响。扁壶器身正面中央凸起处以青料绘海水波涛纹，周围和侧面绘缠枝花卉纹，重点突出，画面协调。

　　宣德瓷器，青花为最。其原因主要在于：天下太平，文化环境温暖；永乐青花的工艺传统积淀；青花原料苏麻离青的持续供应；宣德皇帝艺术造诣高雅。宣德帝的修养、个性与喜好，对御窑瓷器产生了深刻影响。

　　1. 明宣德青花蓝查体梵文出戟盖罐，故宫博物院藏。体形不大，但精致秀丽，高28.7厘米，口径19.1厘米，足径24.7厘米。青花纯正，色泽明艳。罐内底中心自左向右横书"大德吉祥场"五个篆字。特别是罐身伸出的八个板戟，使这件青花盖罐与众不同。盖罐通体以梵文密咒及折枝莲纹装饰，凸显佛教艺术的庄严神秘。清乾隆帝博雅好古，曾经将其请出来欣赏，被宫廷画家姚文瀚画入《弘历鉴古图》。图中此罐被端放在身着古装的乾隆

图59　明宣德青花蓝查体梵文出戟盖罐

图60　明宣德青花卷草斜格网纹盖罐

帝左侧方几上。

2. 明宣德青花卷草斜格网纹盖罐，台北故宫博物院藏。高19.4厘米，口径16.8厘米，足径14.5厘米，器形特异，纹饰独特。全罐皆以浓艳的青花描绘纹饰，最引人注目的纹饰，是斜网格纹，令人联想到新石器时代的彩陶器，也有用斜格纹装饰。这说明文化有传承。盖罐腹外壁用上下两层斜格纹衬托中间的蓝地白花卷草纹，使这件盖罐具有端庄古朴的美感。景德镇珠山御窑遗址宣德地层曾经出土过相同器物。

3. 明宣德青花脂粉箱。戴璐《藤阴杂记》说，姜学在北京慈仁寺的门摊

上买到宣德窑的青花脂粉箱。[1]虽然没有留下实物,但曾有人见过,并做了详细描述。清代大文人毛奇龄对此写道:

姜郎酒后出示我,令我抱之长欷歔。
君家陈宝世无算,为汝一歌宣德窑。

一次酒后,收藏家姜郎把这件青花脂粉箱抱出来,惊艳亮相,令毛奇龄震撼,感叹说:您家收藏的宝物数不清,但我唯独要为这件宣德窑瓷器写诗赋歌。于是他作《莱阳姜仲子赋》,全诗每句7字、64句,共448字,被誉为盛世绝品,略云:"宣皇宫中脂粉箱,青花素瓷出上方。陶模范埴好形象,烧坯燿膊非寻常。曼身穴腹判两截,一道坎中周四旁。融脂沦粉恐胶结,泂漩复壁流温汤。"蔡东藩《明史演义》又进一步描述说:"青花脂粉箱,统由大内创制,流传禁外。……青花脂粉箱系是磁(瓷)质,花纹漫体,覆承两洼,子母隔膜,周围有小窦可通,灵妙无匹。"这件脂粉盒从宫中流出,青花质地,花纹漫体,瓷釉温润,中间有隔断,周围还有镂空,真是又漂亮又实用。

宣德御窑瓷器,不仅精美俏丽,而且奇特小巧,如书房文具、鸟食罐、蛐蛐罐等,多种多样,琳琅满目。

宣德红釉,最为珍贵。下面介绍一件宣德红釉瓷器。

明宣德宝石红釉僧帽壶,台北故宫博物院藏。通高19.2厘米,深16.6厘米,通流长11.2厘米,足径7.6厘米。这件僧帽壶,人们的瞩目点在于鲜红莹润釉色,因散发红宝石般光泽,故亦称宝石红。清代雍正和乾隆两帝都非常喜爱这件宝石红釉僧帽壶,在《胤禛妃行乐图》中,雍正妃旁的立柜格上即陈列着

---

1 [清]戴璐:《藤阴杂记》,北京:北京古籍出版社,1982年,第64页。

图61　明宣德宝石红釉僧帽壶

宝石红僧帽壶。而乾隆帝则索性将自己的诗句刻在这件僧帽壶的器底和木座上:"宣德年中冶,大和斋里藏。抚摩钦手泽,吟咏识心伤。润透朱砂釉,盛宜沉潆浆。如云僧帽式,真幻定谁常。乾隆乙未仲春月御题。"

总之,宣德朝御窑进入明代高峰期,御窑生产数量大得惊人。如宣德八年(1433),尚膳监题准烧造各样瓷器,一次达443500件。[1]而朝廷一次赏赐朝鲜国王李祹的瓷器,就达十桌。[2]

宣德瓷器有大发展,其原因之一是强化管理。

1　万历《大明会典》,北京:中华书局影印本,1988年。
2　《明宣宗实录》,宣德四年(1434)九月丁卯。

三 太监督陶

宣德帝继位后，强化御器厂及御用瓷器的管理，既保证了最精美瓷器送到宫中供皇帝使用，又实现了皇帝对御用瓷器的全程掌控，从而体现皇权的至高无上。其间，采取了以下措施。

1. 派宦官前往景德镇监陶，并由太监"封检以进"。[1]
2. 继续实行官样制和督陶制，皇帝把控了御窑生产全过程，并垄断全部御窑瓷器。
3. 御窑烧造的瓷器大多写宣德年号款。而后，各朝御窑瓷器，都在器底书写皇帝年号款。

至于御窑瓷器，管理非常严格。一般流程是：

1. 确定生产意图：由宫廷绘制和发放瓷器的官样。
2. 御器厂按照官样生产。
3. 各级地方官督陶：监督烧造，产品验收——不合格者在御器厂集中砸碎掩埋，合格者运往皇宫。
4. 宫廷签收后，按照皇帝旨意和相关制度，分发使用。
5. 宫中瓷器损毁后在紫禁城集中掩埋处理。

在景德镇御窑遗址中，陶瓷考古工作者曾经发现多处集中掩埋不合格御窑瓷器的遗迹。2016年，首次发现宣德时期御窑建筑遗迹以及集中掩埋宣德时期不合格白釉瓷器的遗址。故宫博物院则在2014年发现了紫禁城西南角南大库

---

[1] [明]陈策、刘录纂修：《饶州府志》卷2，"公署"，正德辛未年（正德六年，1511）刻本，《天一阁藏明代方志选刊续编（四十四）》，上海：上海书店出版社，2009年，第151页。

御用瓷器碎片埋藏坑。景德镇和紫禁城的考古发现,以第一手资料,证明了皇帝对御用瓷器的全程垄断。

太监擅权,始自明初。朱元璋汲取汉唐太监擅权祸国的教训,管理太监尤为严格,为限制宦官,立下家法,宫中太监官不过四品,编制不到百人。明初太监有六不准:一不准读书识字;二不准高官厚禄;三不准兼职外臣;四不准结交朝臣;五不准出宫办事;六不准人数超编。为此,朝廷镌刻铁牌,置于宫门。其文曰:

内臣不得干预政事,预者斩。[1]

虽然君命铁牌如山,却被皇帝自己破坏了。明太祖一朝,已经有了太监出使的记录。明朝太监干政,是什么时候出现的?

宦官干政,始于永乐。燕王朱棣"靖难之役"夺取皇位,太监内应作用重大,因此太监受到重用,祖制遭到破坏。恶例一开,不可收拾。

终明一朝,宦官曾几次控制御窑大权。

在朝廷内府,管理御窑的部门是尚膳监、内承运库和工部。这些机构决定御器烧造的样式和数量,并下达生产指令。其中,尚膳监,顾名思义,是负责皇家膳食的机构,怎么跟御窑厂扯到一起了呢?或许是因为皇帝进膳用的瓷碗、瓷碟必是御窑烧造的?其实这是少见多怪。明代皇帝还派过御马监太监监军呢,遑论太监监陶!

而在景德镇御窑,负责落实内府指示的主要有监镇太监和烧造太监。他们上下勾结,沆瀣一气,表现有四:

---

[1] 《明史》卷304《宦官传》,北京:中华书局校点本,1974年。

一是夺权。监镇太监，侵夺了地方行政官员的事权；烧造太监，挤走了工部派厂主事官员。

二是花钱。镇守太监一到地方，供应役使，无名之征；烧造太监一到窑厂，应办物料，役使百姓，其"通总计银十万余两，皆取于民"。[1]

三是害民。"镇守、烧造太监相继差出，百姓闻之，相顾失色，且惧且泣，曰：人殃乃至乎！顷蒙圣明，将邱得（镇守太监）拿问，尹辅（烧造太监）取回。百姓闻，皆私庆，曰：人殃幸不来乎！自兹良善乐业矣，官府不添科派矣，狱讼贼盗日可消矣！"[2]

四是乱陶。太监扰乱陶事，激发陶工之变。

夺权、花钱、害民、乱陶，百姓怨气，咬牙切齿。

太监乱陶，最早出现在宣德时期。

宣德帝派太监张善，到景德镇督陶。此人干了一年多，为非作歹，无恶不作，鸡飞狗跳，乌烟瘴气。官员奏报朝廷。宣德帝还算明白，把张善召回京师，枭首示众。此事，史载：

> 内官张善伏诛。善往饶州监造磁（瓷）器，贪黩酷虐，下人不堪，所造御用器，多以分馈其同列。事闻，上命斩于都市，枭首以徇。[3]

太监张善的罪名有两条，一是贪黩酷虐，工匠不堪，也就是说破坏了御窑的生产；二是所造御用器，多以分送其同僚。这应当是张善的主要罪行，他

---

[1] 唐龙：《停差烧造太监疏》，《御选明臣奏议》卷16，"文津阁四库全书"影印本，北京：商务印书馆，2005年。
[2] 同上。
[3] 《明宣宗实录》，宣德二年（1427）十二月癸亥。

图62 明宣德青花五彩碗

把御窑生产的皇帝御用瓷器,竟然赠送给朋友,直接侵犯皇权。

历史的不幸是,朝廷对乱陶的太监仅做个案处理,未从制度上解决。明代御窑笼罩在太监督窑的阴影下,陷入派出与废止不断循环的怪圈之中,而后还出现过太监乱陶事件,我以后再讲。

在这里我还要补充一件史实。西藏的佛寺中,至今还珍藏着宣德御窑瓷器,比如,宣德青花僧帽壶、宣德青花高足碗等。特别是有一件宣德青花五彩碗,珍藏在西藏日喀则萨迦寺。永乐七年(1409),永乐帝派使臣司礼少监侯显,带着御书到西藏,迎请宗喀巴大师,大师派弟子释迦也失随使臣回京。后永乐帝第二次派遣使臣迎请他入京,因其大病初愈,再次派遣弟子释迦也失入京。进京后,释迦也失被封为"妙觉圆通慈慧普应辅国显教灌顶弘善西天佛子大国师",赐印诰及僧帽。后他在拉萨主持修建色拉寺。宣德九年(1434),他再次进京觐见皇帝,被留在京师。他曾为宣德帝治愈重病。明宣德帝颁赐御制法轮金印,并敕封为"大慈法王"。萨迦寺收藏的这件明宣德青花五彩碗,是宣德朝廷赏赐萨迦寺的礼物。碗的上方为青花飞龙图案，下方饰五彩荷花和鸳鸯，内口沿书写一圈藏文，汉译"白日安、夜晚安、日中安、日夜安"，碗底款识为"大明宣德年制"。此件宣德青花五彩碗十分稀见，极为珍贵，具有极高的文物价值、艺术价值和历史价值。

【小资料】

（1）宣德帝的年龄，《明史·宣宗本纪》作：宣德十年正月乙亥（初三日），崩于乾清宫，年三十有八。《明宣宗实录》作：宣德十年正月乙亥（初三日），上崩，寿三十八。但是，《明宣宗实录》卷一明确记载："仁宗昭皇帝嫡长子，母今太皇太后，以己卯岁二月九日，生上于北京。"己卯岁为建文元年（1399），二月九日（公历3月16日）。这样算来，宣德帝虚岁为37岁。"本纪"和"实录"多记一岁，有各种解释，这里不赘述。

（2）[明]焦竑《玉堂丛语》卷7记载："正统间，文贞（杨士奇）为西杨，文敏（杨荣）为东杨，因居第别之。文定（杨溥）郡望，每书南郡，世遂称南杨。西杨有相才，东杨有相业，南杨有相度。故论我朝贤相，必曰三杨。"

（3）明清皇帝，以宣德帝为例，有几个称谓：一是庙号，如明宣宗，是死后在太庙神主的称谓；二是谥号，是死后对他的评价，如章皇帝；三是年号，为当朝纪年用的，如宣德；四是姓名，如朱瞻基。名字在当朝是避讳的。庙号和谥号，是皇帝死后封谥的，活着时既没有，也不可能称。庙号和谥号，是当朝封谥的，现代一般不大用。那么，怎样称呼呢？现代一般用年号或名字称呼，如称宣德帝或朱瞻基。

（4）关于西藏日喀则萨迦寺藏明宣德青花五彩碗，学者有两种见解：一种认为是宣德青花斗彩碗，另一种认为是宣德青花五彩碗。

成化斗彩

景德镇御器厂在经历宣德朝短期高度发展之后,朝廷政局经历正统、景泰、天顺、成化四朝,起伏跌宕,变化极大。这对御窑瓷器,产生重大影响。成化年间,斗彩出现,宫廷御瓷,再现高峰。陶瓷界有"明看成化,清看雍正"的说法。明朝成化斗彩瓷器,先从苦难太子讲起。

一 苦难太子

御窑,既同皇朝文化有关,也同皇帝性格有关。成化斗彩,既受皇朝文化滋润,又受皇帝性格影响。成化帝登上皇位前的苦难太子生活,是明朝建文、永乐、洪熙、宣德、正统、景泰、成化七帝中所仅见,这既影响了成化帝的修养与性格,又影响了成化朝的御窑与瓷器。

成化帝朱见深(1447—1487),从小被夸为天资聪颖、玉色和粹。自幼受过良好的教育,身边聚集最好的老师。为什么说成化帝是苦难太子呢?因为他遭遇"三大事变"——土木之变、太子之变、夺门之变以及"六大苦难"。这主要表现在:

一是祖母疑案。成化帝的祖母即英宗的生母究竟是谁?这是明史一大疑案。明宣德帝胡皇后身体不好,没有儿子。孙贵妃受宠,也没有儿子,但孙贵妃"阴取宫人子为己子，即英宗也"。宣德帝废胡皇后为"静慈先师"，立孙贵妃为皇后，立其抱养之子为皇太子，"英宗生母，人卒无知者"。也就是说，明英宗的亲生母亲是谁，为一桩历史公案。这个故事，虽然包装得很诡秘，却没有不透风的墙。诡谲复杂的宫廷斗争，型塑了朱见深的柔弱性格。

二是皇父被俘。成化帝朱见深是正统帝的长子，3岁时，遭遇"土木之变"。正统十四年（1449），蒙古瓦剌部首领也先，率军南犯，威胁京师。正统帝受大太监王振怂恿，在情况不明、准备不周的形势下，亲率五十万大军仓促出征。出居庸关，进抵宣化，王振忽然变动行军路线，明师大乱。也先率军突进，在土木堡两军交战，明军溃败，尸横遍野，王振被杀，英宗被俘，押往大漠。这一战役，史称"土木之变"。这对一个刚学会说话的小太子来说，是个五雷轰顶的打击。败报传京，朝野大乱。有人主张迁都，兵部侍郎于谦严加痛斥。仓促之间，皇叔郕王即位，年号景泰，是为景泰帝。景泰帝遥尊英宗为太上皇，升于谦为兵部尚书。于谦统率军民，保卫北京，打退也先，转危为安。

三是皇后蒙难。母后钱氏见皇帝被俘，倾尽宫中珍宝首饰，希望赎回皇帝。母后钱氏不思饮食，昼夜哭泣。史载："夜哀泣吁天，倦即卧地，损一股。以哭泣复损一目。"[1]钱氏不仅哭瞎一只眼睛，而且损伤一侧股骨。朱见深幼小年纪，亲眼看到母后和生母的悲哀、悲痛、悲凉和悲苦，其心灵深处，受到深重创伤。

四是太子之变。见深2岁被立太子，是为一立皇太子。正统帝被俘，景泰帝继位。景泰三年（1452），景泰帝废5岁的皇太子见深，而立自己的独子见济为皇太子，是为二立皇太子。翌年，皇太子朱见济夭亡。后明英宗夺位，再

---

[1] 《明史》卷113《后妃传》，北京：中华书局校点本，1974年。

册立自己11岁的皇子朱见深为皇太子,是为三立皇太子。明英宗驾崩后,年18岁的皇太子朱见深继承皇位,改年号为成化。这就是成化帝。

五是皇母受难。生母周贵妃连遭皇帝被俘被囚、儿子由太子被废为沂王,身受折磨打击,无心关照见深。

六是皇父被囚。景泰帝22岁即位,已经成年。在兵部尚书于谦、大学士王文等辅佐下,内政大体安定,形势大致稳定。也先见无机可乘,便将英宗送回北京。英宗回京后,居住在南宫(今北京南池子普渡寺),高墙圈禁,门锁灌铁,禁绝出入,断绝信息。太上皇的饮食,从洞中传递。在朝大臣,分为两派:一派亲近当今皇帝,一派亲近太上皇帝。景泰八年(1457)正月初一,景泰帝因患病免朝贺,但规定十七日早朝。太上皇的支持者徐有贞、石亨等,经过密室策划,暗自准备,发动宫廷政变。正月十七日凌晨,徐有贞、石亨等人率众赶到南宫,用巨木撞开大门,众人拥入,扶太上皇登辇,进东华门,登奉天殿(今太和殿),升御座。时百官五更前在午门外朝房等待。徐有贞出来高声宣布:"太上皇帝复位矣!"公卿百官目瞪口呆,匆忙整队,奉天殿前,跪地拜贺。兵部尚书于谦、大学士王文等下狱,五天后被杀。英宗复位后,改年号为天顺,废黜景泰帝。不久,景泰帝忧病而死(一说被害死)。这次事件,史称"夺门之变",又称"南宫复辟"。

成化帝身历土木之变、夺门之变和太子之变,遭受祖母身世疑案、皇父兵败被俘、皇父回京被囚、母后哭瞎眼睛、生母失魂落魄、太子身份被废六大磨难,身心受到伤害,性格发生扭曲。苦难,既能锻炼人更坚强,也能消磨人更懦弱。成化帝就在苦难中,消磨得胸无大略、意志消沉、胆小懦弱、依偎女妃。

这位女妃是万贵妃。万氏,山东诸城人,年方4岁入选宫廷,为孙太后宫女。朱见深是长孙,从小受到祖母孙太后的喜爱,也受到宫女万氏的照料,从小到大，依红偎翠。万氏比见深年长17岁，他们二人日久生情。成化帝18岁登极，35岁的万氏被册立为贵妃。二人形影不离，感情愈深。皇后吴氏心怀忌恨，一天，将万贵妃唤到坤宁宫，先加训斥，后命杖打。万贵妃向成化帝哭诉，致吴后被废，打入冷宫。万贵妃长年侍君醉情，两人相亲相爱，共度30余年。万贵妃死时58岁，41岁的成化帝因爱恋过度，由悲而病，六个月后离开人世。

成化帝"晏安则易耽怠玩，富盛则渐启骄奢"，[1]性情豪奢，生活怠玩，喜爱艺术，颇有情趣。他全然没有祖辈创业时期豪迈与阳刚的性格，养成了怠玩与奢华的习性。所以，小巧精致的斗彩瓷器，与他骨子里的怯懦与阴柔有着共鸣。以小、巧、薄、艳为特色的瓷器，就凝为斗彩瓷器的因缘，其代表性瓷器是斗彩鸡缸杯等。所以，成化帝的柔弱，映现出成化瓷器的一个特点：带女人味——纤巧、薄艳、精丽、秀气。

二 斗彩争艳

成化御窑瓷器，数量大，精品多，工艺美，有创新。其中，成化斗彩最享盛名。

什么是明成化斗彩瓷器？就是明朝成化年间烧造的、争奇斗艳、色彩缤纷的瓷器。斗彩瓷器的烧造工艺大致是：先将瓷胎画青花，上釉，入窑经1300℃高温焙烧；再在釉上绘画红、黄、绿、紫等各种色彩的图画和纹饰，二次入窑经600℃—800℃低温烧造完成。釉下青花与釉上彩画，争相斗艳，色彩鲜丽，因而得名斗彩；此种技法虽萌发于宣德朝，却在成化朝成熟，而称成化

---

1 《明史》卷15《孝宗本纪》。

斗彩。下面重点介绍明成化斗彩"鸡缸杯""三秋杯"和"天字罐"。

明成化斗彩瓷器中，名气最大的是斗彩鸡缸杯。我举两个例子。

第一例，1999年4月，在香港苏富比中国文物艺术品拍卖会上，一件明代成化斗彩鸡缸杯，拍出了2917万港币的天价，刷新中国瓷器的最高拍卖纪录。

第二例，2014年4月8日，又一件明成化斗彩鸡缸杯在香港苏富比中国瓷器及工艺品拍卖会上，以2.8124亿港币成交，再次刷新中国瓷器的最高拍卖纪录。

成化斗彩，传世罕见，在此举斗彩鸡缸杯、三秋杯、天字罐三类器大家欣赏。

斗彩鸡缸杯为御用酒具。明朝宫廷，已喝白酒。酒味浓烈，故用小杯。相传成化帝与万贵妃，明宫月夜，碰杯戏饮，腮红血热，恋情愈烈。

明成化斗彩鸡缸杯，台北故宫博物院藏。高3.4厘米，口径8.3厘米，足径4.3厘米，因杯形似缸，外绘画子母鸡而得名。成化斗彩鸡缸杯，胎体轻薄如纸，釉质晶莹如玉，杯内光素无纹饰，杯底铭成化年款。外壁以斗彩技法装饰，绕杯绘两组相同鸡群：均为一公鸡、一母鸡、三雏鸡。鸡的姿态各异，生动灵活。画匠以娴熟的画技，画出母鸡和公鸡的沉稳、雏鸡的顽皮，活灵活现，跃然瓷上。鸡群周围，洞石清秀，萱草碧青，月季吐艳，一派春意盎然的景象。娟秀的杯体，疏朗的构图，协和相配，浑然有致，技艺卓绝，宛如天成。图案设色以淡雅的钴蓝，配以红、黄、绿、紫等色彩，给人以恬淡柔丽之美感。

实际上，成化斗彩鸡缸杯，早在明朝万历时期就价值连城，深受万历皇帝喜爱。明沈德符《万历野获编》记载："成窑酒杯，每对至博银百金。"成化斗彩鸡缸杯，新颖的造型，精湛的画技，阴柔之美，令人喜爱，备受鉴瓷家们赞赏。如明代郭子章撰《豫章陶志》曰："成窑鸡缸杯为酒器之最。"清初

图63　明成化斗彩鸡缸杯

大收藏家高士奇《成窑鸡缸歌注》曰："成窑酒杯，各式不一，皆描画精工，点色深浅，莹洁而质坚。鸡缸上画牡丹，下画子母鸡，跃跃欲动。"清代康熙以来，直至今日，成化斗彩鸡缸杯的仿品不断涌现，也反映出人们对这一名品的喜爱。乾隆帝不仅让景德镇御窑仿制，还题诗云："朱明去此弗甚遥，宣成雅具时犹见。寒芒秀采总称珍，就中鸡缸最为冠。"

明成化斗彩三秋杯，故宫博物院藏。高3.9厘米，口径6.9厘米，足径2.6厘米。为什么叫三秋杯？因画面描绘的是秋天景色，而秋季指农历七、八、九月三个月，称为"三秋"，故有"三秋杯"之称。这件三秋杯，轻灵娟秀，薄如蝉翼，釉彩淡雅，画意清新。外壁绘两组斗彩山石、兰花、绿草，几只飞蝶，翩跹起舞，上下翻飞，栩栩如生。拿着瓷器，手的指纹，从背面看，纹理清楚。杯底有"大明成化年制"款。据研究，这是用景德镇麻仓土烧造成的。相传成化帝专为万贵妃烧造，共烧瓷杯五对，选出这一对最好，而将其余的毁掉，并处死烧造工匠。工艺失传，瓷土用绝，这一对三秋杯，成为传世精品、

图64　明成化斗彩三秋杯

孤品、神品。

要说三秋杯，必说孙瀛洲（1893—1966）。孙瀛洲先生原是河北冀县（今冀州市）农民，后为北京敦华斋古玩店老板。他学勤业精，20世纪40年代，曾以40根金条，从当铺买到清宫流散出的一对斗彩三秋杯。1956年，他将这对孤品三秋杯捐献给故宫博物院。他先后共捐献三千余件文物给故宫博物院。在故宫任研究员期间，孙先生学术精深，著述也丰，却在1966年"文革"初期不幸去世。

明成化斗彩天字罐因罐底有青花书写的"天"字而得名，属于成化斗彩瓷器中的名品。

1. 明成化斗彩海水天马图"天"字盖罐，台北故宫博物院藏。高11.3厘米，口径5.6厘米，足径7.3厘米。带平顶盖。外壁绘四匹天马——天马二青、一红、一黄，奔驰在海水浮云之间。盖面绘波涛红彩天马。罐底有青花书写的"天"字。原盖完好，弥足珍贵。

2. 明成化斗彩缠枝莲纹"天"字盖罐，故宫博物院藏。高8.3厘米，口径

图65　明成化斗彩海水天马图"天"字盖罐

4.3厘米，足径6.5厘米。腹部以青料绘出六朵盛开的莲花，不施釉上彩。周边衬以缠枝莲纹，茎蔓与叶片以青料双钩轮廓线，釉上填以绿彩。盖面中心以青料双钩团莲一朵，釉上填涂矾红彩，鲜艳夺目。外底中心署青花楷体"天"字。原盖保留，亦足珍贵。

　　3．明成化斗彩海水云龙纹"天"字盖罐，故宫博物院藏。通高13.1厘米，口径8.7厘米，足径11.2厘米。腹部主题纹饰为海水云龙纹，双龙填黄彩，朵云及海水施绿彩，波涛系先在釉下以青料勾绘线条，再于釉上覆盖绿彩而成，此种施彩技法被称作"复彩"。外底署有青花楷体"天"字款。此罐附有平顶圆盖。专家发现，盖略显大而笨拙，盖与罐的彩色有别。经查《清宫内务府造办处各作成做活计档》记载，此罐的盖子当是清代乾隆年间唐英奉旨配制的。

　　上述成化帝喜爱的"天"字盖罐，色彩绚丽，绘图丰富，质地优良，小巧雅致，是做什么用的？有说是茶叶罐，但不会那样少；有说是赏玩罐，也不会那么少；还有说是春药罐，也找不出证据。哪种看法正确呢？眼见的人已过

图66　明成化斗彩缠枝莲纹"天"字盖罐

图67　明成化斗彩海水云龙纹"天"字盖罐

世,健在的人没经眼,文献阙载,只能存疑。

明代景德镇御窑在历史积累的基础上,既有外在文化因素,又有内在技艺因素,还有帝王个人因素——结果产生了御窑成化斗彩鸡缸杯、斗彩三秋杯、斗彩"天"字罐等旷世绝品。

明成化御窑的斗彩瓷器,多为宫廷生活用品或艺术品。流传到今天,我们能够看到许多成化时期的餐具、茶具、酒具、文具等艺术品,品种繁多,器形小巧,青花色彩淡雅,斗彩设色清丽。

下面再说一说茶器。明代饮茶,不分宫廷、僧侣、文士、民间,被视为开门七事——油盐柴米酱醋茶——之一。从陆羽《茶经》问世后,吃茶逐渐被推向艺术层面。王公贵族、文人雅士、庶民百姓,论茶、煎茶、品茶、斗茶,成为一种时尚。茶具也愈加讲究。宋代的兔毫盏,元代的茶注,明代的茶壶、茶盅、茶碗、茶盏等,花样繁多,工艺考究。

明人喝茶方式与唐宋有很大不同,唐代是煮茶,宋代是点茶,而明代则改为泡茶(近似今人泡茶法)。第一泡茶汤倒掉,继之二泡、三泡,茶事注重茶色、茶香、茶味、茶韵。

伴随喝茶方式的改变,明代的茶壶与茶盅的造型也随之改变。唐宋吃茶的方式是以茶末直接置于茶盏,用茶筅或茶箸搅拌,为不让茶末或茶水外溢,而用较大茶盏以及细长流嘴点茶的茶瓶。而明代是将茶叶直接放入茶壶内冲泡,再转注茶盅,所以茶盅不需如唐宋时期那样大,茶壶和茶杯成为茶席上的茶器主角。

如何区分茶杯、酒杯?明宫并无确实记录。研究人员查阅档案,发现明人文献记载的茶盅,如嘉靖二十六年(1547)烧造的"白色暗龙花茶盅"、万历十九年(1591)的"暗花云龙宝相花全黄茶盅"。将文献记载与宫中旧藏比对,专家发现其造型与洪武红釉印花龙纹茶盅、永乐甜白半脱胎划花龙纹茶盅、宣德宝石红茶盅、嘉靖青花云龙纹茶盅、万历青花梵文茶盅等器相同,都为撇口、弧壁、矮圈足,口径约在10厘米,高5厘米,足径4厘米左右。这几件茶盅造型,都在元末明初以后始见,说明是因饮茶方式改变而出现的一种新式样茶盅。

下面简述成化茶具——茶壶和茶杯。

先说茶壶。明代以后的泡茶法,茶壶居主要地位。明晚期以后文人认为

图68　明永乐甜白釉三系茶壶

茶壶的大小、质地还关系到茶味，这是唐宋茶器不曾有的现象。明宫所留下的茶壶实物并不多，且都是瓷茶壶。故宫博物院和台北故宫博物院所收藏的明代茶壶实物，明代唐寅《品茶图》、文徵明《品茶图》等画面上的茶壶都是瓷茶壶。下面两把茶壶，虽属永乐、宣德年间，但难得一见，插在这里介绍。

1. 明永乐甜白釉三系茶壶，台北故宫博物院藏。这把茶壶是小圆唇口，半圆形壶身，肩饰三系，平底，浅凹足，曲流，竹节把，附平顶圆盖。通施甜白釉，釉色莹润。

2. 明宣德紫金釉桃形执壶，台北故宫博物院藏。壶身像一只桃子，一枝带叶桃花贴饰在桃身，从把手一直伸展到壶流，流嘴呈半开花苞状。壶盖是四瓣瓜蒂形（系清代后加）。通体施紫金釉，生动写实。这把壶在进入故宫博物院收藏时，尚陈设于清朝皇宫乾清宫内。景德镇珠山御窑遗址出土了一件类似的茶壶——明宣德红釉桃形执壶，壶盖为折枝五瓣桃花钮盖。

再说茶盅，又称茶杯、茶盏、茶碗等，明宫旧藏很多。宣德名品，介绍三件。

1. 明成化青花折枝花果纹茶盅，台北故宫博物院藏。高5.8厘米，口径

图69 明宣德紫金釉桃形执壶

图70 明宣德红釉桃形执壶

图71 明成化青花折枝花果纹茶盅

图72　明成化斗彩团花鸟图茶杯

图73　明成化斗彩婴戏图茶杯

9.1厘米，足径4厘米。敛口，深壁，矮圈足。外壁青花绘四枝折枝花果纹，有桃子、牡丹、柿子、石榴花，胎骨匀薄，质坚细腻，胎釉一线泛橙黄色。青花浅淡略灰，内壁白釉泛黄色。

2. 明成化斗彩团花鸟图茶杯，台北故宫博物院藏。高4厘米，口径8厘米，足径4.2厘米。喇叭形撇口，平底，凹足。内壁白釉无纹饰，外壁饰四组团花果纹，有牡丹、莲花、菊花、石榴、桃子、柿子、鸟雀等。器形精巧，胎骨匀薄，青花淡雅，釉上彩鲜丽。

3. 明成化斗彩婴戏图茶杯，故宫博物院藏。高4.8厘米，口径6厘米，足径2.7厘米。这件小杯造型轻盈秀雅，胎薄釉润，杯外壁以斗彩婴戏图装饰。

一组画面为放风筝：一小孩放风筝，另一小孩观看；另一组画面是三个小孩在做斗草游戏。天空彩云飘浮，地上有棕榈、芭蕉、山石、花草等。春意盎然，其乐融融。早在明代嘉靖年间，景德镇御器厂就仿烧这种斗彩杯，署有嘉靖朝年款，现在仿品也颇为珍贵。斗彩婴戏图茶杯，应该寄托了成化帝期盼儿孙兴旺的祈愿。

成化瓷器之所以精美，原因之一是清官督陶。

三　监陶清官

在朱祁镇、朱祁钰兄弟天子的三十年期间，于御窑瓷器，有一件大事：永乐十九年（1421）烧毁的皇宫三大殿以及乾清、坤宁二宫，在正统六年（1441），重建告成。"奉天、华盖、谨身三殿，乾清、坤宁二宫成。"[1]而后，朝廷颁布谕旨，北京为首都，南京为行在（陪都）。三殿二宫建成，需要大量瓷器。景德镇御窑进入复兴期。

成化时有一位贤能清廉的官员何瓛，被派往景德镇督陶。何瓛的事迹，《先别驾西野公传》有记载。

何瓛，字廷玉，号西野，华亭（今上海市）人。自幼聪颖隽秀，作文赋诗，众人惊讶。但是，参加科考六次落第，成化初年，顺天乡试再次落第。连连下第，他悒悒不乐，一位张公惜才，建议他去做官，他到吏部竞聘任职，被派为饶州别驾。别驾，就是副职。当时有句民谚："宁愿做县正，不愿做州副。"民间也说："宁做鸡头，不做凤尾。"他愿意做县的正职，而不想做州的副职，心里怏怏不乐，又找张公述说。张公说，饶州的副职，虽官府在府

---

[1] 《明英宗实录》，正统六年（1441）九月甲午朔，台北"中研院"历史语言研究所校勘本，1962年。

城鄱阳，却有衙署在景德镇，所职掌事务只有御窑厂一事，没有杂务，劝他就职。于是，何璡携带家眷到景德镇上任。

当时，成化帝要龙凤图案的瓷器，欲以宣德窑为范型，照样烧造，务求精美。皇命下到饶州。何璡闻命之后，既苦恼，又担心。他日思夜想，战战兢兢，会同工匠，共同密商。于是，他们选取精细原料，设计最佳图样，每次烧窑，放置上百成千的瓷胎。然后，何璡整肃衣冠，与同事一起，默默祷祝。神奇的是，瓷器经过窑火，产生窑变——或器形变，或颜色变，如蓝白色变为红色，等等。大家额手相庆，烧窑完全成功。上呈瓷器，极合宫中意旨。

何璡三年任满，又任三年，期末考核满意，再留任三年。何璡在饶州连任九年。

何璡离任时，多处延请，他一概拒绝，最后离职。浮梁官民敬重何公，工匠、市民有的背着慈母，有的搭起帐篷，夹道相送，盛况空前。

大家感动的是，何璡居官，清廉勤慎，体恤民情。窑变的瓷器，不可再现。这些窑变的精品，他没有上交。交了，朝廷再要，到哪里找呢！他将这些窑变极品，储藏仓库，加以封存。景德镇人感激何公高恩大德，为民造福。

何公不攀富贵。宁王看中他的孙子，要结为姻亲。他认为此或非福，毅然辞婚。后来宁王败落，何家未受牵连。

何璡退休后，家居悠闲，读书著述，游戏泉石二十年，卒年寿八十五。[1] 这是《论语·雍也》"仁者寿"的又一史例。

成化瓷器小件颇多，因有"成化无大器"之说，其实不然。成化也有大盘、大碗、大瓶、大罐。如成化大碗，口径22.9厘米，足径8.5厘米，高11厘米；成化三彩鸭形香薰，高25.3厘米，不能算小。但总体来说，成化以小件精

---

[1] ［明］何三畏编：《云间志略·先别驾西野公传》卷9，明天启刻本。

美瓷器闻名于世。

成化之后,明代御器厂及其瓷器,高峰迭起。

【小资料】

(1) 鸡缸杯,清代已很名贵。朱彝尊《曝书亭集·感旧集序》云:"盖常以月之朔望,观京师慈仁寺集,贵人入市,见陈碗争视之。万历窑器,索白金数两。宣德、成化款者倍蓰之。至鸡缸,非白金五镒市之不可。"镒,赵岐《孟子》注、阮元《孟子》校勘记等均作"二十两为镒"。是知一只鸡缸杯,清朝中期值银百两。

(2) 瓷器品种,类别如杯、盘、碗、盅、罐、瓶、尊、觚、缸等,而且每一类都有多种。色釉如宝石红、矾红、宝石蓝、洒蓝、黄釉、绿釉、紫金釉、仿哥釉、仿汝釉、仿龙泉釉等。

高峰迭起

明朝的历史，经过开国与巩固期之后，进入弘（治）、正（德）、嘉（靖）、隆（庆）发展期。此期85年，社会比较安定，经济日渐繁荣，文化更加发展，又有前朝积累，明代御窑烧造，再现弘治、正德、嘉靖三次高峰。以弘治娇黄、正德青花和嘉靖大器为主，分别介绍。

一 弘治娇黄

《明史》论道：在明十六帝中，除洪武帝、永乐帝外，可称者"仁宗、宣宗、孝宗而已"。仁宗洪熙帝和宣宗宣德帝，我在前面介绍过。明孝宗弘治帝朱祐樘（1470—1505），18岁继位，在位18年，享年36岁。弘治帝"独能恭俭有制，勤政爱民，兢兢于保泰持盈之道，用使朝序清宁，民物康阜"。[1]弘治帝算是一位守成的皇帝，保泰持盈，民物康阜。这种大文化环境，有利于御窑发展。

明朝天子多少年。明中期，连续四位皇帝继位时都是少年天子。他们的继位年龄分别是：成化帝18岁，弘治帝18岁，正德帝15岁，嘉靖帝15岁。前面

---

1 《明史》卷15《孝宗本纪》，北京：中华书局校点本，1974年。

讲过苦难太子成化帝。弘治帝的童年，经历更加传奇。他的生母是宫女纪氏，广西贺县（今广西壮族自治区贺州市）人，怀孕时被万贵妃发现，差点遭暗害，被打入冷宫，生下后来的弘治帝朱祐樘。小皇子6岁时才第一次见到生身父亲。他的母亲纪氏虽被封为淑妃，但很快就暴死，奏报真情的太监张敏也吞金自杀。不久，祐樘被立为皇太子，周太后将其养在仁寿宫中。坎坷的童年，使这位少年天子发奋学习，酷爱文化。

弘治帝具有较高的文化修养，得益于他较早地合法取得了皇太子的地位。

他爱读经史。弘治帝6岁被立为太子，9岁出阁就学，开始接受正规的教育。讲官都是博学鸿儒，修养深邃之人。他即位前接受了9年教育，即位后仍经常阅读诗书。他采纳大臣建议，开设经筵。经筵制度分为大、小经筵，大经筵是每月逢二、十二、廿二日举行，主要是一种礼仪；小经筵又称日讲，君臣之间，从容问答，是学习经典和辅佐议政的制度。大、小经筵在宪宗成化帝时一度废置。弘治帝开始坚持日讲，又在早朝之外，另设午朝，每天两次视朝，接受百官面陈国事。由于弘治帝锐意求治，朝廷上下，百官谏言，痛陈时弊，广进方略。如马文升上时政十五事，包括选贤能、禁贪污、正刑狱、广储积、恤士人、节费用、抚四裔、整武备等，弘治帝大为赞赏，一一实施，于弘治兴利除弊起了积极作用。无怪乎人们称赞他是明朝最为遵循儒家伦理规范的皇帝。弘治皇帝酷爱文化艺术。《明史·艺文志》记述，弘治帝有《诗集》5卷，惜已失传。

他喜爱音乐。在士大夫们看来，皇帝喜欢乐曲，恐怕将来会滑入贪图享受的泥淖中。因此，一些专门负责纠察朝政的言官们纷纷上疏，劝说弘治帝不要耽于声乐，而要把更多的精力放在修身养性之上。弘治帝总是表面上接受，私下里却对身边的太监们说："弹琴何损于事，劳此辈言之。"意思是弹琴与政务无关，烦劳你们多嘴。

他欣赏绘画。宫中有许多画师。有一次，他赐给画师吴伟几匹彩缎，怕大臣们知道后议论，对吴伟说："急持去，毋使酸子知道！"意思是说，赶紧拿走，别让那些酸腐的书生们知道。吴伟是明代著名画家，江夏（今湖北省武汉市）人，擅长画人物山水，湖北省博物馆收藏的《雪渔图》是吴伟的巨作，画面高245厘米，宽156厘米，描绘了渔民冒雪捕鱼的情景。弘治帝将他征入画院，授锦衣卫百户，赐他"画状元"印章。身边书画家对弘治帝的艺术素质提供了丰厚的营养。

童年的不凡经历、扎实的儒学功底、丰富的艺术修养、求治的理政心态，对弘治朝御窑瓷器烧造，产生潜移默化的影响。

明代黄釉瓷器被皇家所垄断，是皇家祭祀和宫廷饮食的专用瓷器，皇帝的生活瓷器，包括餐具、文房、茶具、酒器等，专用黄釉瓷。官宦百姓，不许使用。弘治朝御窑，将黄釉瓷器推向一个高峰。这时的黄釉瓷器，就像鸡油黄的颜色，明黄透亮，被称为"鸡油黄"；又因它的黄釉是浇上去的，而被称为"浇黄"；还因它的颜色温润"娇嫩"，再被称为"娇黄"。弘治时御窑烧造的黄釉瓷器，釉色娇艳，施釉均匀，被誉为黄釉之最，是明代黄釉瓷器中的极品。

1. 明弘治黄釉暗龙纹盘，沈阳故宫博物院藏。高3.5厘米，口径15.5厘米。盘子里外均施黄釉，色调沉稳，釉色淡雅，正龙图案，盘心暗刻，若隐若现，皇家气派，为典型的弘治"鸡油黄"。

2. 明弘治黄釉描金牺耳尊，故宫博物院藏。高32厘米，口径19厘米，足径17厘米。这件牺耳尊因肩部两侧置兽耳，而猪、牛、羊为祭祀的牺牲供品，所以"兽耳"俗称"牺耳"，故名"牺耳尊"。内施白釉，外施黄釉，自上而下，有九道金彩弦纹。黄釉金彩，级别最高。清朝《皇朝礼器图式》和乾隆内府彩绘《备物昭诚·祭器图》记载，清先农坛祭器中的先农坛尊，与这件

图74　明弘治黄釉暗龙纹盘

图75　明弘治黄釉描金牺耳尊

牺耳尊相似。

弘治御窑瓷器，既继承成化遗产，又开启正德新风。

二　正德青花

弘治帝的儿子、明武宗正德帝朱厚照（1491—1521），2岁被立为皇太子，生母为张皇后。由于弘治帝一生只宠爱张皇后，而张皇后只为其生了两个儿子，次子朱厚炜早夭，因此聪明伶俐的朱厚照被视为掌上明珠。父皇弘治帝驾崩，15岁的朱厚照即位，在位16年，享年31岁。

正德帝是明朝十六帝中最荒唐的一位皇帝，纵乐、荒淫、玩武、养兽、酗酒、巡游、宠信太监，做出许多荒诞之事，最后戏剧般地死于豹房。

正德十五年（1520）八月，正德帝在亲征宁王的回程路上，经过淮安清江浦，自驾小船，捕鱼玩耍，落到水里，被水呛着，受到惊吓，虽被救起，却患重病，来年春天病死。他临终前似有所悔，跟御前太监说："朕疾不可为矣。其以朕意达皇太后，天下事重，与阁臣审处之。前事皆由朕误，非汝曹所能预也。"[1] 寻崩于豹房，年三十一。

正德皇帝是一位极具个性的皇帝，对御窑的影响很大。他喜好宗教灵异、怪力乱神，终日与来自西域、回族、蒙古、乌斯藏（西藏）、朝鲜的异域法师、番僧相伴。他学藏传佛教，熟知佛教经典。对伊斯兰教，他也非常尊崇。这个特点，在当时的瓷器上有所表现，阿拉伯文、波斯文和八思巴文等，多次出现在御制瓷器上。正德青花，特点鲜明，列举三件，可

---

[1]《明武宗实录》，正德十六年（1521）三月丙寅，台北"中研院"历史语言研究所校勘本，1962年。

图76 明正德青花阿拉伯文烛台

见一斑。

1. 明正德青花阿拉伯文烛台，故宫博物院藏。高24.6厘米，口径6.7厘米，足径13厘米。这件烛台是正德御窑的创新器形，既美观又实用。烛台由四部分组成：最上端为蜡烛插口，外壁绘如意云头纹；其下为烛台细长支柱，中部绘圆形开光，开光内书写阿拉伯文，开光上下分别绘勾莲花枝纹及菱形纹；再下为承托圆盘，也绘如意云头纹；最下端为喇叭形台座，亦绘圆形开光，开光内书写阿拉伯文，开光上下分别绘勾莲花枝纹及菱形纹。青花纹饰体现传统文化中的对称。这件烛台上的阿拉伯文与传统纹饰，表现阿拉伯文化与中华传统文化的交融。这是正德皇帝的喜好在御窑瓷器上的体现。

2. 明正德青花阿拉伯文七孔花插，台北故宫博物院藏。高19.4厘米，足径12厘米。花插用途，多有讨论。由于器带七孔，有人认为可作花插之用；也

图77　明正德青花阿拉伯文七孔花插

有人认为镂孔处可置薰香料，应作帽架、或为笔筒。这件瓷器，器身为球状，顶部有七孔，底座为镂空圆形平座，器分上下，合为一体。全器以青花绘饰，顶部围绕七孔的是双线六瓣花框，器身为缠枝叶纹。而纹饰的焦点，则在球状器身中部的两面开光，菱形复线开光外接一圆，圆内写阿拉伯文字句，意为"安拉会把他的国土安全化"；另一面写阿拉伯文字句，"也会保护他的子孙"，都是出自伊斯兰教经典《古兰经》的内容。这些文字的主要意思是为国家与皇帝祈福，符合正德帝品位，当为正德御窑瓷器，其主人当是正德皇帝。

3. 明正德青花龙穿莲花纹碗，故宫博物院藏。高10.3厘米，口径23厘米，足径9.3厘米。这件大碗内外青花装饰。内底与外壁均绘龙穿莲花纹，圈足外壁绘如意云头纹。其独特之处，在于碗的外底署八思巴文，四字双行款，意为"至正年制"款。此碗经专家考证，虽署八思巴文"至正年制"，其实却

图78　明正德青花龙穿莲花纹碗

是正德御窑所烧造。八思巴(1235—1280)是藏传佛教萨迦派首领，元代被封为"国师"。八思巴文是八思巴奉元世祖忽必烈之命创制的拼音文字，脱胎于藏文字母。至元六年(1269)二月，忽必烈"诏以新制蒙古字颁行天下"。[1]元亡后即停止使用。在御窑瓷器上以八思巴文书写元代年款"至正年制"，的确令人费解，但这恰好是正德皇帝尊崇藏传佛教的物证。

正德朝御窑多产小型瓷器，嘉靖朝则多产大型瓷器。

1　《元史》卷6《世祖本纪三》，北京：中华书局校点本，1976年。

三　嘉靖大器

正德帝没有儿子，死后由从弟朱厚熜从湖北安陆封地来到北京继位，是为明世宗嘉靖帝（1507—1566）。嘉靖帝15岁继位，在位45年，寿60岁。其子朱载垕，就是隆庆帝，仅在位6年，所以重点说嘉靖。嘉靖时期，大明兴盛，国力宽裕，严嵩专权，朝政昏暗，南剿倭寇，北御蒙古，再建宫殿，广修坛庙，御用瓷器，大量烧造。

嘉靖御窑瓷器，有两个明显特点：一是数量大，二是器形大。先是，"弘治、正德中，未完磁（瓷）器三十余万"，言官请求减免。嘉靖帝曰："如前旨行。"[1]还要更大量地烧造。据《江西省大志》记载，嘉靖八年（1529）到三十八年，有数据的23年统计，共烧造供御瓷器689666件，平均每年29986件，其中每年超过10万件的有嘉靖二十三年、二十五年、二十六年、三十二年，最多为嘉靖二十六年，竟达120380件。隆庆朝烧造瓷器数量也很大，仅一次即诏"江西烧造磁（瓷）器十余万"，[2]数量之大，超过乃父。宫廷需要这么多的瓷器吗？这些瓷器主要供给人数庞大的宫中人群。原明宫老太监跟康熙帝说当时内廷人数："宫女至九千人，内监至十万人，饭食不能遍及，日有饿死者。"[3]

《景德镇陶录》记载，青花瓷器到了嘉靖朝，"制作益巧，无物不有"。特别是一改成化、弘治、正德轻盈秀雅的风格，而重大器，造形繁杂，浑厚敦实。如大龙缸、大罐、大葫芦瓶、大盘等。这与嘉靖皇帝身世有很大关

1　《明世宗实录》，嘉靖八年（1529）十月癸亥，台北"中研院"历史语言研究所校勘本，1962年。
2　《明穆宗实录》，隆庆五年（1571）四月壬辰朔，台北"中研院"历史语言研究所校勘本，1962年。
3　《清圣祖实录》，康熙四十八年（1709）十一月癸未，北京：中华书局影印本，1985年。

图79　明嘉靖青花云龙纹大龙缸

系。他父亲为藩王，远离皇权，一旦登极为帝，本身缺乏教育准备。另因他出身不正统，所以反而要争正统，搞出所谓"大礼议"，改变传统皇家礼制，体现在御窑瓷器上，就是改变成化以来的秀雅风格，而烧造大型瓷器。

1. 明嘉靖青花云龙纹大龙缸，明十三陵博物馆藏。高69.7厘米，口径70厘米，足径58厘米。1956至1957年，中国考古工作者对明万历帝定陵地下宫殿进行发掘，出土各类器物3000多件，其中有三口青花大龙缸。这三口大龙缸分别放置在万历皇帝和两位皇后地下宝座之前，当定陵地宫刚被打开时，考古工作者发现缸内储有灯油，油面有一个铜制圆瓢，瓢内装有灯芯，灯芯有点燃过的痕迹，因此专家断定龙缸是为长明灯储油的。但是当地宫大门关闭，地宫内氧气耗尽，所谓长明灯也就熄灭了。伴随定陵地宫的打开，三件嘉靖御窑烧造的青花龙纹大龙缸（简称龙缸）也重见天日。龙缸体形硕大，主体纹饰五爪龙盘旋于缸体之上，昂首张目，龙鳞乍起，五爪勾张，如在翻云覆雨，气势非凡。缸体上部有"大明嘉靖年制"六字款。

嘉靖朝重建紫禁城三大殿，需要大量龙缸，用以贮水防火。但龙缸工艺

图80　明嘉靖青花云龙纹寿字罐　　　　　　图81　明嘉靖青花鹤寿大盒

复杂，很难烧成。明人王世懋《窥天外乘》载："嘉靖间，回青虽盛，鲜红土用绝，烧法不如前，而上命烧大缸，比入火，十无二三完好者，坐是为虚费甚巨，而人莫敢言。"《景德镇陶录》略曰："明厂有龙缸窑。烧时溜火七日，然后紧火二日夜，封门又十日，窑冷方开。每窑约用柴百三十扛，遇阴雨或有所加。有烧过青双云龙宝相花缸、青双云龙缸、青双云龙莲瓣大缸、青花白瓷缸、青龙四环戏潮水大缸等式。"万历朝御窑也烧造龙缸，引出了童宾投火的悲壮之举。万历帝定陵所用龙缸，居然使用嘉靖时期所造的，可见嘉靖龙缸在宫中有所储备，而且受到后世皇帝推崇。

2. 明嘉靖青花云龙纹寿字罐，故宫博物院藏。高54.2厘米，口径25.2厘米，足径30厘米。这件青花罐上的五爪龙形象与龙缸上的五爪龙颇为相似，也是盘旋于缸体之上，昂首张目，气势非凡，不同之处是增加了"寿"字。无论

图82　明嘉靖红地黄彩缠枝莲纹葫芦瓶

是罐腹，还是罐盖，都有灵芝托"寿"字纹饰。罐颈自右向左署青花楷体"大明嘉靖年制"六字横排款。这件青花寿字罐，体形硕大，青花浓艳，构图繁密，层次清晰，主题突出，特征鲜明。

3. 明嘉靖青花鹤寿大盒，沈阳故宫博物院藏。通高15.5厘米，腹径27.8厘米，足径20厘米。这件青花大盒分为上盖、下碗，盖与碗口部为子母口。大盒表面纹饰以几个开光形成主题纹饰。盖顶面为整体圆形开光，内绘仙鹤、灵芝、飞鸟和浮云等图案；以盖与碗结合部位中心线，上下各有四个海棠形开光，开光内亦绘仙鹤、灵芝、飞鸟和浮云等图案。这件青花大盒，宫中曾经用过。

御器中有一种葫芦瓶，颇为嘉靖帝所爱。这种瓶造型多样，纹饰丰富，大小各异，为道教题材的造器与纹饰结合的佳例。八卦纹、云鹤纹、葫芦纹、

图83 明嘉靖五彩龙穿莲池纹绣墩

回纹、灵芝纹都是典型的道教题材。

4. 明嘉靖红地黄彩缠枝莲纹葫芦瓶，故宫博物院藏。高45.1厘米，口径5厘米，足径13.4厘米。这件葫芦瓶通体暗划花纹加红地黄彩装饰。自上而下六道弦纹，把纹饰分为五层。第一层，即瓶的口部，为四枝折枝灵芝纹；第二层，即瓶的上腹部，为缠枝莲纹，结四朵莲花；第三层，即瓶的束腰处，也是缠枝莲纹，结四朵莲花；第四层，是一周朵梅纹；第五层，即瓶的下腹部，亦饰缠枝莲纹，上结莲花六朵。外底署青花楷体"大明嘉靖年制"六字双行款，外围青花双圈。红地黄彩，就是在黄釉上加施矾红彩，故亦称"黄上红"，是取"祝福皇上洪福齐天"之意。嘉靖帝崇信道教，这件葫芦瓶的造型和灵芝图案均与道教相关，釉彩又寓意祝福皇上洪福齐天，是一件反映嘉靖皇帝个人性情的典型之作。

5. 明嘉靖五彩龙穿莲池纹绣墩，故宫博物院藏。高36.9厘米，面径24厘米，足径24厘米。绣墩，又称坐墩、凉墩、鼓墩，圆形或六棱形，腹部大，上下小。绣墩在室内或庭院使用、室外陈设。墩面绘一条绿色龙腾跃于莲花水池之上。外壁主题纹饰为两条五彩蛟龙穿行于莲花水池中，色彩艳丽，纹饰丰富，龙形威武，颇具皇家气派。

嘉靖帝信奉道教，据嘉靖本《江西省大志·陶书》载录，嘉靖烧造御瓷名目中，有不少道教色彩浓厚的器皿，例如：二十一年，烧造青花白地八仙过海罐一百、八卦罐一百（件）；二十三年，烧造青花白地外海水苍龙捧八卦、寿比南山久、福如东海深、里三仙炼丹花碗二千六百（件）；二十四年，烧造寿字花样罐四百九十（件）；二十六年，烧造寿字花盘一万一千二百五十（件）；二十七年，烧造青花白地龙凤群仙捧寿字花盆五千（件）；三十年，烧造青花白地外四画神仙、里云鹤花盘一百（件）；三十一年，烧造白地青花里八仙捧寿、外云龙花盘二百五十（件）。[1]

嘉靖二十年（1541）后道教色彩浓重的器皿大量出现，应与嘉靖二十一年（1542）"壬寅宫变"，他差一点儿被宫女勒死，而移居西苑潜心修道有密切关系。

饶州烧瓷，器形大，数量多，任务重，时限紧，顾章志受命任景德镇督陶官。这也是景德镇的幸事。顾章志，江苏太仓人，出身普通人家，3岁丧父，兄长教书，依母生活。自幼用功读书，以至废寝忘食。嘉靖三十二年（1553）中进士，年三十一。他做过中级官员，一身正气，江西饶州知府任上，为民兴利除害，依法决断诉讼，约束藩王势力，促进了瓷业发展。

饶州濒临鄱阳湖，文献记载，顾章志"初治饶，水为灾，民病饥。百方

---

[1] ［明］王宗沐纂修：《江西省大志·陶书·御供》卷7，明嘉靖三十五年（1556）刻本。

处赈,赖以活者数万计。雨无麦,公以为忧,至罢公宴不赴"。[1]就是说,饶州府地方水旱频仍,民生贫苦。他千方百计,奏报灾情,筹措粮食,不搞宴会,"百方赈救,疮痍甫苏",救活人口,数以万计。这是天大的善事。

景德镇瓷器,流传遍天下。但景德镇却是四方工匠杂处,小有纠纷便争哄骚动,揭竿呼啸。一日,顾章志到景德镇视察宫廷所需瓷器,适逢千人啸聚,乱象叵测。他机智地在乘舆中口述榜文,令属吏誊写,四处公告,要良民不要轻举妄动,"轻动则良民亦乱民也"!如果轻举妄动,良民变成暴民!于是矛盾化解,千人立散,并且相戒曰:"慎毋犯顾使君,使君实生我!"

顾章志在饶州,尝言:"吾守饶,只谒官长,至即告归,不候伺。"就是说,为了公事,拜谒长官,事完告退,不去应酬。在他的治理下,饶州地区,七县晏然。他为官四年,"不持一钱入私橐",离任之时,一身清肃,"报积俸,仅四金"。民谚说:"三年清知府,十万雪花银。"他做了四年知府,却只余四两银子。民众说他为官像"饶城水"一样清白,建祠纪念,但他严令禁止,离任之后,民众建祠怀念、表彰这位清廉知府。后来他到京做官,公务之余,"闭户读书""不受馈遗",累死在任上,年六十四。丧出都门,众人悲哀,卫士馨炉哭于道,友人哭声振于野。人,活着受人尊重,身后被人怀念,足矣!顾章志虽《明史》无传,清官事迹却名闻后世。

明朝御窑,经弘(治)、正(德)、嘉(靖)、隆(庆)这一高峰后,迎来万历的灿烂晚霞。

【小资料】

明朝北京皇宫三大殿,经过三毁三建:第一次是在永乐十九年(1421)四月,奉

---

[1] [明]焦竑:《国朝献征录·顾公章志传》,扬州:广陵书社,2013年。

天、华盖、谨身三大殿等遭雷火击焚,正统六年(1441)九月重建告成;第二次是在嘉靖三十六年(1557)四月三大殿再遭焚毁,四十一年(1562)九月重建告成,改名奉天为皇极、华盖为中极、谨身为建极;第三次是万历二十五年(1597)六月三大殿又遭火焚,天启七年(1627)八月重建告成。

万历晚霞

明朝的历史，万（历）、泰（昌）、天（启）、崇（祯）四朝，共72年，走上逐渐衰亡的轨道。先是，嘉靖御窑兴旺，隆庆开放海禁，瓷器远销海外，促进瓷业发展；至是，万历重建三大宫殿，大量添造宫廷瓷器，景德镇御窑瓷器烧造，出现一次新的高峰，诚如夕阳晚霞，虽日落西山，却红也似火——技艺再有突破，烧造出万历彩瓷。

一　万历彩瓷

万历时期，御窑瓷器盛行以五彩瓷为代表的各式彩绘瓷器。"五彩瓷"是指在白瓷胎上，以红、黄、绿、褐、紫等颜料描绘图样，再经低温烧成的瓷器。五彩并非五种颜色，而是多种色彩的泛称。这类彩色瓷器始于宣德，臻于成化，盛于万历。万历彩瓷工艺繁复，难度极大，大型器皿尤显珍贵。

1. 明万历五彩瓷百鹿尊，台北故宫博物院藏。高34.6厘米，口径20厘米，足径16.3厘米。尊是古代酒器，也是祭器。这件百鹿尊，器身绘89头鹿，号称百鹿，寓意"百禄"。群鹿散布在岩石、树林、草丛、花卉、云朵、溪泉之间，悠然自得，令人目不暇接。画面中有四棵大树，圈出四方天地，各色鹿只食栖其间，或奔或卧，或聚或散，或食或息，或老或幼，姿态各异，气氛

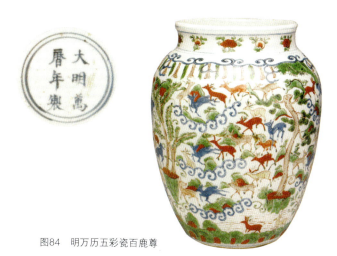

图84 明万历五彩瓷百鹿尊

祥和。外底署"大明万历年制"六字双行双圈青花楷书款。器身红、绿、黄、蓝、褐等多种颜色图案相映成趣,群鹿五彩斑斓,自然祥和。

2. 明万历五彩镂空云凤纹瓶,故宫博物院藏。高49.5厘米,口径15厘米,足径17.2厘米。这件镂空云凤纹瓶,器形高大,洗口、长颈、溜肩、硕腹、丰底、圈足,镂绘八层纹饰,层层分布,密密无隙,以繁密镂空与五彩装饰相揉和。青花及红、黄、孔雀绿、淡茄紫等颜色的图案纹样,结合镂空雕刻,绚丽多彩,喜气洋洋。在瓷瓶滚圆的腹部,一只雍容华贵的凤凰居中,八只小凤凰盘旋其左右,彩云之间,展翅飞翔,画出了凤戏彩云、众星拱月的优美神态。五彩与透雕之技艺结合,如意、蕉叶、花朵、蝴蝶、果实、雀鸟,围

图85　明万历五彩镂空云凤纹瓶

聚在凤凰四围，层层环绕，众生烘托，气氛喜庆。在瓶颈中部的双狮面耳间，有两个对称的锦地"寿"字，透露出这只瓷瓶是为紫禁城的后妃祝寿而制的。瓶有内胆，也是瓷质，通过透雕，隐约可见，工艺复杂，构思巧妙。这件瓷瓶的风格，变成化的疏朗幽雅为万历的繁缛浓艳。相传这件瓷瓶的烧造同万历生母李太后和万历宠妃郑贵妃有密切的关系。

3. 明万历青花五彩龙纹梅花大印泥盒，沈阳故宫博物院藏。高10厘米，口径12厘米，足径12.6厘米。印盒为梅花瓣形，盒盖与盒身以子母口相扣，严丝合缝。整个印盒的色彩，主要以红、绿、蓝三彩辉映。印泥盒主纹饰是二龙戏珠：一条红色龙、一条蓝色龙，翻腾云间，起舞戏珠。盖面为梅花瓣形开

图86　明万历青花五彩龙纹梅花大印泥盒

光,中间是二龙戏珠主纹饰;盒身外壁按花瓣形状用青花双线等分五个相同弧形,中心都是二龙戏珠纹饰。为烘托这六组二龙戏珠纹饰,上盖下盒,层层彩绘,布满纹饰,几何纹、海水江崖纹、火焰、花叶等,布局繁缛,纹饰相间,色彩浓艳,富丽堂皇,体现出万历御窑五彩瓷的瑰丽。署底青花双圈内外楷书"大明万历年制"六字双行款。

这个印盒表明,当时御窑瓷器已经进入皇帝、权贵、文人雅士的书房。瓷质的笔筒、笔山、笔洗、笔管、笔插、镇尺、墨床、水丞、印泥盒等,陈设在书案几架之上,既实用,又高雅。明代后期,文房清玩,花样出新,风气日盛。文人著书立说,简述文房雅事,这里举两例。

文震亨(1585—1645),长洲(今江苏省苏州市)人。文家为明代风清气正的文化大家族。震亨为大书画家文徵明曾孙。文徵明另一曾孙震孟,"十赴会试,至天启二年,殿试第一",为一代重节操、敢担当的名臣。震亨所著

《长物志》12卷,分为室庐、花木、水石、禽鱼、书画、几榻、器具、衣饰、舟车、蔬果、香茗等类目,对晚明文人衣、食、住、行、用等生活文化、生活方式及精神追求,做了全景式的记述。[1]震亨拒不"剃发"降清而投湖,获救后,又绝食七日而死,年六十一,是一位有气节、有才华的士人。

屠隆的《考槃余事》4卷。首卷介绍书版、碑帖,次一卷品评纸、墨、笔、砚、画、琴等,末两卷则载录香、茶、炉、瓶及起居、文房器用等,详细记述了晚明文人的生活起居、文房用具、文玩雅赏。[2]

前面讲的御窑瓷器,就使用功能来说,开始多为餐具、茶具、酒具、陈设品等生活瓷;后来到祭祀、明器等祭祀瓷,赏赐瓷器和礼品瓷器等礼仪瓷;再发展到文房、雅赏等文化瓷——瓷器文化内涵愈益广泛,日趋高雅。

万历瓷器有所发展,清官能官督陶是一大原因。

二 有年督陶

万历前后御窑烧造,任务重,数量大,以下三例可见一斑。

其一,万历帝皇父隆庆帝曾"诏江西烧造磁(瓷)器十余万"。[3]这是多么巨大的数字!数量大,困难大,廷臣谏请或停或缓或减,恳切报闻,而不理睬。

其二,《明史》记载:"万历十九年(1591)命造(瓷器)十五万九千,

---

1 文震亨:《长物志》,《中国艺术文献丛刊》,杭州:浙江人民美术出版社,2011年。
2 屠隆:《考槃余事》,《中国艺术文献丛刊》,杭州:浙江人民美术出版社,2011年。
3 《明穆宗实录》,隆庆五年(1571)四月壬辰朔,台北"中研院"历史语言研究所校勘本,1962年。

既而复增八万,至三十八年未毕工。"¹烧造难,运输难,完成也难。

其三,《实录》记载:"查江西烧造,自万历十九年,内承运库正派瓷器十五万九千余件,已经运完。所有续派八万余件,分为八运,除完七运外,只一万余件……"²

为了保证御窑瓷器的数量和质量,地方官员督陶非常重要。陈有年在万历朝受命担任江西巡抚,督察陶务,业绩突出。

陈有年(1531—1598),浙江余姚人。父克宅,字即卿,正德九年(1514)进士,嘉靖朝官拜御史。他因哭争"大礼议",遭受廷杖之刑。清廉正直的优良家风,有年继承并坚持终生。嘉靖四十一年(1562),有年中进士。后历官主事、员外郎,后升郎中。万历元年(1573),正值中年的陈有年,遇到一件事关朝廷礼制的事情。

成国公朱希忠为朱能的四世孙,朱能在燕王靖难之役中立下大功,追封东平王。希忠死后,其弟希孝贿赂秉笔太监冯保,乞追赠为王,并得到大学士张居正的支持。陈有年以其违反朝廷礼制,疏奏"希忠无勋伐,岂当滥宠",³加以谏阻。张居正指使有关官员删改他的奏疏,朱希忠终获追赠为王。陈有年不服,据理再争,以原疏上奏。他因此得罪了宰相,没法在朝做官,借病请辞,得到批准。张居正内心怼恨,曾说:"此子嗷名,当遂其志!"⁴将他放归乡里,终江陵不赐还。⁵就是张居正当政不再起用陈有年。万历十二年(1584),陈有年乡居十

1　《明史》卷82《食货志·烧造》,北京:中华书局校点本,1974年。
2　《明神宗实录》,万历三十五年(1607)六月丙辰,台北"中研院"历史语言研究所校勘本,1962年。
3　《明史》卷224《陈有年传》。
4　[清]查继佐:《罪惟录》卷15《陈有年传》,杭州:浙江古籍出版社,1986年。
5　[明]张师绎:《月鹿堂文集》卷4,清道光六年(1826)蝶花楼刻本。

年，张居正死后，昭雪起用，官郎中。万历十五年（1587），陈有年以右佥都御史巡抚江西。陈有年在巡抚江西任上，为景德镇御窑、瓷业、窑工，上奏章，陈艰难，表现出其忠耿的品格。

"民以陶利，亦以陶害。"时朝廷所需瓷器，多奇巧，难烧成。陈有年引诏旨请减，不从。于是，他上《乞免难成烧造疏》，洋洋千言，词情恳切。是为明清五百年间所仅见之反映窑工艰难的长篇疏奏。奏疏略言：

> 奉旨烧造瓷器，共九万六千六百二十四个副对面坐枝口把，已分七批解运往京，共有六万六千三百四十八个副对面枝口把，内二万五千七百六十五个副对面枝口把，见在并造，分运起解。但是，仍有难成器皿一千五百六十四个副对口把，或古制年远失传，或新制木样玲珑奇巧，屡经重悬赏格募匠，作成坯胎，描画、妆色极其精致，冀图可成，及至入窑烧出，率皆黄黑碎裂。多方烧试，百无一成。乞赐转达豁免。
>
> 又，尚有难成器皿一千五百六十四件，内如鲜红朱沙古碗、大红鱼碗、红五龙靶钟、红鱼酒盏，年久失传；又有玲珑方圆手盒、鼓腔凉墩，皆面径阔大，泥土印成，用刀雕削，中无竹木可依，多至碎裂。至于檠台，原系木样，今用泥土为之，软则欹斜，硬则断裂，虽经造解，十难选一。查与烛台仍高二三寸不等，又有大样龙缸，高阔难成。及五彩云龙六样缸，率多奇巧，妆置五彩重复，过火多致惊坼；节经烧造，俱难成就，乞要及时题请豁免。
>
> 前项难成器皿，体制、色相，迥与各器不同，屡经管厂官悬赏募匠，造坯入火，屡烧屡坏。鲜红碗盏、玲珑等盒，从无一成。檠台、凉墩，百不得一，龙缸、花瓶，百不得五，制钜则难，状奇则难，色彩则

难。财力俱诎，公私偕病，江右嗷嗷，计无所出。[1]

奏疏所称御窑烧造瓷器，或十难选一，或百不得五，或百不成一，或从无一成，引起朝廷的重视。而后，陈有年疏请："俯念烧造之艰，少苏陶民之困，将前项难成各器，统赐豁免。"经大学士申时行等力争，终免十之三。[2]

他巡抚江西期间，一心以俭朴自励，一意以无事安民。时江浙连续两年大灾，而江西灾情尤重。安徽等地商人，云集江西，籴买粮食。重舟衔尾，连贯而出。米价暴涨，百姓遭殃。陈有年一面力赈饥民，通省全活数十万众；一面奏请暂停粮食外流，遭奸商联合诬告，被迫辞职。

一代名宦，晚年清寒。陈有年后官至吏部尚书。门无私谒之客，身有图书相伴。陈有年晚年，屡疏乞休，朝廷挽留。数月之中，疏十四上，获准回乡。[3]出京那天，全部行囊仅一箧旧书、一笥旧衣。同事见之，莫不叹息。到了杭州，他夫人遣人迎接，并让他在杭州买油纸数百张。他惊问缘故。答道：家里房子屋顶漏雨，买些油布，苦盖防雨。旁边的人，听后嗟叹不已。"抵家，足迹不入城市。所居再被毁，构葺力不能给。日饭脱粟，敝冠浣衣，杂处耕樵间。"[4]后，其房屋遭火灾。他租一旧房给妻子住，自己栖身罗岩寺中，读书自娱，空闲时间会见故友，吟诗酬答。这就是明朝吏部尚书陈有年的退休生活。万历二十六年（1598）正月卒于家，年六十八。死后，翻检旧箧，只有三两银子，没法入殓，家人借贷，才算办了丧事。其住宅两经火灾，著述书稿

1　[明]陈有年：《陈恭介公文集》卷3，明万历陈启孙刻本。
2　《陈恭介公奏疏》，《明经世文编》卷379，北京：中华书局影印本，1962年。
3　[明]徐象梅：《两浙名贤录》卷38，明天启刻本。
4　[明]过庭训：《本朝分省人物考》卷51，明天启刻本。

遭焚，今存者有奏议、诗文各若干卷。陈有年的"羔羊之节，骨鲠之风"，[1]表表士林，闻于天下。

与陈有年理陶相反，后有太监潘相之激变。

三 潘相激变

从万历二十七年（1599）到万历四十八年（1620），太监潘相执掌景德镇御器厂，长达22年，激起陶工民变，堪称太监乱陶之最。然而，潘相罪彰，却屡参不倒，直至万历帝驾崩后才被召回。其中原因，值得深思。

潘相，生年、籍贯均不详。史书说，"潘相乃一愚鲁之人"，文化不高，品性很差。他是如何攫取御器厂管理大权的呢？根源在于万历皇帝太贪钱。从万历二十年（1592）起，朝廷连续用兵宁夏、朝鲜、播州，史称"三大征"，花费太大，"国用大匮"；万历朝皇极、建极、中极三殿和乾清、坤宁两宫遭火灾，"营建乏资，计臣束手"。开支浩大，削减无方，只得另寻财路，增加财源。万历帝盯上了矿业。他派太监四处开矿收税，人称"税监"。万历二十七年（1599）二月二十六日，万历帝"遣御马监奉御潘相，督理江西瓷厂"[2]。御马监太监潘相既为江西税监，又为景德镇瓷监。一府设两监，"一羊供二虎"。太监把持御窑有什么特点呢？

第一，讨好皇帝。两只眼睛向上，盘剥民脂民膏，不顾百姓死活。正常的官员秉持人臣之道，既要谨遵圣命，又为救济苍生。太监则以皇帝的爪牙走

---

1 "羔羊之节"，见《福惠全书》载："以忠君爱民为心，虽衣敝驾羸亦愈显其羔羊之节"，指节俭正直，忠节爱民。
2 《明神宗实录》，万历二十七年（1599）二月丙子。

狗自居，一味取悦皇上，逢迎圣意，哪管黎民疾苦、民情汹涌！为迎合皇帝的趣味，内府设计的瓷器，大都追求硕大、绚丽、新奇、繁难，既不考虑工艺难度，也不算计投入成本。窑厂不堪重负，就加派差役，横征暴敛；窑工不堪威逼，稍有不满就严厉责骂，痛加鞭笞。

第二，变态心理。太监给皇帝当奴才，又不甘心，怎么办？只能对官员和百姓狐假虎威。太监表面上无限忠君，私底下却贪污御器；在宫中无比恭顺，出宫则横行霸道；平日里侍奉君侧，低三下四，一朝大权在手，滥权害民，花样百出。在皇帝身边时，自轻自贱，有如蝼蚁；离了皇帝约束，撕咬官民，形同猛兽。

第三，胡作非为。潘相良心丧尽，坏事做尽，捅了一个又一个的娄子，惹出一场又一场的乱子，"景德之民，欲食其肉"[1]。

一是殴伤宗室。万历三十年（1602）五月的一天，潘相走在江西省城南昌的大街上，和一个儒童起了争斗。正巧有个宗室路过，潘相不问皂白，把儒童和宗室一同抓了，押到堂上。宗室天潢贵胄，又蒙冤屈，拒不下跪，拼命辩解。潘相置若罔闻，爪牙一拥而上，竟然将宗室殴打至骨折！囚禁两天，才许放出。官员群起参奏，要将潘相治罪。潘相以攻为守，"捏之抢税以厚其诬，嫁之县官以泄其忿"，就是说，他宣称宗室被打被关是因为抢劫税款，而这是泰和知县李鸿[2]指使的。原来，李鸿曾戒邑人："敢以食物市者死！"不许给乱政太监饭吃，害得潘相没吃没喝，"饥惫而归"。潘相借机报复，万历帝竟信以为真，罢了李鸿的官。李鸿是大学士申时行的女婿，进士出身，也抵不过

1　《明神宗实录》，万历三十四年（1606）三月乙亥。
2　李鸿时任江西吉安府泰和县知县。《明史·宦官二》和《明史纪事本末》记载李鸿为浮梁县知县。《明神宗实录》万历二十九年（1601）三月己未记载：李鸿时为泰和县知县。以后者记载为是。

太监潘相的气焰。

二是激发民变。万历三十年（1602）七月二十五日，潘相的爪牙王四跑到景德镇，竖起大旗，引来百姓围观。他命令当地官员拖出一个百姓，不由分说套上枷锁；又拖出一个百姓，痛加责打，"横恣激变，致毁器厂"。[1]有关事变，史载如下：

> 江西矿监潘相，激浮梁景德镇民变，焚烧厂房。饶州通判陈奇可谕散之，相反劾逮奇可。[2]

被激怒的百姓们把王四的大旗撕得粉碎，又放火烧了他的住所。大火蔓延，烧毁了御器厂新建的厂房，还损坏了一批御器。

这起事件，情节简单，是非分明，性质严重。用当地官员的话说，王四假中使之威，方河（枷人官员）、刘光宸（打人官员）又假王四之威，祸根就在潘相！不料，潘相故技重演，反咬一口，借机陷害政敌。饶州通判陈奇可"职司府捕，兼管窑厂"，和潘相的职权有重叠。陈奇可"以迂执之性，自负气高"，当然看不起一个养马的太监。潘相却把他当成下属，颐指气使，两人平日里不免语言相撞，起些冲突。这次潘相挨打，陈奇可职责所系，不计前嫌，上前相救。但是百姓激愤之下，把他痛骂一顿，又扔石头打他。陈奇可势单力孤，没能救下潘相。潘相非但不领情，还诬陷陈奇可"藐法欺君，率众烧毁皇厂，并毁御器"！奏疏递上去，万历帝大怒，把陈奇可逮到京城关押，死于狱中。

---

1 《明神宗实录》，万历三十年（1602）七月甲申。
2 《明史》卷305《宦官二》。

潘相"激变良民,仅以身免",他恬不知耻,上奏撒谎说,"臣将抵镇,民张乐焚香,导臣三十里之外"!景德镇的民变,活脱脱一出浮世绘:阉宦阴险,爪牙嚣张,百姓激愤,官员刚直,皇帝糊涂。

三是采青牟利。潘相插手原料采买,盯上了造青花瓷所需的青料。当时,回青数量不足,当地土青上乘,储量丰富,足以充御窑之需。潘相却不知足。他听说庐陵、永丰、玉山等地也出产青料,虽然质量不好,做不得御器,但是可以变卖赚钱,收取矿税。潘相于是下令开采,征发百姓服役,引得民怨沸腾。赚了多少钱呢?"就每岁计之,不过九十余两而已耳"。蝇头小利,也要搜求,敲骨吸髓,情何以堪!

四是置船害民。潘相不仅要给皇帝赚钱,还想着给皇帝省钱,于是下令:御瓷由陆路解运改为由水运到京。乍听起来,主意不错:水运比陆运所需民工少,人吃马喂的钱能省一大笔。这等好事,当然获准。然而,潘相瞎指挥,名为省钱,实际费钱。水运要造新船,每艘费银万两。潘相派"每府各造一只,江西十三府,当费十三万"。水运要雇船工。船在河上走,纤夫岸上行,雇工又是一大笔开销。

潘相嚣张了22年,直到万历皇帝去世,才被继位的泰昌帝召回,结束了明代历史上第三次中官督陶时期。

清官谏言,宦官激变,社会动荡,皇权危急,御窑瓷器,无法烧造。万历三十六年(1608),御器厂停烧瓷器。[1]

御窑烧造兴衰,标志皇朝兴衰。御窑之火熄灭,满洲之火则燃。努尔哈赤于万历十一年(1583)起兵,此时距离清朝取代明朝,仅有61年。到了清初,在景德镇设立御窑,薪火重燃,烧造瓷器。

---

[1] 《关中王老公祖鼎建贻休堂记》,崇祯十年(1637)本。

御窯千手

清设御窑

清朝十二帝,共296年;从顺治迁都北京算起是十帝,共268年。清朝历经天(命)、天(聪)、顺(治)之兴,康(熙)、雍(正)、乾(隆)之盛,嘉(庆)、道(光)、咸(丰)之衰,同(治)、光(绪)、宣(统)之亡四个时期。明清交替,时代变局,于御窑瓷器,影响极大。从明万历三十六年(1608)御窑停烧,到康熙年间清朝设立御窑厂,其间近80年,正是明清交替的年代——关外满洲崛起,关内义军烽火,硝烟弥漫,百姓悲苦。大清、大明、大顺、大西四方逐鹿,战火长年不熄。景德镇御窑在这样恶劣的历史背景下,虽连遭三次战火,却在劫后重生。

一 三罹战火

清朝初期的景德镇地区,经过清军占领、守军叛清和三藩之乱,三次战火焚劫,损失非常惨重。

据清初江西赣州府知府郎永清目睹:"赣为江西大郡,在城户籍十万八千。自丙戌(顺治三年,1646年)十月城破,存者仅三千户。闽广连岁用兵，诸军入广者必道经赣州，民相率徙避。"¹饶州人口更为减少，景德镇也在劫难逃。清初江西的战事，和一位叫作金声桓的将领关系密切。

金声桓，辽东人，曾在明朝关外辽军任职，后转入内地，隶属明左良玉部，任总兵官，驻守武昌。顺治二年（1645），左良玉病死，其子左梦庚率部降清。金声桓怕失去兵权，谢绝进京朝见，要求率部攻占江西，获得清摄政王多尔衮同意。金声桓军事进展很快，只用几个月时间，就控制了除赣州外的江西各府。金声桓认为自己奉诏剃发易服，替大清卖命，立下汗马功劳，会得到封侯之赏。不料，朝廷只让他提督江西军务，不准他插手当地政务，而且命他重大机宜"听内院洪督臣裁行"。这个督臣就是洪承畴。金声桓大有鸟尽弓藏之感。他既心怀不满，又与巡抚不协，加上南明招降，遂有叛清之举。

顺治五年（1648），金声桓宣布反清复明，传令官兵一律剪辫，丢弃的辫子和缨笠"积道旁如山"。举事仓促，没有明式衣冠，"尽取之优伶箱中"。²饶州守将潘永禧起而响应，景德镇再次陷于战火。摄政王多尔衮派谭泰为征南大将军，从北京赶赴江西平叛。闰四月三十日，清军攻克饶州府。顺治六年（1649），清军进抵南昌，金声桓率步骑七万拒战。清军攻城，金声桓身中二箭，投入帅府荷花池内自尽，城破。从顺治二年到顺治六年，景德镇的兵祸延续了四年之久。南昌、饶州、信州（今江西省上饶市）等地，百万生灵死于战乱，声桓乱后，"民少田荒"。³瓷都景德镇，工匠民人，非死即逃，窑火一片暗淡。

清初社会初定，三藩之乱又起。吴三桂在云贵、尚之信在广东、耿精忠

---

1 《八旗通志》卷193《郎永清传》，长春：东北师范大学出版社，1985年。
2 ［清］徐世溥：《江变纪略》卷1，扬州：江苏广陵古籍刻印社，1990年。
3 《清史稿》卷231《张士彦传》，北京：中华书局标点本，1977年。

在福建发动"三藩之乱"。康熙十三年(1674)三月,耿藩战火燃及江西。耿精忠派白显忠为将军进攻江西,占领饶州所属鄱阳、余干、浮梁、乐平等城,景德镇也在其中。清以岳乐为大将军,统率清军,进克广信(今江西省上饶市),再克饶州(今江西省鄱阳县),复克浮梁、余干、乐平。江西为东通福建、南连广东之咽喉。耿军来,清军往,瓷窑停火,窑工四散,景德镇御窑再次遭受到毁灭性的打击。

明末清初,景德镇三罹战火,百业凋敝,窑业也难幸免。顺治帝废除匠籍,派得力官员督陶,为清代御窑设立准备了条件。

二　废除匠籍

战乱之中,清朝对景德镇御窑给予了关注。顺治二年(1645)五月十九日,清廷"令各省俱除匠籍为民"。[1]废止元明以来的匠籍制度,缓解了对包括陶匠在内工匠的束缚,促进了陶瓷业的发展。

清初改革的对象是明代的弊政。洪武年间,明朝在元朝基础上,确立匠籍制度,强制各种工匠终身服役。入了匠籍,就世代端上"铁饭碗",听上去似乎不错,但时间一长,在籍工匠便不满意。让他们不满意的有四个方面:

一是地位低。《明史·食货志》说,"凡户三等:曰民,曰军,曰匠",匠户处在末等。他们不能脱籍,不能转业,不能做官,地位很低。

二是徭役重。"匠户二等:曰住坐,曰轮班。"住坐,就是住在京师的匠户,"住坐之匠,月上工十日"。时人记载,住坐"常日进内上工,天未大明,俱到西安等门伺候开放,点验牌面。进至该管衙门,点卯已毕,随即赴

---

[1] 《清世祖实录》,顺治二年五月庚子,北京:中华书局影印本,1985年。

工。直至申末酉初（17点前后），歇作散匠，搜检放出"。真是早出晚归，辛苦非常！因为收工晚，等到搜检完毕，城门往往已经关闭。工匠家住城外，不能出城，夜境更惨："不得出门，路眠野宿，风雨饥饿，未免失所。"轮班，就是住在京外、轮流服役的匠户，有一些轮班要进京服役，还有一些则在当地服役。景德镇的陶匠户就属于后一种。"轮班诸匠，正班虽止三月，然路程遥远者往返动经三四月，则是每应一班，六七月方得宁家。"不但赶路费时，而且花钱很多，四季辛苦，负担沉重。

三是报酬少。徭役和赋税一样，既是强制的，又是无偿的。匠户服役，只能得到微薄的月粮等，所得远少于自行从事手工业者的收入。

四是私占多。《明史·食货志》记载："监局中官，多占匠役。"太监督陶，让一些匠户给自己干私活，并侵吞他们的报酬。如明嘉靖三十七年（1558），御器厂官员查明："上工夫三百六十七名，减一百七名，实役二百六十名。"减员多系私占，比例达三成之多。如遇追查怎么办？"遇点阅，仓皇雇备答应，点毕随去。"弄虚作假，糊涂了事。

地位低、徭役重、报酬少、私占多，工匠不满日益加深，很多匠户消极怠工，甚至逃亡，进行反抗。怠工导致御窑效率大幅降低，与民窑形成鲜明对比："官作趋办塞责，私家竭作保佣，成毁之势异也。"逃亡则导致匠户大幅减员。到了嘉靖后期，全国匠户逃亡已达三分之一以上。

从成化年间开始，明廷改革匠户服役的形式，逐步允许轮班匠以缴纳银两的方式代替服役，这对于匠户是一次解放。然而，景德镇的陶匠户，虽然属于轮班匠，却没有得到实惠——既要缴纳代役银，又要继续服徭役，负担之重，苦不堪言。明代匠籍改革，没有彻底进行。清代废除匠籍为御窑发展提供了条件。

如果说，明代的改革只是改变了服徭役的形式，那么，顺治朝的改革则是革除了徭役本身以及附着在徭役上的限制和身份。此后，再无低贱的匠户之称，再无僵死的职业限制，匠户终于和其他百姓平等。

制度改革，知易行难，废除匠籍，更是如此。顺治帝面临两大难题：一是减收，废除了匠籍，不能再收代役银；二是增支，废除了匠籍，工匠要按市价支付工钱。一减一增，一出一进，总算下来数目很大。这钱从哪儿来？朝廷没有钱。终顺治一朝，这项改革也没有落实。

直到康熙朝，改革才实现。康熙帝做事比较有智慧。

——不收代役银，钱从哪里来？康熙帝的措施是：摊入田亩，一体征收。让广大农户一起替匠户交钱，就摊薄了负担。这样一来，匠户一身轻松，地方收入不减，官府匠户，两宜相得。

——实施募雇制，钱从哪里来？康熙帝的措施是：税银保障，专款专用，主要取自运河淮安关和长江九江关两个税关所收的税银。光绪《江西通志》记载：

> 恭俭有制。旧定窑厂岁用淮安板闸银八千两，后改归九江关监督。工匠役夫三百余人，工、食、泥、土，给值采买，不以病民。冠、婚、医、药，均予赏恤。

这样一来，既保证了御窑的开支，又基本按工支付酬金，户部没有从国库出钱，还避免了搜刮老百姓——一举多得，皆大欢喜。

清初还将官搭民烧正规化。所谓官搭民烧，是指御窑厂将一部分生产任务交给民窑来完成，以此弥补御窑厂生产能力的不足。官搭民烧之事，始自嘉靖时期，隆庆、万历以后形成定制。当时，接受生产任务的都是匠户，任务的性质是徭役，报酬非常微薄。这样一来，匠户不但要定期去御器厂上工，就算是回到自家窑厂里，也还要给国家干活，岂不永无宁日？所以，明代的官搭民烧，既是盘剥匠户的手段，也对民窑有不利影响。

清初废除匠籍后，官搭民烧的性质发生改变：之前是工匠徭役，而后是朝廷采购；之前是低价征用，而后是市价购买。于是，官搭民烧就给民窑新增了朝廷这个大客户，民窑何乐而不为呢？所以，清代的官搭民烧，是官民两利的政策，对景德镇的陶瓷业发展有促进作用。

顺治八年（1651），江西进烧造龙碗。顺治下旨：

> 朕方思节用，与民休息。烧造龙碗，自江西解京，动用人夫，苦累驿递，造此何益？以后永行停止。[1]

清人叶梦珠在《阅世编》中写道："顺治初，江右甫平，兵燹未息，磁（瓷）器之丑，较甚于旧，而价逾十倍。"瓷器质次价高，与皇家身份极不相符。顺治朝，朝廷并没有正式设立御窑，只是偶尔利用景德镇明代御器厂的基础，烧造少量瓷器。

顺治时期的青花瓷器，胎体厚重，釉面质朴，多无年款，画多尚武，如一只青花筒式瓶就有"马挂征鞍将挂袍，柳梢门外月儿高。男儿要带封侯印，腰下长悬带血刀"的题记。说明即使是这种民窑瓷器，也反映了尚武的时代气息。

故宫博物院顺康时期近万件藏品中，顺治瓷器极少，有年款的更是稀见。下举数例。

1. 清顺治茄皮紫釉暗花云龙纹盘。高4.3厘米，口径24.6厘米，足径15.8

---

[1] 《清世祖实录》，顺治八年（1651）正月壬戌。

图87　清顺治茄皮紫釉暗花云龙纹盘

厘米。盘子外底青花双圈内署青花楷体"大清顺治年制"六字双行款。这只瓷盘内外均施深茄皮色紫釉，釉下锥拱云龙纹，外壁近足处锥拱莲瓣纹。锥拱，又称锥花，是用尖细的锥状工具在瓷坯表面划刻出龙凤、花草等细线纹饰，再罩釉烧造。这只瓷盘锥拱的云龙纹和莲瓣纹，罩在紫釉下，若隐若现。这只盘子造型、釉色、图案和锥拱工艺，显示出清初御窑的烧造水平。

2. 清顺治青花五彩雉鸡牡丹图尊。虽然没署顺治年款，但是实为清宫旧藏，经专家考定应属顺治时期。这件瓷尊高35.3厘米，口径12.5厘米，足径12厘米。通体以青花五彩装饰。一只长尾彩色雉鸡站立在岩石上，回望远处的蜜蜂，吉祥的牡丹和玉兰盛开在岩石间，天上的一轮红日，照耀着美好的万物。图案寄托了人们对和平生活的渴望。同样是青花五彩瓷器，同前面讲的万历百鹿尊比，除造型有变化之外，绘画技巧变化很大，万历时期用笔朴拙，这只尊则纹饰清丽，浓淡相宜，格外生动。

3. 清顺治青花雉鸡牡丹图盖罐。通高47厘米，口径20.6厘米，足径20.4厘米。伞形盖和罐通体青花装饰，其一侧一只雉鸡昂首立于牡丹丛中，另一侧一只喜鹊栖在枝头。大朵牡丹，花开双头，给人留下深刻印象。对鸟鹊的图腾

图88　清顺治青花五彩雉鸡牡丹图尊　　　　图89　清顺治青花雉鸡牡丹图盖罐

崇拜，是满洲森林文化的一个特征。这件盖罐，提供了例证。

4. 清顺治青花加官晋爵图盘。高7厘米，口径33.7厘米，足径17.5厘米。这件青花瓷盘，盘口沿施酱釉，盘内以青花绘加官图。右侧大屋高耸，台阶下一人牵鹿伫立；庭院中陪衬洞石、盆景、芭蕉、菊花等。主人是一位官员，身后有仆人打着伞盖；官员对面，一位侍者手捧官帽，毕恭毕敬。画面寓意"加官晋爵"。图案空白处署青花楷体铭款："戊戌冬月赠子埔贤契。鲁溪王锳制。"

图90　清顺治青花加官晋爵图盘

盘子外壁及圈足内施白釉。外底署青花篆体"玉堂佳器"四字双行款，外围青花双圈。

这只青花加官晋爵图瓷盘，从铭款文字可以确知：

其一，戊戌年是清顺治十五年（1658）；

其二，作盘者是王锳，时任江西饶州的道员；

其三，瓷盘是赠送给友人子埔的礼物。

这只盘子，画工精细、形象生动、色彩浓艳、风格鲜明，堪称顺治时期青花瓷器的一件杰作。这件瓷器，更让我们知道了顺治年间饶州官员王锳。

三 王锳治饶

清朝改变明制,废止太监督陶,由地方官员兼理陶政。为什么要限制太监呢?前车之覆,后车之鉴。清初帝王认为明朝覆亡,太监擅权是一大原因。顺治帝有五十二字敕谕总结明代太监为祸之烈:

> 专擅威权,干预朝政,开厂缉事,枉杀无辜,出镇典兵,流毒边境,甚至谋为不轨,陷害忠良,煽引党类,称功颂德,以致国事日非,覆败相寻。[1]

顺治帝的诫谕文字被铸成铁牌,立于宫中,以示警诫,所以有清一代,没有太监督陶。那么督陶官从哪里出呢?从官员中出。顺治朝有一位叫作王锳的地方官,曾经三次治理景德镇所在的饶州,并曾督造大龙缸,留下了优良政绩。

王锳,山东诸城相州镇人。王锳是相州王氏的第七代,顺治七年(1650)考中第二甲第三十三名进士。从他开始,王氏入仕清廷,名宦硕学、高士大家,层出不穷,历四百年,兴旺至今。兴旺之因,主要有三:

第一,尊师重教。王家特别注重教育,兴办族学,同族之子,入学读书,相互砥砺,应试科举,成绩斐然。有学者统计,在明清两代,诸城王氏出了二十一进士、六翰林、四解元,其中大部分来自相州。王锳和王钺是亲兄弟,都中了进士;王钺的长子王沛思、曾孙王元㷍也都金榜题名,有"一门四进士"之誉。科举制度废除以后,王家重教之风不改,涌现出了许多文学家、

---

[1]《清世祖实录》,顺治十二年(1655)六月辛巳。

金石家、古琴家等。

第二，顺应世变。王家的第三代王绩，"以治《易》起家，入太学"，易学从此成为家学，世代相传。"易"就是"变"，就是与时俱进。明清鼎革，士人或观望、或排斥、或退隐、或自尽，而相城王家顺应改朝换代的大势，入仕为官，王镆官至布政使，弟王铖做过广东西宁（今郁南）知县；王镆的曾孙，王元烺是安徽全椒知县，王元焜是福建永安知县；王镆的玄孙，王绂疆是四川营山知县，王维垣是贵州镇远知县。据统计，明清两代，诸城王氏出了两位左都御史、十三位知府、三十一位知县。

第三，盈而益谦。《易经·谦卦·彖》说："天道亏盈而益谦，地道变盈而流谦，鬼神害盈而福谦，人道恶盈而好谦，谦尊而光。"第一句话，"天道亏盈而益谦"，是说"亏"是减损，减损盈满，增益谦退。如日中则昃，月盈则亏，就是亏减其盈。盈溢满的亏减，谦者就会受益。第二句话，"地道变盈而流谦"，是说丘陵川谷，高的渐下，低的渐高，是改变"盈满"者，流布"谦德"。第三句话，"鬼神害盈而福谦"，是说骄盈者被害，谦退者受福，也就是害盈受害，而谦得福。第四句话，"人道恶盈而好谦"，是说盈溢骄慢，众人厌恶；谦退恭俭，众人喜欢。总之，越是盈满，越要谦虚，方能符合天、地、神、人之道。所以，"谦尊而光"。

王氏以易学传家，盈而益谦，深谙此理。持盈不易，守成更难。位列"唐宋八大家"的苏辙就曾感叹："历观前世，持盈守成，艰于创业之君。盖盈之必溢，而成之必毁，物理之至，有不可逃者。盈成之间，非有德者不安，非有法者不久。"王家是怎么做到持盈守成、教子成才的呢？史载，王铖"子沛恩、沛憻、沛恂，皆成进士，官于朝，隋益勤俭，自敛抑。乡人称'老实王家'"。¹王钺妻子隋氏也是有钱财不奢靡,而更勤劳节俭;有权势不张扬,而更收敛自抑。

王钺一生居官勤慎,曾经三次治理饶州。

王钺在顺治十三年(1656),以户部郎中升为江西布政使司左参议,出守江右饶南九江道。²这在当时属分守道,官从三品。他分守饶州府,饶州府下辖浮梁县,景德镇则在浮梁县境内,所以王钺也是景德镇的父母官。

当时,饶州战火刚刚熄灭,"戍卒暴悍",四下捕人,把一些良家子女抓到军中,百姓罹难,苦不堪言。王钺发布政令,军队必须交出被扣押者,百姓有权赎人,但是要缴纳赎金。这个命令,既坚持了军队不得滥权的原则,又让军队可以获得赎金,给他们留足了面子,可以说是兼顾双方。可是,偏有军人不识抬举,隐匿被扣押者,拒绝收钱放人,甚至起而哗变。王钺义正词严地说:"我在也!而若敢哗于伍,立令捕至,重惩之!"一身正气,折服驻军,命令得以贯彻下去。一些百姓出不起赎金,王钺慷慨解囊,"为脱囊金千余,不足,佐以裘马,毕赎之"。一个足以激起民变的社会问题,得到了解决。

王钺关心景德镇和御窑厂,曾单骑赴浮梁县境,"为均力役、平物价,困以少苏"。顺治十一年(1654),御窑厂奉旨烧造龙缸,"径三尺五寸,墙厚三寸,底厚五寸,高二尺五寸。经饶守道董显忠、王天眷、王钺等督造未成"——这是王钺督陶的历史记录。王钺因在江西饶南道参议任上,勤奋工作,政绩突出,升为广西按察使司副使,分巡府江道。³不久,他又升为贵州按察使司按察使。⁴

---

1 《清史稿》卷508《列女一·王钺妻隋氏传》,北京:中华书局标点本,1977年。
2 《清世祖实录》,顺治十三年(1656)四月癸酉。
3 《清世祖实录》,顺治十四年(1657)十月丁酉。
4 《清世祖实录》,顺治十七年(1660)四月戊子。

王锳"转江西布政司参政,分守饶南九江道"。上任不久,奉调改任。刚要上路,浮梁出事。原来,浮梁县有二十家富户,树大招风,因被一群无赖敲诈。当时,沿海地区抗清力量比较活跃,朝廷"特严通逆之禁"。无赖勾结武官,要挟富户,敲诈钱财。富户不答应,他们就百般威吓,搞得"里民皆侧目"。富户只得破财,但又欲举报武官。武官心虚,便先发制人,诬告富户通逆。王锳得知此事,当即赶赴省城,向总督报告。总督信任王锳,未治富户,"二十余家生命赖以活"。

王锳担任江西右布政使,史载:"升贵州按察使王锳为江西布政使司右布政使。"[1]这次任职时间仅一年零三个月。虽然时间不长,留下记载很少;但治赣政绩,却并不一般。证据就是王锳再升为江南布政使司左布政使。[2]

王锳是位典型的山东汉子,"修髯,长眉,方额,伟干","性爽慨,不事矫饰",魁梧、真诚、豪爽。他为官敬业,体恤民苦。他孝敬父母,临终前说:"死生,命也,吾何惧!独以不得奉太夫人(母亲)终始为恨耳!"他友爱兄弟,去世前帮两个弟弟都盖了新房,自己的房子却没建成。他周济朋友,认为"有求于我者,爱我者也!"一位朋友去世以后,他派人办理丧事,又把朋友的妻室接到省城治病,"而后为之谋归途,出橐金为壮行李,给邮骑为戒前驱",可谓关怀备至。这样一位好官员、好儿子、好兄弟、好朋友,只活了四十五岁,辛劳减寿,实在可惜。

王锳督陶的顺治朝之后,清朝连续出现康熙帝、雍正帝、乾隆帝三位受过严格教育的、非常强势的、有所作为的、在位较久的、基本没有瞎折腾的明君,长达134年,将清朝推向当时世界的强大帝国,使中华成为"万国来

---

[1] 《清圣祖实录》,康熙元年(1662)八月戊午,北京:中华书局影印本,1985年。

[2] 《清圣祖实录》,康熙二年(1663)十一月庚辰。

朝"的泱泱大国。清帝国的强盛是康熙大帝开启并奠定的。清在康熙二十年（1681）削平三藩、康熙二十二年（1683）统一台湾之后，景德镇御窑厂伴随着清朝的稳固和发展，进入新的发展时期。

康熙恢宏

康熙帝8岁继位，在位61年，是帝制时代君临天下时间最长的一位皇帝。康熙御瓷，恢宏丽雅。其缘其因，纵观全局，首先要讲文化大势。

一　文化大势

自明万历十一年（1583）努尔哈赤起兵，到康熙二十二年（1683）统一台湾，整整百年。期间，矢镞纷飞，山谷陵替，民生困敝，文化凋零。此后，清朝开始由震荡向安定、由破坏向发展、由宣武向崇文的历史转变。康熙后四十年、雍正十三年、乾隆前四十年，百年间中原地区没有战乱，这在皇朝史上实属空前绝后。

康熙帝勤于读书，长于书法，艺术造诣很高，国务亲力亲为。总其一朝，国家一统，经济发展，文教繁盛，万国来朝，"虽曰守成，实同开创焉"。

康熙朝文化，具有三个特点：多元文化融合、儒家文化主导、吸纳西方文化。

先说多元文化融合。中国皇朝社会，主要有五种经济文化类型，即中原农耕文化、西北草原文化、东北森林文化、西部高原文化和沿海及其岛屿海洋文化。清朝建立并巩固政权后，五种经济文化之间有冲突，但更趋融合，融合为时代主流。满洲森林文化进入中原，蒙古归属清朝，达赖喇嘛、班禅额尔德尼受朝廷册封，沿海及其岛屿划入版图，出现中华多元文化大融合的历史局面。

再说儒家文化主导。清廷采取以儒家文化为主、多元文化融合的国策。康熙帝改变太祖努尔哈赤"屠儒"、叔祖多尔衮"排儒"的做法，亲自拜谒孔庙并御书"万世师表"匾额，推崇儒家经典，实行开科取士，表彰博学鸿儒，从而出现了一个皇朝文化发展和繁荣的大局面。

在吸纳西方文化方面，康熙帝是中国历史上第一位学习并吸纳西方天文、历法、数学、物理、化学、医学、测绘、绘画、音乐等文化与科学的皇帝，同俄国彼得大帝、法王路易十四进行外事与文化交往，开创出一个文化新局面。在皇宫造办处中，既有中国士人、工匠，也有西方耶稣会士，共同研发、烧造御用瓷器。当然，清朝同前朝大明比，确有进步和发展，然而同西方崛起的大国比，却有差距。

康熙时期的御窑和瓷器，从宏观来说，文化大势对其有着深刻影响；从微观来说，文人参与画瓷，促进了瓷器繁荣。康熙御窑瓷器，造型多样，品类丰富，前朝所无。

清康熙十九年（1680），三藩之乱接近削平之时，康熙帝派工部郎中臧应选等人驻景德镇御窑厂督造瓷器。[1] 臧氏督窑时间最长，而有"臧窑"的说法。臧应选督陶，可以看作清朝御窑厂开始运作的一个标志。

明末清初以来文化与工艺的发展，如书法、绘画、家具、雕刻和景泰蓝

---

1 ［清］蓝浦、郑廷桂著，欧阳琛、周秋生校点，卢家明、左行培注释：《景德镇陶录校注》，南昌：江西人民出版社，1996年。

等,都对景德镇御窑瓷器产生重要影响,文人画瓷即是写照;皇帝派遣亲信能臣参与督陶,郎廷佐、郎廷极兄弟是其中的代表;各色人才,齐聚景德,设计大师刘源、画工汪绂,都堪称一时之选。

从晚明到清初,文人画瓷的发展经历了三个重要节点:文人绘画,文人画瓷,文人画御窑瓷样(官样)。这三个节点的直接或间接推动者,分别是董其昌、徽商群体和康熙帝。

董其昌(1555—1636),字玄宰,松江华亭(今上海市)人。他的一生,宦海沉浮,崎岖坎坷,三落三起,官至明南京礼部尚书,幸得善终。董其昌的为官之道,史书评价为"不激不随"。[1] 每当仕途遇阻,董其昌既不一味硬顶,也不随波逐流,而是激流勇退。在宦海"三落三起"中,董其昌把明哲保身的政治智慧用得出神入化。

先是,董其昌任时为皇子、后为泰昌帝的朱常洛的讲官,深得信任。由于朝廷政争,被外放为湖广副使。按说,他以储师之尊,可以软顶一下,但是董其昌"不激",选择了称病回家。后来,万历帝起用他担任"督湖广学政"。这是一落一起。

在学政任上,董其昌选拔人才、组织考试,前来说项的人不少。他不徇私情,惹恼了大户,大户"嗾生儒数百人鼓噪,毁其公署",史称"民抄董其昌案"。这事不难查清,皇帝也要为董其昌做主,但他仍然"不激",辞职了事。直到明泰昌帝继位,才被召回京师任职。这是二落二起。

明泰昌帝去世,继任的天启帝继续信用董其昌,让他做南京礼部尚书。当时正值魏忠贤为首的阉党当权,"党祸酷烈"。董其昌看不上阉党,但他"不激"——没有像某些东林党人那样正面斗争,也"不随"——没有和魏阉

---

[1] 《乾隆上海县志》卷10,清乾隆十五年(1750)刻本。

沆瀣一气，而是又一次辞职。直到崇祯帝继位，清除阉党，才重被起用。这是三落三起。

崇祯七年（1634），他"乞骸骨，温旨慰留。章七上乃允，赐乘传还"。[1]两年后病卒于家，年八十有三。[2]

董其昌之所以能做到"不激不随"，可能和他"通禅理"有关。禅宗讲究心，"禅何物也，乃吾心之名也；心何物也，即吾禅之体也"。悟道要靠自心，心外之事，勿太关注，既不要顶上去，也不要卷进去，这就是"不激不随"。

董其昌参禅，不仅悟出了为官之道，更悟出了书画之道。他参考禅宗的南北之分，提出了中国画的"南北宗论"。按照学者的总结，"南宗是文人画，有书卷气，有天趣，是'顿悟'的表现；北宗是行家画，只重苦练，无天趣可言，是'渐修'的表现"。[3]董其昌主张"读万卷书，行万里路"，提倡文人画，被誉为"文人画正脉"，引领了明清之际的书坛画坛潮流。

当时，徽商借地利与财力，大举进入景德镇瓷业。他们赞助画师，设厂烧窑，购买瓷器，运销内外，成为一股经济和文化力量。董其昌与徽商过从甚密，曾数度赴徽州（今安徽省歙县）与徽商文人交流，他的作画之道也影响了徽商。借助徽商力量，文人画一跃成为景德镇民窑瓷器的装饰。

康熙一朝，在皇帝推动下，文人画瓷，登入殿堂，参与御窑瓷样（官样），造就了御窑瓷器史上的新高峰。

康熙帝尊崇董其昌。他不但临摹董氏的书法，而且欣赏文人画。康熙

1　《乾隆娄县志》卷23，清乾隆五十三年（1788）刻本。
2　《明史》卷288《董其昌传》，北京：中华书局校点本，1974年。
3　孙炜：《董其昌"南北宗"绘画理论》，《人民政协报》2013年6月27日。

四十四年（1705），康熙帝第五次南巡，行至松江府，特意行书题写了"芝英云气"匾额，命皇太子携至董其昌祠，悬于堂上。"芝英云气"语出著名书法评论家庾肩吾，是形容书法气势的。

董其昌有个老乡叫高不骞，他目睹了这一盛事，当即写了三首诗：

> 尚书书体擅清妍，六草三真罕得传。激赏岂知符圣藻，不辞九万写华笺。

> 四字褒崇近古无，形容摘取庾肩吾。松铅行处传天巧，郁郁蛟龙榜旧庐。

> 青宫玉质正乘春，出捧干文下紫宸。惊代光芒联七曜，眼中何啻墨痕新。

第一首主要夸董其昌（尚书），说他字写得好，连皇帝都喜欢；第二首主要夸康熙帝（蛟龙），说他的褒奖前所未有，皇帝是真龙天子；第三首主要夸皇太子（青宫），东方属木，于色为青，所以"青宫"就是太子所居的东宫。原来，高不骞这三首诗，把董其昌、皇帝、太子都夸了一遍，又以对君恩的尊崇融贯其中。

康熙帝喜好文人画，命令由宫廷画师参考文人画，设计瓷样（官样），再由御窑画工画到瓷器上，烧造成器。在这方面，他做出了三项重大改进。

一是推崇正统。明清之际，文人画逐渐形成了正统派和野逸派。正统派以"四王"——王时敏、王鉴、王翚、王原祁为代表，追随董其昌；野逸派则以"四僧"——石涛、八大山人、髡残、弘仁为代表。明清之际，野逸派画家不愿与新政权合作，寄情山水之间，既取得了艺术的成就，也切合了遗民的心态，对瓷器生产影响很大。正统派则归顺清朝，如王翚曾奉诏作《康熙南巡图》，王原祁则中康熙进士、入值南书房，主持绘制《万寿圣典图》。康熙帝喜欢董其昌，又要鼓励士人向新朝靠拢，所以推崇正统派。"四王"成为御窑文人画瓷的主导风格。

二是创新画法。正统画派入宫以后，吸取了院体画、西洋画的技法。大部分宫廷画师画的都是院体画。院体画讲究意境渲染，西洋画讲究光感透视，都被吸取到瓷样（官样）的设计绘制。康熙青花瓷的绘画，将明末徐渭以来皴染法与西洋透视焦点法相融合，能分出九色，浓淡分明，娇翠鲜丽。康熙青花瓷器，以其胎精、釉细、形美、花艳，而享有极高的艺术声誉。

三是改进技术。康熙一朝，青料的提炼、青色的层次、胎釉的质量、器型的品类，都有明显进步。青料的提炼，明末发明了火煅法，使得青花发色更加明艳，人称"翠毛蓝"。青色的层次，原本不多，而康熙时可以分出九色之多，人称"分水技法"。胎釉的质量，康熙时的瓷胎致密，釉面坚固，且亮而丽，人称"紧皮亮釉"。造型品种，达百余种。

总之，各项技艺不断出新，为御窑瓷器艺术奠定了坚实基础。

二 康熙御瓷

康熙御窑的兴盛，除了皇帝重视、臣工用命等原因外，还有一个重要原因，就是制瓷业聚集了大量的人才。这里主要介绍宫廷艺术家刘源。

瓷样画家刘源，字伴阮，河南祥符（今河南省开封市祥符区）人，隶汉军旗。他在刑部做官，但主业在于"供奉内廷"，为宫廷艺术家，并"监督芜湖、九江两关"，参与陶政，绘画瓷样（官样）。在这里，简单介绍清廷对御窑的管理。

清制,御窑管理,一是督陶。朝廷派内务府官员或其他官员,到景德镇督陶。二是官样。朝廷派送官样,"凡上用瓷器,照内颁式样、数目,行江西饶州府,烧造解送"。[1]这种御瓷官样——或瓷器样、或木旋样、或蜡拨样、或图纸样(包括画图和签),规定造型、尺寸、纹饰、数量、时限等,送往景德镇烧造,烧成收回。现故宫博物院图书馆还保存有官样109张。三是费用。烧造之费,由九江、淮安、芜湖等关筹措。四是检选。如不合格,打碎掩埋,并常由督陶官员赔偿。五是呈送。瓷器成品合格,运送朝廷验收。以上五点,都在刘源身上有所体现。

刘源身为艺术家,多种艺术,集于一身:

——他的绘画,于"殿壁画竹,风枝雨叶,极生动之称,为时所称"。他曾绘制《凌烟阁功臣图》,画艺直追唐阎立本的名作。当时的大才子尤侗,感叹刘源画出二十四功臣的神采:"岂非河英越秀乞灵文人之笔以传?"刘源是怎么回应的呢?他说:"吾图关夫子(关公)之忠义,而后可入于神;吾图普门大士(观音菩萨)之慈悲,而后可几于化。"[2]自称出神入化,虽然不够谦虚,倒也符合实际。

——他的书法,独成一体,画则"挥洒数笔,生动酷肖"。

——他的篆刻,曾"于一笏上刻《滕王阁序》《心经》,字画崭然"。笏,上面可以写字。大臣朝见君主时,手执笏板,可以记事。笏有多大呢?现存一件明天启帝赐给衍圣公(孔子后人)的象牙笏,长53.2厘米,上宽4.1

---

1 光绪《大清会典事例》卷201,清光绪二十五年(1899)刻本。
2 [清]尤侗:《尤西堂杂俎》,上海:中华书图馆民国年间石印本。

厘米，下宽7.8厘米，厚0.5厘米，是一条狭长的象牙板。[1]《滕王阁序》773个字、《心经》260（或262）个字，共1033个字刻在一起，还要配画，丝毫不能模糊，实是技艺高超！

——他的制墨，在名墨"寥天一""青麟髓"之上。

——他的收藏，其同乡好友刘廷玑曾记载其收藏的两件宝物——奇石和迦楠香：

> 伴阮兄有奇石，高尺余，山峰透露，对面可以见人。山腰白石一段，视之如云。白石内又有青石一条，如龙形，头角宛然。因摹入纸幅，名《青龙白云图》，悬玩不置。

> 又有蜜结伽楠，长二尺，厚一尺，温润芬馨，迥异众香，雕成诸葛枕式。云：枕此可免小遗（尿床）。试之，果然。[2]

就是这样一位多元型的艺术家，来为御窑提供画样（官样）。史书记载：

> 时江西景德镇开御窑，源呈磁（瓷）样数百种，参古今之式，运以新意，备诸巧妙，于彩绘人物、山水、花鸟，尤各极其胜。及成，其精美过于明代诸窑。[3]

缘于刘源这一贡献，《清史稿》将刘源和唐英并列，为其立传。

---

1 徐冉：《衍圣公的象牙笏板》，《中国文物报》2002年6月19日第4版。
2 ［清］刘廷玑撰，张守谦点校：《在园杂志》，北京：中华书局，2005年。
3 《清史稿》卷505《刘源传》，北京：中华书局标点本，1977年。

刘源和唐英两位大家，后人评价说，唐英"生平遭遇及才艺皆略似刘伴阮，而既富且寿，又有贤子，则非伴阮所能及也"。[1]这个评价恰如其分。刘源生前颇得荣宠，死后备极哀荣："皇上遣内大臣、包衣、昂邦奠茶酒，侍卫送柩出彰仪门，赐金驰驿，为一时光宠。"可是他身后无子，"制作不传，骨董散失"，连刘廷玑见过的两件宝物都"俱为逃奴窃去"。刘廷玑为好友黯然神伤："近日所用之墨及磁（瓷）器、木器、漆器，仍遵其旧式，而总不如出自刘伴阮者。空费一生心思，呕血而终，乃不得与东坡肉、眉公饼并传于世，悲夫！"正是："传人仅传画，畸士已心酸。读画如读史，笔法勿为瞒！"[2]

读罢叹诗，再看瓷器。

1. 清康熙青花团花纹摇铃尊，故宫博物院藏。尊呈摇铃形，俗称摇铃尊，高24厘米，口径3.4厘米，足径7.5厘米，是康熙时期景德镇御窑厂新创器形。摇铃尊不仅器形创新，而且青花纹饰也新颖。主要纹饰是四个青花团状花纹，绘于尊腹中下部，除近足处有一圈青花锯齿状纹饰外，通体再无其他装饰，白色胎体和稀疏青花纹饰对比鲜明，呈现清丽、简洁、素朴、雅致的风格。署"大清康熙年制"六字二行款。有专家认为这件新颖摇铃尊的造型和图案，或为刘源设计。

2. 清康熙青花万寿尊，故宫博物院藏。同样是青花瓷尊，高76.5厘米，口径37.5厘米，足径28厘米。这件青花尊体形硕大，胎体色白，以青料书写一万个不同字体的"寿"字：口唇面上两圈，每圈77字，共计154字；口唇外

---

[1] 民国《奉天通志卷》卷214，民国二十三年（1934）铅印本。
[2] ［清］李嘉乐：《仿潜斋诗钞》，《续修四库全书·集部·别集类》，上海：上海古籍出版社影印本，2002年。

图91 清康熙青花团花纹摇铃尊

图92 清康熙青花万寿尊

边上48字;腹部75圈,每圈130字,共计9750字;足边48字——以上合计一万个"寿"字。字体大小随瓶身的起伏而调整,字字遒劲,笔笔工整,布局严肃,整齐有序。万寿,皇帝的生日称为万寿节。康熙帝提倡节俭,一直未搞万寿庆典,但到六十大寿,即康熙五十二年(1713)三月十八日,官民给他做寿,却是规模空前宏大,气势空前壮观。这件青花万寿尊,为景德镇御窑特制的康熙帝万寿贡品,收藏宫中,至今完好。

康熙一朝,宫廷画院的书法家、画家、工艺家,还有耶稣会士画家、窑场画工,人才比比皆是。这里介绍一位名叫汪绂的画工。

汪绂(1710—1777),初名烜,字灿人,安徽婺源(今江西省婺源县)人。他小时候,母亲多年患病,父亲本事太差,"十日未尝一饱"。8岁时,读"四子书、五经,悉成诵"。母亲去世前,父亲不照顾妻子,却搬到别处去住。母丧,父亲以"家徒四壁"而不归,汪绂无奈,靠打工糊口。他赴"景德镇,画碗,佣其间"。[1]后辞工,由赣入闽,辗转谋生。长途旅行,囊中羞涩,苦不堪言。史书说,汪绂"持一襆,被鹑衣,蓬首而行。晚之逆旅,主人不肯内,则寄闲野庙,乞食以前度"。[2]

后来,汪绂教书为业,回家成亲,因没钱办喜事,夫人过门时已28岁。晚年的汪绂仍然深陷贫困:"岁饥无米,市豆屑,烂煮作食,未尝告人。"68岁时以穷老疾病,离别人世。

汪绂虽际遇不佳,却百折不挠,刻苦自励,治学不辍,成就卓异,著述宏富。平生磨难,益增心性。他夫人曾对汪门弟子说:"吾归汝师三十年,未尝见一怒言、一怒色也。"汪绂在景德镇画碗时,一有空闲就捧书苦读。不仅工友讥笑他,连老板也把他当成怪人。如此"厚积",必有"薄发"。起初,汪绂博览群书,写下了十多万字的著述;年满30岁以后,做出惊人之举,把书稿全部烧掉。是放弃著述了吗?不是。汪绂的学问进展到了新境界,"自是凡有述作,凝神直书",再也不用参考他人著述。汪绂病笃之时,"口作呓语,侍疾者听之,皆说经也"。汪绂一生,成就斐然,"自六经下逮乐律、天文、地舆、阵法、术数,无不究畅"。他去世以后,著作由门人刊行,他的际遇、志向、学说、著述,得以传之后世。汪绂治学,"好古敏求,各造其域,不立门户,不相党伐,束身践行,暗然自修"。《清史稿·艺文志》载录其著述26种182卷,与黄宗羲、王夫之、顾炎武等同被列入《清史稿·儒林传》。

---

1 《清史稿》卷480《汪绂传》。
2 [清]钱林:《文献征存录》,《续修四库全书·史部·传记类》,上海:上海古籍出版社影印本,2002年。

图93　清康熙五彩十二月花卉纹杯

汪绂景德画碗，勤奋读书，积六十年，终成大家。

景德镇御窑因有汪绂这样的瓷器画匠，描绘出绚丽精美的瓷器。

1. 清康熙五彩十二月花卉纹杯，故宫博物院藏。高4.9厘米，口径6.7厘米，足径2.6厘米。这是康熙帝的御用酒杯，一套十二只，分别描绘代表十二个月的花卉，并配以相应的诗句：

    正月水仙花　　"春风弄玉来清书，夜月凌波上大堤。"
    二月玉兰花　　"金英翠萼带春寒，黄色花中有几般。"
    三月桃花　　　"风花新社莺，时节旧春浓。"
    四月牡丹花　　"晓艳远分金掌露，暮香深惹玉堂风。"
    五月石榴花　　"露色珠帘映，香风粉壁遮。"
    六月荷花　　　"根是泥中玉，心承露下珠。"

七月兰草	"广殿轻香发,高台远吹吟。"
八月桂花	"枝生无限月,花满自然秋。"
九月菊花	"千载白衣酒,一生青女香。"
十月芙蓉花	"清香和宿雨,佳色出晴烟。"
十一月月季花	"不随千种尽,独放一年红。"
十二月腊梅花	"素艳雪凝树,清香风满枝。"

这套御用酒杯,杯形玲珑俊秀,杯体洁白无瑕,花卉青花五彩,诗句雅致香韵,诗后再钤一青花篆体"赏"字方章。形、意、画相融,诗、书、印呼应,充满高雅的文化气质。

青花十二月花卉纹杯,除故宫博物院有收藏外,沈阳故宫博物院、台北

图94 清康熙瓷胎画珐琅花卉纹菱花口折沿盘

故宫博物院和南京博物院也都有收藏。

2. 清康熙瓷胎画珐琅花卉纹菱花口折沿盘，台北故宫博物院藏。高26厘米，口径19.6厘米，足径11.5厘米。据专家考证，这件花卉盘用的是明永乐朝的白瓷盘，为清宫旧藏，康熙时磨掉足底内釉，添加"康熙御制"款，让这只白色盘子变身为珐琅花卉盘。这件瓷胎画珐琅盘，借鉴西方的铜胎画珐琅技法，先描出轮廓双线，再填色彩，烧造而成。也有的珐琅彩瓷，先在景德镇御窑烧造瓷胎，后运至宫廷造办处，绘制珐琅彩，再烧造而成。

三　郎窑红瓷

也是在康熙朝，郎廷极继臧应选之后，为御窑恢复发展、瓷器推陈出新作出重要的贡献。为说郎廷极，先从郎氏家世说起。

郎氏先世居辽东广宁（今辽宁省北镇市）。后金努尔哈赤于天命七年即明天启二年（1622）兵攻广宁，明朝生员郎熙载率兵民归降，授备御，后因功授三等轻车都尉世职。

我在这里交代一下。后金天命六年即明天启元年（1621），后金军占领明朝辽东重镇沈阳和辽东首府辽阳，并决定后金都城从赫图阿拉迁到辽阳，称为东京。转年（1622）正月，努尔哈赤率八旗兵越过辽河，向西进兵，指向广宁。广宁巡抚王化贞狼狈出逃，出城门时，牲口装载的东西，竟然被守城军兵打劫，广宁城守完全空虚。内探报告城空无人，努尔哈赤不敢相信，顿兵城外迟迟不进城。第二天又报城空无人，第三天再报城空无人，努尔哈赤才派小股官兵进城试探，回来报告是一座空城。这时降顺后金的明朝官将和广宁的士绅、生员等，在城外列队——已剃发，设龙亭，抬轿，打鼓，吹喇叭，奏唢呐，出城三里，夹道列队，跪迎努尔哈赤进城。在广宁失陷的情势下，郎熙载等才投降后金。

郎熙载在后金崇德元年即明崇祯九年（1636）去世，其长子廷辅承袭世职，次子廷佐隶汉军镶黄旗，后授笔帖式。顺治入关第二年，廷佐官国史院侍读，后以军功授江西巡抚，顺治十三年（1656）升江南江西总督，后任福建总督，康熙十五年（1676）病卒。郎熙载同族有郎永清，永清子廷极。

清初，郎氏家族任过江西总督、江南总督、江南江西总督、福建总督、漕运总督等五大总督，江西巡抚、河南巡抚、山东巡抚等三大巡抚，还任过四川布政使、湖南布政使、江西赣州府知府等高官。特别是郎廷佐、郎廷极都做过江西巡抚，并办理过陶务，以至于《清史稿》把两个人弄混，把著名的"郎窑"说成是郎廷佐督造的。[1] 其实，郎廷佐督陶是在顺治年间，记载不多；郎廷极则是在康熙年间，成果丰硕，世称"郎窑"。郎廷佐、郎廷极是同族兄弟。郎氏兄弟督陶，佳话广为传颂。

郎廷佐，字一柱，顺治十二年（1655）[2] 授江西巡抚。他虽在任十五个月，却做了三件大事：第一是蠲免钱粮。江西自明末以来屡遭兵祸，水旱频仍，流民失所，积欠赋税多达银"四百万"。郎廷佐上《请舒江南三大困疏》，请求蠲免积欠，获得御准减免。第二是安定社会。时江西饶州地域，社会动荡，乱兵剽掠，民不聊生，苦不堪言。郎廷佐派兵安定境内秩序，景德镇瓷业得以恢复。第三是督造龙缸。这缸体积太大，"径面三尺五寸，墙厚三寸，底厚五寸，高二尺五寸"，连续烧造三年，均未成功，只好作罢。廷佐后任江南江西总督、福建总督，康熙十六年（1677）病逝。但是，郎廷佐不会想

---

[1]《清史稿》卷505《唐英传》。
[2]《清史稿》《清史列传》《八旗通志初集》等官书均作顺治十一年（1654），误。此据《清代档案丛编》第7辑，北京：中华书局，1981年。

到，他的工作为族弟郎廷极后来开创"郎窑"奠定了基础。

郎廷极，字紫衡，汉军镶黄旗，曾官登莱青道，就是山东登州、莱州、青州的道台，驻登州（今山东省蓬莱市）。康熙三十六年（1697），康熙帝南巡，御书"振鹭高飞"匾赐之。康熙四十四年（1705），他升任江西巡抚，前后在任八年。郎廷极是位好官，上任两年后，康熙御书赐给郎廷极，包括"布泽西江"匾额，以及对联"政敷匡岫春风满，惠洽鄱湖澍雨多"；又赐郎廷极"貂帽、貂褂、缎袍、马匹等物"。[1] 郎廷极署江南江西总督，身居高官，清廉自守，"节礼馈送，一无所受"。[2] 康熙五十四年（1715）正月，漕运总督郎廷极病逝。康熙帝评价其"实心办事，区处得宜""尽心抚恤，人皆感悦"。[3] 卒后受祭葬，谥"温勤"。

不过，郎廷极的主要贡献还在于监督御窑，留下了"郎窑"的美名。郎窑成就很多，这里只说两点：一是仿古瓷器，二是郎窑红瓷。

仿古瓷器是郎窑的一个亮点。史载郎窑"仿古暗合，与真无二"。清初文人刘廷玑曾经记载了一连串郎窑以假乱真的故事：

> 予初得描金五爪双龙酒杯一只，欣以为旧。后饶州司马许玠以十杯见贻，与前杯同。讯，知乃郎窑也。
>
> 又于董妹倩（董绍孔）斋头见青花白地盘一面，以为真宣也。次日，董妹倩复惠其八。
>
> 曹织部子清（曹寅）始买得脱胎极薄白碗三只，甚为赏鉴，费价

---

[1] 《清圣祖实录》，康熙四十六年（1707）三月癸亥，北京：中华书局影印本，1985年。
[2] 《钦定八旗通志》卷188《郎廷极传》，长春：吉林文史出版社，2002年。
[3] 《清圣祖实录》，康熙五十四年（1715）二月己巳。

百二十金。后有人送四只，云是郎窑，与真成毫发不爽，诚可谓巧夺天工矣！[1]

郎窑仿古之所以如此逼真，和郎廷极"嗜古"有很大关系。当时有位叫许都谏的文人，写了首《郎窑行》，把郎廷极的好古、师古述说得淋漓尽致：

宣成陶器夸前朝，收藏价比璆琳高。
元精融冶三百载，迩来杰出推郎窑。
郎窑本以中丞名，中丞嗜古衡鉴精。
网罗法物供品藻，三千年内纷纵横。
范金合土陶最古，虞夏周秦谁复数。
约略官钧定汝柴，零落人间搜出土。
中丞嗜古得遗意，政治余闲程艺事。
地水火风凝四大，敏手居然称国器。
比视宣成欲乱真，乾坤万象归陶甄。
雨过天青红琢玉，贡之廊庙光鸿钧。[2]

上诗最后一句的"雨过天青"当指青瓷，"红琢玉"则是形容郎窑红。

仿古瓷器的烧造，不仅体现了追古尊祖的儒家传统理念，也体现出景德镇御窑的不凡烧造技艺。

清朝景德镇御窑，先后出现康熙时的"臧窑""郎窑"，雍正时的"年

---

[1] ［清］刘廷玑：《在园杂志》卷4。
[2] 许志进撰：《谨斋诗稿》，中国国家图书馆藏。

窑",乾隆时的"唐窑"。"年窑"和"唐窑"将在雍正和乾隆时期再讲,"臧窑""郎窑"在此做简单介绍。

清康熙十九年(1680),平定三藩之乱接近尾声,康熙帝派工部郎中臧应选等人,驻景德镇御窑厂督造瓷器。臧氏督窑时间最长,因有"臧窑"的说法。臧应选督陶,可以看作清朝御窑厂开始运作的一个标志。尔后,郎廷极督陶,颇有政绩。

郎窑红瓷是景德镇御窑"郎窑"瓷器的特色。这里的"红"是指釉色,即宝石红色。宝石红是人们普遍喜爱、非常珍贵的瓷器。宝石红是明代永乐、宣德年间发明烧造的,明中期以后工艺失传,直到康熙时才再次烧成。这种红釉颜色就像红宝石一般,温润艳丽,透明度高,"华而不俗",丽而不娇,最惹人爱。郎窑红釉瓷器的烧造,工艺难,投入大,废品多,成品少。在康熙朝,郎窑红瓷器名贵难求。民谚云:"若要穷,烧郎红。"这种说法,既生动,又真实。不要说普通百姓,就是达官贵人、王公大族,也难得持有一件。

下面列举三件郎窑红瓷器。

一件是清康熙郎窑红釉棒槌瓶(口残),沈阳故宫博物院藏。清康熙年制,高23.3厘米,口径5.6厘米,足径9.3厘米。筒式瓶为清代瓷器瓶式,因形如农村妇女洗衣用的木棒槌,故称棒槌瓶。此瓶造型挺拔,古朴大气,线条简约,端庄典雅;瓶口因残而镶鎏金铜口,器身施郎窑红釉,釉汁浓稠,下垂于足,色彩鲜丽,明如镜,润如玉,艳如花,赤如血。

第二件是清康熙郎窑红釉观音尊,故宫博物院藏。高45.5厘米,口径12.7厘米,足径14.4厘米。因形体宛如一尊亭亭玉立的观音,故名观音尊。尊内壁和圈足内均施白釉,外壁施郎窑红釉。胎体厚重端庄,釉面鲜红明亮。观音尊是康熙郎窑红瓷器的典型器物,也是康熙朝瓷器中的流行式样。

图95　清康熙郎窑红釉棒槌瓶（口残）　　图96　清康熙郎窑红釉观音尊

康熙朝红色釉瓷器，除了郎窑红以外，还有豇豆红。这是康熙晚期出现的铜红釉品种，因釉面酷似豇豆皮的颜色而得名，是铜红釉瓷器中最精妙的一种。豇豆红釉质匀净细腻，含有粉质，红釉中往往散缀因烧造时氧化还原不同形成的天然绿色苔点。由于红釉的深浅及绿色斑点分布在不同的部位，所以有"美人醉""桃花片""娃娃脸"等美称。清人洪亮吉（1746—1809）曾作诗赞誉其釉色："绿如春水初生日，红似朝霞欲上时。"典型器如清康熙豇豆红玉壶春瓶，沈阳故宫博物院藏。高28.3厘米，口径11厘米，足径9.3厘米。瓶口轻薄舒展，瓶颈细长，突出丰满的瓶腹，整体造型，柔和淳厚，弧线流畅。除口沿留出白釉边外，瓶里及器表均施豇豆红釉，瓶肩部、腹部于红釉中散布黄绿色斑点，如棉絮状浮于红釉之上，绚丽多彩，绿中闪红，红中点绿，柔和悦目；瓶底为纯白釉地，有青花双圈内楷书"大清康熙年制"六字三行款。

图97 清康熙豇豆红玉壶春瓶

康熙帝是清朝文化型、学者型皇帝。他学习和接受中华传统文化,尊重和弘扬中华文化,酷嗜文人雅趣——茶酒花香、琴棋书画、吟诗雅集、读藏赏玩、笔墨纸砚;每天笔耕不辍,留下许多文房瓷器——瓷笔杆、瓷笔筒、瓷笔山、瓷笔插、瓷印泥盒、瓷笔洗、瓷水丞、瓷墨床、瓷镇尺、瓷砚台等。康熙帝喜欢各式各样的瓷笔筒,精致美观,被誉为空前绝后。这里介绍五件御窑制作的瓷笔筒。

1. 清康熙青花釉里红圣主得贤臣颂文笔筒,故宫博物院藏。高16.2厘米,口径19.4厘米,足径19.2厘米。这件笔筒在白色外壁上以青花楷书《圣主得贤臣颂》,结尾用书写形式钤釉里红"康熙传古"篆体印。竖写"大清康熙年制"六字三行款。无其他装饰,却清爽雅致。颂文见于《汉书·王褒传》。

王褒,字子渊,蜀人,自称"生于穷巷之中,长于蓬茨之下",应汉宣

图98　清康熙青花釉里红圣主得贤臣颂文笔筒

帝刘询之诏,到京师,受召见,膺重任,呈颂文。王褒著《圣主得贤臣颂》,名扬于当世。这篇颂赋共781字(比三篇《心经》还多一个字),其文略曰:

> 大贤者,国家之器用也。所任贤,则趋舍省而功施普;器用利,则用力少而就效众。……世必有圣知之君,而后有贤明之臣。……圣主必待贤臣而弘功业,俊士亦俟明主以显其德。上下俱欲,驩然交欣,千载壹合,论说无疑,翼乎如鸿毛过顺风,沛乎如巨鱼纵大壑。其得意若此,则胡禁不止,曷令不行?化溢四表,横被无穷,遐夷贡献,万祥毕溱。是以圣主不遍窥望而视已明,不单顷耳而听已聪;恩从祥风翱,德与和气游,太平之责塞,优游之望得;遵游自然之势,恬淡无为之场,休征自至,寿考无疆,雍容垂拱,永永万年,何必偃卬诎信若彭祖,呴嘘呼吸如侨、松,眇然绝俗离世哉!《诗》云:"济济多士,文王以宁。"盖信乎其以宁也!

2. 清康熙乌金釉描金山水图笔筒，故宫博物院藏。高15.8厘米，口径18.5厘米，足径18厘米。这件笔筒外壁通体施乌金釉，釉面漆黑明亮。釉上的金彩纹饰虽已脱落，仍可见图案痕迹。一面为方形开光，开光内绘山水人物纹；另一面则书苏轼《后赤壁赋》全文，文末"己丑岁仲冬月右录赤壁赋"落款，并书圆、方闲章各一枚。"己丑"为康熙四十八年（1709）。此件笔筒蓝底金彩，图文并茂。

3. 清康熙祭红釉笔筒，故宫博物院藏。高16.7厘米，口径18.5厘米，足径16.3厘米。这件笔筒满施浓重的祭红釉，而口沿和近足处则透出白色胎骨，简洁而不单调，雅丽而不奢华，端庄而不呆板，特有一番情趣。祭红，釉色红艳深沉，是康熙朝御窑恢复的明代中期以后失传的一个品种。

4. 清康熙洒蓝地五彩人物图笔筒，故宫博物院藏。高14.3厘米，口径18.3厘米，足径18.3厘米。笔筒圆口，直壁，玉璧形底内施白釉。外壁洒蓝地五彩装饰。这件笔筒的主题图案是五彩魁星，奔跑在梅花桩上，右手执毛笔，左手握银锭，寓意"必定夺魁"。这个主题图案，衬托在洒蓝的底子上。洒蓝，浅蓝色地的釉面上呈现深蓝色斑点，犹如撒下的雪花，故又称"雪花蓝"。明宣德时景德镇御窑创烧，清康熙时最精。

5. 清康熙釉里三色山水人物图笔筒，故宫博物院藏。高15.5厘米，口径18.8厘米，足径18.5厘米。这件笔筒洋溢着文人气息，仅有四种釉色：白色底子，红色花树，豆青色泥土，青花远山、近水、堤岸、树木、人物。尤以青花，浓淡相宜，布局协和，出神入化，山水画卷，写入笔筒。釉里三色，是以青花釉里红而增豆青色，创烧于康熙时期。

前面讲的万寿瓶没有康熙朝年款，康熙前期御窑瓷器很多也没有年款。本来从明代宣德朝起，御窑瓷器写年款已经成为定式，为什么康熙早期却很少写年款呢？有人认为这同浮梁县巡检陈履升有关。

图99　清康熙乌金釉描金山水图笔筒

图100　清康熙祭红釉笔筒

图101　清康熙洒蓝地五彩人物图笔筒

图102　清康熙釉里三色山水人物图笔筒

陈履升，字峻天，钱塘（今浙江省杭州市）人。做过浮梁县巡检，官正九品。他在任上严禁景德镇陶户在瓷器底部书写年代，[1]以至于康熙早期瓷器很少写年款。他为什么要这样做呢？

原来，此人"一生敬惜字纸，无所不用其极"。敬惜字纸，就是带字的纸不能随意丢弃。陈履升把敬惜字纸延伸到瓷器上。他说："字碗者，犹之字纸也。污弃字碗，犹之污弃字纸也！"他派人到处搜集带字的瓷片，简直走火入魔，后发展到花钱收买，每个瓷片"予五钱，易之"。这导致"贫家儿童觅字碗求钱者遍里巷"，"老稚争相搜剔，觅得者投于门，无虚日"，陈家变成瓷片收购站。陈履升亲手把这些有字瓷片一一洗净，贮藏起来。钱塘江涨潮时，他带上收贮的瓷片，乘船倒入海口处，"肃拜而归之于海焉"。这样坚持了几十年。

瓷器写字，是个惯例，世代相延，怎么能因地方官的个人嗜好就废除呢？有的陶户拒不照办，陈履升"笞之"；有的陶户送钱求情，陈履升"厉色却之"。

敬惜字纸，是图什么？陈履升没明说，清代文人讲得直白：敬惜字纸，造福后人——"子孙科第不绝"，是为后代积福。然而，子孙要有福气，需先争气，单靠父祖积福是远远不够的。其子陈恂，康熙朝进士，官至翰林院侍讲学士，时人把这看作陈履升敬惜字纸的福报。然而，陈恂晚节不保。康熙五十六年（1717）乡试，有个叫陈凤墀的请人代考。他是仁和（今浙江省杭州市）人，与陈恂同乡，奉上1500两银子，请陈恂帮忙，让主考放过。放榜之日，士子哗然，联合告发，惊动朝廷。

康熙震怒，派人严查，查出了"案中案"：原来，陈恂的女婿也参加了

---

[1] 雍正《浙江通志》卷167，清乾隆元年（1736）刻本。

考试，并请岳父从中疏通，因未考中而案未发。康熙五十八年（1719），判决：将主考官斩监候、秋后处决；找人替考的陈凤墀，绞监候、秋后处决，其父绞监候、秋后处决；疏通关节的陈恂，绞监候、秋后处决，其子绞监候、秋后处决，其婿先杖责、后服劳役。替考的枪手、其他考官、保荐考官的人也都追究责任，受到惩处。

有人说，子孙双双论死，陈履升泉下有知，夫复何言？其实，陈履升的教训，不在于种善因而未得善果，却在于教子陈恂，重视智育，忽视德育，所以虽高中进士，却触犯科考皇法，子孙双被论死。

清朝，经历康熙朝61年发展，步入盛世。康熙瓷器被《匋雅》誉为"世界之瓷，以吾华为最；吾华之瓷，以康雍为最"。

康熙大帝开创了清朝御窑的历史，并将御窑推向高峰，而雍正朝御窑与瓷器，又有新的发展。

雍正雅致

爱新觉罗·胤禛，21岁受封贝勒，32岁晋封雍亲王，45岁登极，年号雍正，在位13年，庙号世宗，谥号宪皇帝，习称雍正帝。雍正帝留下许多话题，为人津津乐道，史家亦有歧见。他以改革著称，举凡吏治、武备、财政、民生，新政迭出，一扫旧象。雍正之改革，延续康熙的仁政，奠定乾隆的基础，促成了"康雍乾盛清"的局面。

雍正创新之风也吹进了御窑。雍正御窑瓷器追求雅致，洋溢着恬淡超然的气息。珐琅彩瓷的繁荣，就是雍正帝在御瓷创新的重大成果。改革首在用人，雍正帝加强内务府与景德镇御窑的联系，选派人才经理御窑，促成御窑风格之变。

一　风格之变

胤禛登位之后，一反乃父之风，宸居，不在乾清宫，改在养心殿；陵寝，不在清东陵，建在清西陵；御瓷，不取康熙恢宏，而现雍正精致。这表现在御瓷的风格之变——高雅之风、恬淡之韵、精致之趣。

先说高雅之风。雍正帝曾谕造办处："朕看从前造办处所造的活计好的甚少，还是内廷恭造式样。近来虽其巧妙了，大有外造之气。尔等再造时，不要失其内庭恭造之式。"这个"内庭恭造"之式,其核心就是帝王之尊、庙堂之贵,皇家气派、高尚气质。

潜邸的经历,造就了雍正帝高雅的意趣,而这种意趣寄托在对宋代名窑瓷器的嗜好之上。民国瓷书《饮流斋说瓷》中论述:"试以瓷比之诗家,宋代之汝、钧、哥、定,则谢宣城(谢朓)、陶彭泽(陶渊明)也。"宋瓷与陶渊明相通,而陶渊明"久在樊笼里,复得返自然"的人生追求,恰为胤禛所喜。雍正帝喜好宋瓷,举两个例子说明。

第一个例子是《十二美人图·鉴古》。这是雍亲王时期绘制的,早先用在圆明园"深柳读书堂"内屏风上,所以体量很大,每张通高184厘米,横宽98厘米。每张绘一美人,主题各不相同。这幅"鉴古"图中,美人斜坐在斑竹椅上,若有所思;身前的华贵桌案、周围的黄花梨多宝格,陈设着各色古物。什么样的古物才配得上这位美人呢?雍亲王的口味,肯定要宋瓷。据考证,图左上角,是"宋汝窑无纹水仙盆",台北故宫博物院藏;图右上角古洗,是"宋汝窑天青釉三足洗",故宫博物院藏。其他如"郎窑红釉僧帽壶"瓷器等,都体现了当时宫廷生活的片段与情景,御用器物的高贵与精美。

另一例是雍正帝"买椟还珠"的故事。雍正三年(1725)九月十八日,档案记载:

> 据圆明园来帖内称:员外郎海望交镶嵌钧窑盆景一件,上随缠金藤镀金树一棵、珠子七十三颗、宝石二十一块、红玛瑙寿星一件、珊瑚二支、珊瑚灵芝一件、珊瑚福一个、珊瑚花头一个、蜜蜡山子一个、蜜蜡鹿一件、蜜蜡花头一件、蜜蜡桥一件、绿苗(猫)石二块、紫檀木座一件、象牙仙鹤一只。传旨:将此镶嵌地景起下来,另配云母盆。此均

（钧）窑盆仍交进。钦此。"[1]

档案里说的这件盆景，"景"是由黄金、珍珠、宝石、玛瑙、珊瑚、蜜蜡、象牙等做成，可谓备极奢华，有如《韩非子·外储说》"郑人买其椟而还其珠"的"珠"；而"盆"是宋钧窑盆，起到盛放和衬托的作用，只是"椟"而已。结果，皇帝没看上"景"，却看上了"盆"，命令单独呈进。这一"买椟还珠"之举，生动地反映了雍正帝对宋瓷的嗜好。[2]

宋代名窑瓷器散发出内敛、清雅、平和、精致的气韵，与雍正帝所追求的雅致之风暗合，受到雍正帝的喜爱，并映现于瓷器恬淡之韵。

再说恬淡之韵。艺术讲究以物寄情、以形寄趣。雍正帝御窑瓷器的雅致之风，寄托着他恬淡超然的韵趣。这种韵趣形成于雍亲王在潜邸时期。究其原因，一在时运，二在抱负。

时运者，出人头地，需要天时。身为皇子，出路不多：要么习帝王术，入承大统；要么学文武艺，建功立业；两条路都走不通，只能吟风弄月，闲散一生。胤禛出生时，康熙帝已立胤礽为太子。后虽有太子废而复立的风波，却看不到即位希望。胤禛成年时，已是康熙后期，战事基本结束，政治波澜不多，国家比较安宁，很难觅到一展身手的机会。时运如此，不与命争，胤禛只有修身养性、淡泊明志一途。

说到抱负，胤禛不甘寂寞，觊觎大位，暗中筹谋，以图进取。他怀才不遇，不免苦闷，需要排遣；心怀野望，担忧泄露，需要掩饰；运筹帷幄，不免紧张，需要疏解；心潮汹涌，戒急用忍，需要克制。这对心性考验极大。胤禛

---

[1] 《清内务府造办处档案总汇》第2册，北京：人民出版社，2005年，第447页。
[2] 林姝：《从造办处档案看雍正皇帝的审美情趣》，《故宫博物院院刊》2004年第6期。

曾作《小园三字经》，咏物见心：

> 圆明园，真妙好。如佛地，同仙岛。
> 青山环，绿水抱。鹤衔芝，鱼吞藻。
> 有交梨，多火枣。种桑麻，植粳稻。
> 阅六经，礼三宝。任春秋，随晚早。
> 不拘束，无烦恼。奉天时，养吾老。[1]

他僻居京西一隅，课农桑、习佛事，随遇而安，乐天知命，自谓"天下第一闲人"。这里含有几分被迫、几分心甘、几分矫饰、几分自慰。

最后说精致之趣。盛清三代，御瓷风格，各不相同。康熙御窑瓷器恢宏，乾隆御窑瓷器"繁缛"——"华缛极矣，精巧之至，几于鬼斧神工"；[2]而雍正御窑瓷器以雅致著称。雍正帝将宫中各种人才，应用到御瓷的创作生产过程中，将自己的品位和旨意贯彻下去，因此雍正朝御窑瓷器，更多地反映出雍正帝追求高雅精致的艺术品位。

一是雅秀。雍正帝喜欢秀气的物件，应是多年的习惯。雍正元年（1723）正月初九，他命怡亲王允祥传旨内务府珐琅作：烧造珐琅鼻烟壶的时候，"要做秀气些"。允祥是雍正帝最亲近的弟弟，熟悉乃兄喜好。何谓雅秀？力戒粗大豪放，代以纤巧含蓄；力戒生硬折角，代以平滑转角；力戒四面直线，代以曲线圆边。这都是雅秀应有之义。

二是精致。北宋邵雍曾作《十分吟》："所谓十分人，须有十分事。事

---

[1] 《圆明居士语录》，《雍正御制佛教大典·御选语录》，北京：中国社会科学出版社，2004年。
[2] 许之衡著：《饮流斋说瓷》，合肥：黄山书社，2016年，第15页。

苟不十分，终是未完备。"雍正帝把这"十分"的精神倾注到御窑，于瓷胎、釉料、器形、纹饰、色彩、款识，无不精益求精。雅中求雅。举个雍正十二年（1734）北京景山内关帝庙塑像的例子：

  二月初十日，宫殿监副侍李英传旨：将景山东门内庙里供奉骑马关夫子像，着照样造一分。其像要如意法身，高一尺六寸。先拨蜡样呈览，准时再造。钦此。

  三月初十日，拨得蜡样关夫子一尊，关平、周仓从神等六尊，呈览。奉旨：关夫子脸像拨得不好，照圆明园佛楼供的关夫子脸像拨。其从神站像款式亦不好，着南府教习陈五指式拨像。钦此。

  二十日，改拨得关夫子、从神等蜡样一分，呈览。奉旨：关夫子脸像特低，仰起些来；腿甚粗，收细些；马鬃少，多添些。廖化的盔不好，另拨好样式盔。钦此。

  二十六日，将改拨得蜡样呈览。奉旨：关夫子的硬带勒的甚紧，再拨松些；身背后无衣褶，做出衣褶来。从神手并上身做秀气着。钦此。

  四月初一日，李英传旨：著照拨蜡样关夫子之像，将香胎漆胎增胎各造一分，俱上颜色。

  初二日，将改得关夫子蜡样呈览。奉旨：帅旗往后些，旗上火焰不好，着收拾；马胸及马腿亦不好，亦着收拾。钦此。

  初四日，将改得蜡样一分呈览。奉旨：甚好，准造。旗做绣旗。钦此。[1]

---

[1]《养心殿造办处活计清档》，朱家溍、朱传荣选编：《养心殿造办处史料辑览》（第一辑），北京：故宫出版社，2013年。

一尊关公像，蜡样五次呈览，历时近两月，连其衣褶都有旨，真是精细之至！这里提到的关公像，并非御窑所作，但它所反映的精细之风，则是相通的。包括御窑瓷器在内的造办处活计，除非已有成例，否则都要先制官样呈览，根据圣意，反复修改，直到皇帝满意为止。

雍正帝度过长达45年的皇子生活，喜欢吟诗弄月、读书赏花、抚琴品茗、博古赏新，又好与僧道游。即位之后，乾纲独断，埋首公务，通宵达旦，批览奏章；万机之暇，寄情艺术，排遣繁忙，怡情静心，出现御窑瓷器的珐琅之秀。

二　珐琅之秀

珐琅彩瓷，就是瓷胎画珐琅彩的瓷器。它是借用西方铜胎画珐琅的技法，用珐琅料在瓷胎上描画而烧造的瓷器。珐琅彩瓷烧造始于康熙末年，雍正时取得重大突破，臻于极盛，乾隆末年后停止，持续70余年，存留御制瓷器数百件，如耀眼的星斗，在御窑历史上散发着动人的光彩。珐琅彩瓷的突破是雍正御窑创新的标志之一。

先从一份奏折说起。康熙五十五年（1716）九月十一日，广西巡抚陈元龙奏称：

> 考珐琅古所未有，明景泰时始创为之，然其色凝滞，其质笨重，殊不足贵。迩年始有洋珐琅器皿，略觉生动。西洋人夸示珍奇，以为中国之人，虽有智巧，不能仿佛。乃我皇上于万几之暇，格其理，悟其原，

亲加指示，熔炼成器。光辉灿烂，制作精工，遂表胜洋珐琅百倍。[1]

由上可见，康熙朝瓷胎画珐琅出现需要四个条件：一是传统工艺，特别是景泰蓝，即"铜胎掐丝珐琅"，可做借鉴；二是珐琅工匠，可做基础；三是西洋工艺，国外的金属胎珐琅器流入宫廷，可供参酌；四是皇帝旨意，康熙帝亲自下令并参与研制瓷胎画珐琅，可做动力。上面的中国珐琅工匠，广东巡抚杨琳的两份奏折可以提供佐证：康熙五十五年（1716）九月初十日，杨琳将广州能烧珐琅工匠潘淳及其徒弟黄瑞兴、阮嘉猷荐送北京；[2] 同月二十八日，杨琳再荐能烧珐琅工匠杨士章一人，共珐琅工匠二人、徒弟二人，荐送北京。[3] 他们已能烧造珐琅表、珐琅鼻烟壶等，并携带洋珐琅料和自制珐琅料，派人送往北京，在造办处效力。

康熙时的珐琅彩瓷，还处在试烧阶段，精品不多。珐琅彩瓷真正取得突破，是在雍正时期。其表现为六——料、胎、釉、地、画、烧。

——料，就是珐琅。起初，珐琅料全靠进口，成本高，数量少。康熙末年，尝试自制。雍正六年（1728），造办处试制珐琅料成功。从此，自行提炼画珐琅颜料，有36种色彩，扩大了艺术创作空间。

——胎，就是瓷胎。雍正时期，珐琅彩瓷的瓷胎由景德镇御窑精心烧造，胎体更坚，胎骨更薄，胎色更白，胎形更多。清宫旧藏的明代白瓷，也被利用。

——釉，就是胎釉。康熙时尚未掌握在瓷胎上施珐琅彩的工艺，只能用

---

1 《广西巡抚陈元龙奏谢钦赐珐琅宝器折》，《康熙朝汉文奏折汇编》第7册，北京：档案出版社，1985年。

2 《广东巡抚杨琳奏报访送烧珐琅人及送西洋人进京等情折》，《康熙朝汉文奏折汇编》第7册。

3 《广东巡抚杨琳奏送西洋人并珐琅匠人进京等情折》，《康熙朝汉文奏折汇编》第7册。

内里施釉、表面无釉的"涩胎"。雍正时期解决了工艺问题，可以使用两面施釉的瓷胎，表面更加光洁、亮丽。

——地，就是色地。康熙时因用涩胎，为防止表面露釉，只能满施色地，比如黄地、红地。色地虽美，却不光艳，而且对彩绘构成了限制。雍正时期不再有露釉之忧，流行白地，正适合绘制白地中国画。

——画，就是彩绘。西洋传教士艺术家郎世宁和他的徒弟林朝楷，以及一些绘画人如贺金昆、戴桓、汤振基、邹文玉、谭荣和画状元唐岱等，都先后参与了瓷画珐琅。撰书题句有徐同正和戴临两个人。如造办处档案提供的线索，雍正十年（1732），皇帝曾因绘画人戴桓、汤振基所进的画珐琅活计甚好，而下令他们以后改作绘画珐琅。宫廷画师和书画家的参与，极大地提高了珐琅彩瓷的艺术水平。不仅如此，在雍正帝倡导下，书法和绘画被移植到瓷器上，诗、书、画、印、款相得益彰，画中留白，白处题字，连字成诗，首尾镌印，器底题款，更使本来就尽显皇家气韵的珐琅彩瓷，平添书卷雅致之气。

——烧，就是烧造。珐琅彩瓷要经过至少两次烧造：先由景德镇御窑以高温烧造瓷胎送京，施彩之后，再由造办处以低温烘烧。据档案记载，雍正二年（1724），内府烧造五只珐琅彩瓷酒杯，结果烧破两只，失败率达40%；又花了近三个月，才把剩下三件烧成。随着经验积累和技术改进，到了雍正后期，烧造工艺，臻于成熟。

雍正朝珐琅彩瓷的六个突破，使得珐琅彩瓷达到了极盛状态。后人总结，珐琅彩瓷有"四绝"，即瓷胎之白、胎骨之薄、彩绘之美、题款之精：

> 雍正窑极精之脱胎瓷画有四绝焉：质地之白，白如雪也，一绝也；薄如卵幕，口嘘之欲飞，映日或灯光照之，背面能辨正面之笔画彩色，

图103　清雍正珐琅彩松竹梅图橄榄瓶

二绝也；以极精之显微镜窥之，花有露光，鲜艳纤细，蝶有茸毛且茎茎竖起，三绝也；小品而题极精之楷篆，各款细如蝇头，四绝也。[1]

我们来欣赏一件"四绝"瓷器——雍正珐琅彩松竹梅图橄榄瓶。

故宫博物院所藏的这件珐琅彩橄榄瓶，有"四绝"：

一器形绝。这个橄榄瓶的"口与足俱小，无项无胫，全体似橄榄形，故名"。此瓶高16.9厘米，口径3.9厘米，足径4.8厘米。由于器形复杂，无法一次拉坯成形，制作工艺比较繁难。

二瓷胎绝。釉色洁白无瑕，确有"白如雪"之感。胎骨极轻薄，达到了"脱胎"的程度，以"薄如卵幕"（蛋壳与蛋清间的薄膜）来形容也不为过。

1　[清]寂园叟撰，杜斌校注：《匋雅》，济南：山东画报出版社，2010年。

三彩绘绝。白地之上绘松、竹、梅图案,合称"岁寒三友"。借鉴西洋透视技法,画工精良,栩栩如生。色彩丰富,如绿色有深亮绿、深绿、浅绿、水绿之别,反映出珐琅料色彩的创新。

四文印绝。瓶题诗"上林苑里春常在"。上林苑是秦汉皇家园林,司马相如《上林赋》有"终始灞浐,出入泾渭。酆镐潦潏,纡馀委蛇,经营乎其内。荡荡乎八川分流,相背而异态。东西南北,驰骛往来"句。这里题上林苑,透露出怀古的情趣。诗句首尾有三方闲章,分别为"翔彩"朱文、"寿古"白文和"香清"朱文,概括了雍正帝的艺术追求。器底以楷书写"大清雍正年制"六字二行款识。

图104　清雍正瓷胎画珐琅柳燕图碗

早在雍亲王时期，胤禛就深具文人涵养，登极之后，为了使吉祥寓意不俗，遂在御窑瓷器装饰题材或器形上，加入松、竹、梅等文人喜爱的元素，在皇家气势中融合了文雅气息。

清雍正瓷胎画珐琅柳燕图碗一对，台北故宫博物院藏。高7.4（7.7）厘米，口径16（15.8）厘米，足径6.7（6.5）厘米。在洁白的碗面上，以珐琅彩画出一幅花红柳绿、春燕双栖（一碗两燕双栖、另一碗一燕虽栖却喜望另一燕来栖）的生动景象。两碗的柳枝，一向左，一向右，合体构图，色彩搭配，动静暗合，清丽悦目。画的对面，配明朝大学士申时行《应制题扇》诗句"玉剪穿花过，霓裳带月归"，点出双燕穿飞柳荫花红的画意。诗句的引首与句尾，绘出"佳丽"红文、"四时"白文和"长春"红文三枚印文。诗书画印，相得益彰。这对珐琅彩柳燕图碗，虽然造型简约，却是雍正"内廷恭造之式"的一个典范。

三　用人之道

雍正朝达到珐琅彩瓷高峰，其条件很多，包括帝王修养、工艺革新、国力支持等，但最重要的条件是用人。用人方能设法，设法方能制器，雍正帝深知这个道理。烧造珐琅彩瓷，需要宫廷内务府与景德镇御窑相互配合。雍正帝相应起用两批人，内务府用皇亲允祥和国戚海望，督陶官用年希尧和唐英。

珐琅彩瓷的烧造，由内务府造办处统管，养心殿、慈宁宫、圆明园等地都有作坊，景德镇御窑、广东海关、江南织造局也有参与，需要协调指挥。雍正帝即位之后，封十三弟允祥为怡亲王，让他以总理事务王大臣之尊总管内务府；又提拔海望为内务府主事、员外郎、郎中，让他负责造办处工作。允祥和海望经常在雍正帝身边侍候，上传下达，遂成为珐琅彩瓷革新的主要推手。

允祥（1686—1730），我在《正说清朝十二帝》里已经详细介绍过，这里不做重复。雍正帝让他主管内务府，指导造办处，是不难理解的，因为：

其一，忠实可靠。允祥是雍正帝多年的忠实盟友。老四吟咏洒脱，他就赋诗应和；老四荣登大位，他就竭力效忠。至亲骨肉，亦步亦趋，气缘相投，殚忠可靠，谕赞其"克殚忠诚"。

其二，善解圣意。允祥追随雍亲王多年，了解圣心，摸透圣意，能够准确领会并贯彻皇帝的旨意。

其三，懂得艺术。允祥艺术修养好。康熙四十一年（1702）十月，允祥实足16岁，乃兄24岁。康熙帝"令内侍引诸臣至行宫左厢，恭视皇四子、皇十三子书联。诸臣环立谛视，无不欢跃钦服"[1]。允祥书法水平，可窥一斑。

其四，位高权重。允祥以怡亲王之尊、总理事务之重，方便协调各方，督促工作。但是，允祥日理万机，不可能把主要精力放在内务府造办事务上。日常管理事务，还靠海望等人。

海望（？—1755），乌雅氏，隶满洲正黄旗。他的发迹，与血缘相关。雍正帝生母出自乌雅氏，和海望同宗。雍正帝登极后，由于皇位之争，"皇亲"或可疑，或结仇，可用之人不多，于是重用"国戚"，也就是母亲一支的亲属。雍正帝生母的太爷额布根，其"从孙"有至少五人在雍乾两朝官至尚书、总督、都统，海望位列其中。

海望由内务府主事，累迁员外郎、郎中、总管内务府大臣、军机大臣。雍正帝弥留之际，海望以内大臣与大学士鄂尔泰、张廷玉等，同受顾命。乾隆时，海望官军机大臣、户部尚书、礼部尚书，官场通顺，一生宦达。去世

---

[1] 《清圣祖实录》，康熙四十一年（1702）十月壬午，北京：中华书局影印本，1985年。

以后，乾隆帝赐祭葬，谥"勤恪"。[1]海望受到康雍乾三朝信用，绝非只因血统缘故。按照乾隆帝的评价，海望优点是："心地纯良""办事实心"。海望在内，年希尧则在外。

雍正时期，最重要的景德镇御窑督陶官是年希尧和唐英。唐英督陶在雍乾两朝，放到乾隆后再说。这里讲年希尧的督陶之事。

年希尧（1671—1738），字允恭，号偶斋，广宁（今辽宁省北镇市）人，隶汉军镶黄旗。雍正四年（1726）正月，他任内务府大臣；七月出京，管理淮安板闸关务，兼管景德镇御窑，雍正十三年（1735）革职。年希尧督陶九年，烧造的瓷器，"选料奉造，极其精雅"，世称"年窑"，与继任者唐英的"唐窑"，交相辉映，贡献巨大。

年希尧督陶，对于御窑而言是喜剧，对于他个人而言却是悲剧。终其一生，年希尧性格都颇为分裂，难以自拔。

一方面，年希尧的际遇让他战战兢兢，服务皇家。这种心态主要来自三件事。

——第一是成为家奴。康熙时期，年家所隶属的佐领划归雍亲王差遣；年希尧的妹妹也嫁给雍亲王，做了侧福晋，就是后来的敦肃皇贵妃，俗称年妃。当了家奴，自然要唯主子之命是从。

——第二是全家蒙难。雍正帝即位之初，重用年希尧的弟弟年羹尧，让他做抚远大将军、川陕总督，平定青海。年家一飞冲天：年希尧当上了广东巡抚，父亲年遐龄和弟弟都封一等公，妹妹又是贵妃，风头一时无两。可是好景不长，雍正三年（1725），君臣翻脸，羹尧赐死，父兄连坐。幸亏皇帝下旨，

---

[1] 《清史稿》卷291《海望传》，北京：中华书局标点本，1977年。

"年遐龄、年希尧皆忠厚安分之人，着革职免罪"。[1]革职不足两月，年希尧就再获任用。经此大难，年希尧深感天威难测，小心谨慎，如履薄冰。

——第三是儿子获罪。雍正六年（1728），副都统勒什布贪赃获罪论死。年希尧的儿子年裕，曾代年羹尧的长子送给勒什布两万两银子。儿子获罪，灾难再临，年希尧心如刀绞。幸好雍正帝开恩，看在年希尧的面子上，可怜年家只剩下这一个没被治罪的子侄辈，就宽免了年裕。他虎口脱险，惊魂稍定，愈加勤慎，尽心竭力，以报天恩。

另一方面，年希尧的天性，让他厌倦正途，醉心旁学。这种心态主要体现在两件事情上。

第一是崇尚西学。年希尧与西洋传教士过从甚密，他精研算学，推广西方对数方法，切磋西方数学。据回忆，年希尧"临下以简，庶政多暇"，可见心思没有放在工作上。他还撰写《视学》一书，第一次记载直尺、圆规等西方制图仪器，将焦点透视学引入中国。当年中学是正途，西学是偏门。年希尧倾心于西学，分明是对正途已经厌倦。

第二是热心闲趣。年希尧精于绘画，山水、花卉、翎毛无不精熟；擅长抚琴，曾拜师广陵琴派创始者门下；喜好收藏，曾刊行明人所著《铁网珊瑚》一书，深以作者之言为然："消除岁月，惟品砚、借书、鉴画三事而已。"[2]年希尧是个大官，其书、画、琴、砚，都是闲趣——倾心闲趣，厌倦正途。际遇把年希尧捆在正途上，天性却时时使他渴望松绑。年希尧着力将际遇和天性调和起来，以旁学服务本职，比如将透视画运用于御瓷器形设计和彩绘，但成果有限。雍正帝去世后，乾隆帝立即寻机将年希尧治罪革职。从雍正四年开始

---

1 《上谕内阁》，《雍正朝汉文谕旨汇编》，桂林：广西师范大学出版社，1999年。
2 《八旗通志》，长春：东北师范大学出版社，1985年。

图105　清雍正黑釉描金云龙纹高足杯

悬了五年的靴子,那一刻终于落下。是灾难,又何尝不是解脱?然而,"年窑"瓷器,却是精品。这里举一件,供欣赏。

　　清雍正黑釉描金云龙纹高足杯,台北故宫博物院藏。高足杯又称靶杯。此杯高9厘米,口径7厘米,足径5.9厘米。雍正四年(1726),清内务府造办处档案记载:"三月十三日,员外郎海望持出拱花白洋磁靶杯一件,黑釉金龙洋磁(瓷)靶杯一件,奉旨将此靶杯照都盛盘式做西洋栏杆,将靶杯或十二只一盘,或十八只一盘,足子俱要下稳,盘子或做漆的或做棕木的亦可,钦此。于五月初七日做得高丽木栏杆紫檀木都盛盘二件,并磁(瓷)靶杯二件,员外郎海望呈进讫。"可知此杯为雍正帝所珍爱。这一年,年希尧到景德镇御窑督窑,或参与烧造。靶杯盛行于元代和明前期。这只靶杯是仿古创新品种,外壁施黑釉,光润透明,色黑如漆,因釉料取自景德镇附近所产乌金土,故名"乌金釉"。通体纹饰用金彩单线描绘,腹部为二龙戏珠纹,足面为海水波浪纹。纹饰清晰,画面疏朗,工艺精细,典雅古朴。

雍正雅致 | 223

图106　清雍正青花桃蝠图橄榄瓶　　　　图107　清雍正青花釉里红松竹梅纹梅瓶

下面再欣赏几件故宫博物院收藏的雍正御窑青花瓷。

1. 清雍正青花桃蝠图橄榄瓶，故宫博物院藏。高39.3厘米，口径10厘米，足径12.3厘米。这件青花橄榄瓶，最吸引人们的是，瓶上绘画的桃树，树干苍劲，枝丫繁茂，九个大桃，丰硕鲜美；桃树周围，五只蝙蝠，高低穿飞；陪衬以灵芝、翠竹和山石，有动有静，亦幽亦雅。寓意灵仙祝寿、五福临门、福寿康宁、吉祥太平。造型秀美的橄榄瓶，严谨静雅的画意，简洁浓艳的青花，散发高雅的气息，端庄雅丽，美不胜收。

2. 清雍正青花釉里红松竹梅纹梅瓶，故宫博物院藏。高26.7厘米，口径8.9厘米，足径11厘米，通体青花釉里红装饰，描绘松、竹、梅"岁寒三友"图。松柏常青不老，翠竹劲节亭立，梅花冰肌玉骨，共同组成不畏严寒、清高

图108 清雍正青花枯树栖鸟图梅瓶

卓立、冰清玉洁的精神气质,为文人雅士所推崇。在这件梅瓶上,梅花、松树的枝干及太阳均为红色,在青花的衬托下,色调协和,格外醒目。再仔细观看竹叶,原来画中藏着一首五言绝句:

　　竹有擎天势,苍松耐岁寒。
　　梅花魁万卉,三友四时欢。

画中藏诗,诗含画意,文人雅趣,诗瓷交辉。

3. 清雍正青花枯树栖鸟图梅瓶,故宫博物院藏。高21.2厘米,口径3.4厘米,足径7.9厘米。这件梅瓶,山雀栖息在枝头,只顾得叽喳私语,何虑枯树无叶、萧瑟冬季的来临。这是一幅既生动又有趣,既含蓄又张扬的画面!

雍正制瓷数量没有见到总的统计,但仅其后七年之间,"制进圆琢器不下三四十万件"。[1]

雍正朝御窑的雅致瓷器,为乾隆朝御窑的华缛瓷器奠定了基础,创造了条件。

---

1 [清]唐英:《瓷务事宜示谕稿序》,《唐英督陶文档》,北京:学苑出版社,2012年。

乾隆华缛

乾隆帝弘历，25岁登极，在位60年，又做太上皇3年多，89岁离世，年号乾隆，谥号纯皇帝，庙号高宗，是中国皇朝史上执掌朝纲时间最久、享年最高的皇帝。乾隆朝国土广阔，中原太平，经济发展，府库充盈，文化繁荣，民族协和，周边和睦，万国来朝，达到中国帝制时代的文化高峰。他自誉"十全武功"，自诩"十全老人"。乾隆时期御窑瓷器，既有继承，更有发展，如曹植《七启》所言，"步光之剑，华藻繁缛"，华彩藻丽，繁缛缤纷。

以下，从文化大业、奇巧繁丽、集成创新三题入手，加以阐述。

一 文化大业

乾隆帝一生幸运，继祖父康熙帝、父亲雍正帝余荫，开创了一代文化大业。乾隆帝天资聪颖，勤奋学习，喜好诗文、书法、绘画、戏剧，还会多种语言，熟悉儒家经典，深谙佛学文化，鉴赏文物，整理古籍，是一位多才多艺的文化天子。

乾隆文化大业，就纵向来说，集中华五千年文化之大成。理由分述为三：

第一，集中华古代文化艺术之大成。乾隆时期对传统文化、文物的搜求、整理、研究、考订不遗余力。先后有《秘殿珠林》《石渠宝笈》《西清古鉴》《天禄琳琅》《西清砚谱》以及《内府舆图》《京城全图》《满文老档》《五体清文鉴》等各种古器物、书画、善本等目录和典籍的整理、编纂。《三希堂法帖》和"十三经"刻石、《满文大藏经》雕梓、《甘珠尔》翻译印制，充分表现了对于民族文化的梳理与传承。由于乾隆帝本人对古文物赏鉴、制作的用心与爱好，转化为国政之一环，为丰富文物典藏奠定了良好的基础，也为古文物研究、考订开拓了新局面。他还具有语言天才，会满、汉、蒙、藏、维等语言，儒家经典、佛教经典也都造诣很深。

第二，汇一个时代文化精英之智慧。乾隆帝身边有一批文化顾问——南书房、翰林院、御用词臣等。乾隆帝承袭父、祖遗业，以高度集中君权，开启了一个文化恢宏璀璨的时代。如此成就，一方面由于乾隆帝乾纲独断的主导推动，但也会聚了众多博学鸿儒、文化才俊的智慧与心力。他们多是进士或翰林出身，学问优长，入直内廷，终其仕途，长伴君侧，成为乾隆帝身边重要的词臣，襄助君主推动各项文化事业，侍奉君主吟咏唱和、鉴赏创作、编纂典籍，让日理万机的乾隆皇帝，也能充分享受文人生活的雅趣。其中，乾隆三十八年（1773）开始编纂的《四库全书》，卷帙浩繁、包罗万千，可谓中国传统学术文化的一次总整理，也是18世纪学风的充分呈现。全书修纂以皇六子永瑢、大学士于敏中为总裁，侍郎纪昀、大理寺卿陆锡熊为总纂，纂修官则有戴震、姚鼐、王念孙、翁方纲等，与事者三百余人，皆一时之选，动员了几千人参与其事，历时二十年才告竣。虽焚毁了一些书、删改了一些书，但整理了很多书、保存了更多书。《四库全书》采入书籍三千四百六十一种、七万九千三百零九卷。[1]

第三，展亲力亲为个人才华之风采。他有《御制文集》和《御制诗

---

1 《四库全书总目·出版说明》，北京：中华书局，1965年。

集》。据《乾隆皇帝全传》统计，他做皇子时写诗1080首，在位六十年间写诗41800首，三年多太上皇又写诗750首，一生总共写诗43630首，比唐朝300年2200多位诗人所写诗的总和还多。这不仅成为中国"文坛佳话"，而且成为世界文坛佳话。其中，咏瓷诗文，据统计有199首。有人说弘历的诗多为文臣代笔，现故宫博物院藏乾隆帝诗朱笔原稿4万多首，说明虽有文臣参与润色，主要却是亲力亲为的。乾隆帝还将王羲之《快雪帖》、王献之《中秋帖》、王珣《伯远帖》，聚珍一堂，名曰"三希堂"，足见他对文化之痴迷。尽管同大书法家王羲之、苏东坡等相比有差距，但总体来说，乾隆帝的书法，笔意灵动、风格潇洒，加入书法家行列当之无愧。乾隆帝的诗文著述、书法绘画、文物鉴赏、戏曲艺术，眼光广阔、学养渊博、才艺多情、品味高雅，处于时代的文化高峰。

乾隆文化大业，就横向来说，促进中西文化之交汇。16—18世纪，海路陆路，交通四达。天主教耶稣会士为传播教义来华，他们大多精通天文、历算、几何、医学、绘画，又学习满、汉文，在中西文化交流上有重要贡献。乾隆帝积极运用纪实性绘画来宣扬清朝的辉煌成就，宫廷绘画结合中西艺术特点，注重光影与焦点透视技法，并采用传统笔墨颜料与纸绢，"中西合璧，集体合作"。传教士画家除郎世宁之外，还有王致诚、艾启蒙、贺清泰等人，其中几位曾奉旨绘制《得胜图》铜版画稿，记录乾隆帝的丰功伟绩。清朝与外界关系的维持，主要是通过朝贡的方式来进行。郎世宁的《百骏图》《爱乌罕四骏》，贺清泰的《白海青》等，所绘正是周边少数民族首领及属邦进贡之物。谢遂的《职贡图》，描绘与清廷来往东西洋通商诸国及周边藩属各族男女服饰形象，并附以汉、满文图说。运用艺术来夸耀帝王的宏伟气派及精致华丽，并不乏以异国情调为设计时尚，这种时代气息从乾隆朝宫中收藏或造办处制作的玻璃、玉雕、珐琅、漆器、钟表、瓷器等器物得到映现。

乾隆朝的文化大业，也包含御窑的长足发展。御窑瓷器，无论日用、陈设、祭祀、赏赐、文房、雅玩，乾隆帝都格外关注。乾隆御窑瓷器，奇巧繁丽，特点鲜明。

二 奇巧繁丽

瓷器属于艺术，艺术追求两端：或简洁——简到增一笔为多，洁到添一点为赘；或繁缛——繁，《离骚》释为"佩缤纷其繁饰兮，芳菲菲其弥章"；缛，《说文》释为"缛，繁采色也"。其实，都是追求华美。乾隆御窑的瓷器，既承前朝之奇巧，又创时代之繁缛。

乾隆帝对艺术收藏有极高的兴趣和品味，对艺术品也有独特的见解和情趣。他以皇帝的身份，亲自主导御窑瓷器的设计与创制，表现出创意新颖，内涵丰富，技法新奇，工艺复杂，秀丽端雅，艺术华彩，打上了乾隆时代的文化印记。其主要特点是善奇巧，重繁缛。

乾隆朝御窑厂热衷于技艺层面的开发，甚至炫耀不同凡响的技艺，追求出奇惊人、巧夺天工的作品。其前朝瓷器，如元至正青花、明成化斗彩等，虽至美矣，却皆静也。乾隆御窑转心瓶、夹层套瓶以及交泰瓶等高难度的艺术品，静中有动，动中有静，以象征天地交通，国泰民安之意。这样的瓷瓶，各个部分都需要分别烧造，然后再拼接成一件整器，技艺难度，臻于极致。

1. 清乾隆祭蓝釉描金粉彩开光乾隆行围图转心瓶，南京博物院藏。通高70厘米，口径20厘米，足径24厘米。这件转心瓶，原放置沈阳故宫，是纪念清帝东巡的一件孤品，后文物南迁，经多次辗转，现为南京博物院的镇院之宝。关于此转心瓶，《饮流斋说瓷》写道：

图109　清乾隆祭蓝釉描金粉彩开光
　　　　乾隆行围图转心瓶

瓶之腹际，玲珑剔透，两面洞见，而瓶内更有一瓶，兼能转动，似美术雕刻之象牙球者然。若是者名曰"转心"，乃内府珍赏殊品也。[1]

这件转心瓶，不但工艺巧，而且创意巧，可谓巧夺天工。主要表现在：

一是内胆要转，内外两瓶之间，缝隙太小，内瓶转不动；缝隙太大，内瓶不稳当。由于瓷坯在烧造时会收缩，缝隙无法事先精确估算，只能根据经验摸索，难度极高。其结构由盖、颈、外瓶、内胆、夹层、底盘六个部分，装配而成。瓶颈下端有铜销，可以套入内胆口沿的插销口，使之与内胆相连；而内胆底部又固定在底盘轴心上。奇妙之处在于：转动瓶颈，可以带动内胆围着轴心旋转；转动

---

[1] ［清］许之衡著，李晨校注：《饮流斋说瓷》，合肥：黄山书社，2016年。

内胆，可以透过瓶身四个粉彩镂窗——看到内胆上的乾隆行围图。

二是外瓶要透，瓶的表面镂空，从外看到里面。一旦镂空，结构受损，可能烧破，难度极高。这样一来，焉能不贵？研究者曾经统计了乾隆时部分御瓷造价，转心瓶造价，创造了最高。如"百子太平大转瓶"，烧造四件，仅成品一件，造价高达220两白银；又如"丹凤来仪转瓶"，烧造三件，仅成一件，造价也达到180两白银。[1]

三是外观要美，通体以亮丽的祭蓝釉为底色，配用金彩，显得华贵庄重，主题纹饰为"乾隆行围图"。通过四个粉彩镂窗，以多种工艺表现出野外的景色，近处是牙雕的侍臣，远处是粉彩秋郊山野景观，而牙雕乾隆帝像则在仪仗、侍卫簇拥下，策马而来，再现了皇家行围场景。随着内胆的旋转，画面变换，栩栩如生。

这件转瓶，一将瓶盖、内胆和外瓶，二将近景、中景和远景，三将牙雕、绢作和绘画，四将瓶颈、腹和底盘，巧妙地融合于一件瓷器之中，既写实又虚幻，既能静又能动，令人耳目一新，心灵为之震撼。

2. 清乾隆黄地粉彩镂空干支字象耳转心瓶，故宫博物院藏。高40.2厘米，口径19.2厘米，足径21.1厘米。瓶表现的主题是时间。外瓶四面开光，分绘四季，天地变换；内瓶绘婴戏图，人生初旅，童趣盎然。最妙的是，此瓶口部和颈部都可转动，转缝上侧书天干——甲乙丙丁戊己庚辛壬癸，下侧书地支——子丑寅卯辰巳午未申酉戌亥。一旦转动起来，天干地支相配，可做万年历用。这件转心瓶，上转下不转，内转外不转，既智矣，又巧矣。乾隆九年（1744）为甲子年，御窑烧造此瓶，象征万年之始。皇朝之运，循环如意，辐

---

[1] 梁淼泰：《雍乾时期景德镇传办瓷器的计数》，《南昌大学学报》（人文社会科学版）2003年第3期。

图110 清乾隆黄地粉彩镂空十支字象耳转心瓶

图111 清乾隆黄釉粉彩八卦如意转心套瓶

辕连绵,亿万斯年。

乾隆帝的文化趣味,既善奇巧,又重繁缛。举两件瓷器,可见一斑。

1. 清乾隆黄釉粉彩八卦如意转心套瓶,台北故宫博物院藏。高19.5厘米,口径6.1厘米,足径6.8厘米。这件作品,烧造奇巧,瓷艺精绝。不仅同时汇集转心、套瓶及交泰的技法于一器,而且纹饰还包含彩绘与镂空两种技法。整只瓶子可以拆分为瓶颈、腹部和内瓶,而腹部又由如意云纹错开,形成上下两截,构成"交泰"的瓶式。以手触动瓶颈,内瓶随之旋转,而瓶腹上下则既相错开,又维持着巧妙的套合关系。镂空的八卦纹及上下分开的如意云纹,使内瓶景物,隐约可见,穿透玲珑。除结构奇巧之外,彩绘也颇具匠心。瓶面先施黄釉,又在釉面上锥拱锦地纹,再绘以蓝、白、紫、粉绿、深绿、橘红等颜色的番莲花、蕉叶和花朵,筋脉丝缕,浓淡深浅,绚丽精细,繁复灵动。这件"夹层玲珑交泰瓶",既能转动,又能开合,为督陶官唐英及其助理老格精心

图112 清乾隆粉彩描金书函式金钟笼

研发烧造的瓷器新品种。

2. 清乾隆粉彩描金书函式金钟笼，故宫博物院藏。金钟笼，就是养蛐蛐、蝈蝈等鸣虫的笼子。这件金钟笼，通高14厘米，长20.5厘米，宽11.7厘米。这件瓷器笼子，模仿乾隆青年诗集《乐善堂全集》带织锦的线装书函。上面是仿石质拱形纽印章；而印章下就是笼子的喂食口，内里中空，有虫食槽。印章旁是一个圆形印泥盒，内置樱桃、花生、莲子、瓜子等象生瓷果品；有五孔与箱体相通，盒盖移开后，可以通过孔洞发出鸣虫叫声。这样，本来是一个喂养鸣虫的笼子，创烧成一件既能养鸣虫，又能做文房陈设的精美瓷器。这同明朝宣德蛐蛐罐相比，瓷器技艺，大为提升。

乾隆御窑瓷器，在艺术和技术上，仿古而不泥古，创新而不乖戾，既集古今瓷器之大成，又创中外瓷器之新颜。

三 集成创新

人们常说，文如其人。对乾隆皇帝而言，可以说瓷如其人。乾隆御窑的瓷器，既集成，又创新。列举四件瓷器，简略介绍如下。

1. 清乾隆多种釉彩大瓶，故宫博物院藏。高86.4厘米，口径27.4厘米，足径33厘米。《景德镇陶录》记载：

> 凡器之高大件，最难烧造，如二尺四大盘、顶皮大碗、千圾五百圾[1]大地瓶、五百圾大缸、三百圾花桶等器，口面既大，圾数又高，造时必倍其坯式，较劣取优者，送窑经烧，难保不有蹻、扁、损、挫之患。[2]

就是说，一件大器，如大缸、大瓶、大盘、大碗、大尊、人鼎等，不知要烧造多少炉、破损多少件、花费多少工、耗费多少钱，方能烧造成功一件。此瓶硕大，超出一般，被称为"瓷母"。之所以被称为"瓷母"，不仅因为其器形硕大，而且因为它把各种釉彩集合于一器。

这尊大瓷瓶，十五种釉彩、十六道纹饰，各层之间都用金彩细条隔开。我们从上往下数：

——第一层：口沿金彩；

——第二层：紫地珐琅彩花卉；

——第三层：蓝地珐琅彩花卉；

---

[1] 圾，瓷器的特殊计量单位，一般五圾、十圾、百圾、五百圾、千圾、万圾等，其圾数愈大，则容量愈大。

[2] ［清］蓝浦、郑廷桂著，欧阳琛、周秋生校点，卢家明、左行培注释：《景德镇陶录校注》，南昌：江西人民出版社，1996年。

图113　清乾隆多种釉彩大瓶

——第四层：仿汝窑釉，釉面呈天蓝色，有细小开片；

——第五层：青花缠枝花卉；

——第六层：松石绿釉；

——第七层：仿钧窑釉，呈现窑变效果；

——第八层：斗彩花纹；

——第九层：粉青釉，饰图案；

——第十层：蓝地描金开光，在腹部绘十二个长方框，框内作图，称为"开光"，其主题纹饰是：六幅为写实画面，三阳开泰、吉庆有余、丹凤朝阳、太平有象、仙山琼阁、博古九鼎；六幅为吉祥纹饰，卍福、蝙蝠、花卉、灵芝、如意、蟠螭，其寓意是：万福富贵、长寿如意。

——第十一层：仿哥窑釉；

——第十二层：青花纹样；

——第十三层：淡绿釉，饰花瓣纹；

——第十四层：红地描金彩，饰回纹；

——第十五层：仿官釉，釉面呈粉青色，有开片；

——第十六层：金酱釉，饰描金花纹。

整个瓷瓶，集仿宋官、哥、汝、钧各窑，青花、斗彩、珐琅彩、粉彩、金彩、洋彩，釉色白、青、蓝、黄、红、绿、紫、酱、金等，釉下彩、釉上彩、斗彩、洋彩、窑变、开片，工艺精绝，争奇斗艳。就瓷器烧造技艺而言，这样一件既集大成又有创新的御窑瓷器，烧造技术，极其复杂，传世之作，仅此一件。它集中体现了乾隆时期御窑集成创新的高超瓷艺，故称"瓷母"。

2. 清乾隆古铜釉描金寿字方壶，台北故宫博物院藏。高36.7厘米，口横7.4厘米，口纵10.6厘米，底横13.6厘米，底纵10.2厘米。乾隆帝好古字画、古青铜器。这件方壶在器形、釉色与纹饰等方面，模仿古代青铜礼器及玉器，既仿古铜釉色，又仿古玉乳钉纹而加以金彩图绘。壶有螭形双耳，表面着意添加描金"寿"字铭，将古意翻新为乾隆朝的新风格。

图114 清乾隆古铜釉描金寿字方壶

图115　清乾隆珐琅彩开光西洋人物螭耳瓶

3. 清乾隆珐琅彩开光西洋人物螭耳瓶，台北故宫博物院藏。高18.9厘米，口径5.4厘米，足径6.3厘米。瓶敞口、长颈、弧肩、长腹、平底。乾隆帝受西洋文化影响，他扩建圆明园，修筑喷泉，收集西洋艺术精品，以壮万国之观瞻。也受邻邦文化交流影响，北印度的痕都斯坦玉，也由清宫玉匠精雕细琢出"乾隆御玩"。在御窑瓷器上，西洋风景与人物故事，出现于珐琅彩瓷。乾隆二十七年(1762)，画院处与珐琅处合并，在瓷胎画珐琅烧造上突破前朝造型与纹饰，器形渐大，图案创新——有欧洲情调，仿绘法国画珐琅重镇里摩居风格，突破传统纹饰，多以天使、西洋人物、妇女、婴儿为装饰图样。这件瓷瓶，肩部附对称螭形耳。器腹前后以田野风光作背景，饰开光西洋妇女及孩

图116 清乾隆三希堂东墙壁瓶

童。人物面部以朱红点出人物之唇。额、鼻、手、胸部裸露肌肤部位,以立体明暗法渲染。此瓶风景绘法近似油画,但并非外国制作,而是特别为宫廷烧造的陈设瓷。

最后,再介绍乾隆壁瓶。壁瓶,就是挂在墙壁上供观赏的半圆瓷瓶。乾隆帝的书房三希堂,墙上挂有不少壁瓶,有葫芦瓶、胆瓶、橄榄瓶、双耳瓶等壁瓶,由景德镇御窑烧造。还有一种壁瓶,挂在皇帝的轿子上,称"轿瓶"。

4. 清乾隆蓝锦地粉彩蝠桃如意云纹开光御制诗句双耳轿瓶,南京博物

图117 清乾隆蓝锦地粉彩蝠桃如意云纹开光御制诗句双耳轿瓶

院藏。唐英曾著文《恭纪御制诗碑后敬赋小诗识事》,专门记载这对轿瓶的烧造经过。乾隆七年(1742)十月二十七日,唐英视察御窑厂完毕,起程返回九江关路上,接到圣旨并御制诗一章。诗是乾隆帝行围木兰时所作。御制诗,其文曰:

　　官汝称名品,新瓶制更嘉。
　　随行供啸咏,沿路撷芳华。
　　挂处轻车称,簪来野卉斜。
　　红尘安得近,香籁度帷纱。

乾隆帝让唐英把这首御制诗,烧到轿瓶上,挂在乘舆中,边览轿外景观,边赏轿内玩物,以诗配瓶,相得益彰。

唐英当即于二十九日返回景德镇。时已入冬,天寒地冻,工匠回家,窑厂停工。唐英紧急召集工匠，又急召"众多好手"。老天垂怜，天气晴暖，一切顺遂。经过17天，轿瓶烧造成。[1]

这对轿瓶，主题福寿：瓶绘蝙蝠，寓意多福；又绘瑞桃，寓意长寿——合图寓意，福寿双全。蝙蝠呈红色，旁绘云纹，展翅天空飞翔，寓意洪福齐天。下部绘山石、海浪，寓意福山寿海。在福寿环绕下开光题诗，把所有美好祝愿都献给皇上——这是唐英一切努力的落脚点。

瓶既告成，谢天谢地谢皇上，唐英为此专门在景德镇御窑厂背依的珠山之巅建了一座"御诗亭"，亭中竖碑，镌刻这首御制诗。

总之，乾隆御窑瓷器，既集元明瓷器之大成，又开清朝瓷器之大局。然而，乾隆御窑的烧造，做出最大贡献者，当是督陶官唐英。

【小资料】

（1）壁瓶，是指挂在墙壁上的瓷瓶。原来瓷瓶圆、匾、棱，未见半瓶。壁瓶则可以挂在墙上、轿上、车上、船上等。

（2）转瓶，分外瓶与内胆、上瓶与下瓶等多种样式，有内转外不转、外转内不转、上转下不转、下转上不转等多个品种。

---

[1] ［清］唐英：《遵旨烧造诗文轿瓶折》，《唐英督陶文档》，北京：学苑出版社，2012年。

唐英督陶

在清康雍乾百年文化大业的星空上，出现了一群文化闪光之星，如文学曹雪芹、史学黄宗羲、经学阎若璩以及瓷学唐英，等等。在中国瓷器史与世界瓷器史的时间交汇点上，唐英不仅是中国御窑千年第一人，而且是世界陶瓷史上一大家。

一 唐英家世

唐英生活的康雍乾时代，中华瓷器既处于中国瓷器史上的高峰，也处于世界瓷器史上的顶端。历史产生英雄，英雄创造历史。唐英是中国陶瓷史上一个鲜明的例证。

唐英字俊公，[1]自称蜗寄，今辽宁沈阳人，生于康熙二十一年（1682），卒于乾隆二十一年（1756），享年75岁，为满洲正白旗包衣，先任八旗满洲正白旗包衣旗鼓佐领，继为八旗满洲正黄旗包衣旗鼓佐领。《清史稿》有传。据《八旗满洲氏族通谱》载：

---

1 《清史稿》卷505《唐英传》，北京：中华书局标点本，1977年。

图118 唐英雕像

唐应祖,正白旗包衣旗鼓人,世居沈阳地方。来归年分无考。其曾孙唐英,现任员外郎,兼佐领。元孙德格,现任八品官;庚保、寅保,俱现系举人;寅年,现系生员。四世孙唐景,亦现系生员。[1]

上述记载,透露信息:

其一,唐英祖籍沈阳,汉人。

其二,唐英曾祖唐应祖归顺努尔哈赤,为满洲正白旗包衣。

其三,唐英官内务府员外郎,兼内务府正白旗包衣旗鼓佐领。

其四,唐英的长子庚保、次子寅保,时为生员。寅保中乾隆十三年(1748)进士;三子万保,记载不详。

在上文,唐氏"来归"的年份和身世,俱无记载。女真、满洲的汉人奴仆,其来源有六种,或买来、抢来、俘来,或逃来、投来、附来。史料无征,

---

[1] 《八旗满洲氏族通谱》卷78,沈阳:辽沈书社,1989年。

难以考究。但唐英的旗分和身份，值得简略考明。

在这里，要解释"正白旗""正黄旗""包衣""旗鼓人"：

清朝的旗人，[1]分作八旗满洲、八旗蒙古、八旗汉军。八旗满洲又分作镶黄、正黄、正白、镶白、正红、镶红、正蓝、镶蓝八个旗。其中，八旗满洲的镶黄旗、正黄旗和正白旗，称作"上三旗"。所谓"内务府三旗"就是八旗满洲的镶黄旗、正黄旗和正白旗。

清朝的"包衣"，全称是"包衣阿哈"，其包衣的满文为bao i，汉语意思是"家内的"；"阿哈"的满文为"aha"，汉语意思是"奴仆"。

清朝的"旗鼓"，满文写作"cigu"，为汉语"旗鼓"的音译。古代中原军队有旗鼓、仪仗人，而归顺满洲的汉人，被编入佐领，隶籍于旗鼓佐领的就称为旗鼓人。

由上可知，唐英先是隶属内务府八旗满洲正白旗包衣旗鼓佐领下人。《钦定八旗通志》记载：唐英隶籍于内务府八旗满洲正白旗包衣"第四参领第二旗鼓佐领"。此佐领为康熙三十四年（1695）编立，初以马虎为佐领，而后佐领或故，或转，或革，或调，其第五任旗鼓佐领，命员外郎唐英管理。而唐英怎么又与满洲正黄旗有关系呢？因为唐英由正白旗之包衣旗鼓佐领，而被改任为满洲正黄旗包衣旗鼓佐领。同书又载：八旗满洲正黄旗包衣第五参领下第四旗鼓佐领，康熙三十四年（1695）分立，而后佐领或故，或调，以唐英管理。唐英为该旗包衣第五参领下第四旗鼓佐领的第八任旗鼓佐领。[2]后其子寅保，任满洲正黄旗包衣第五参领下第一旗鼓佐领的第十五任旗鼓佐领。

---

1 清朝在旗的称旗人，不在旗的为民人。旗人，不能称作旗民，因为"旗"和"民"是两个不同的范畴，不可混淆。
2 《钦定八旗通志》卷5《旗分志》，文津阁四库全书本。

唐英先是内务府八旗满洲正白旗包衣旗鼓佐领下的人，后升为该旗的旗鼓佐领；又后任八旗满洲正黄旗包衣旗鼓佐领。由是，唐英既受到宫廷信任，为皇家服务，又改变不了身份，为满洲家奴。

唐英生活在康熙、雍正、乾隆三朝。时中原安定，经济发展，文化昌盛，御窑繁荣，时代赋予唐英大显身手、展示才华的有利机遇。

在康熙朝——内廷供役。唐英生于康熙二十一年（1682）五月初五，7岁入学读书。康熙三十六年（1697），唐英16岁时入养心殿造办处供奉，后任职宫廷画样。[1]是为唐英人生的第一个转折点。他在内廷见识名器、名书、名画、名家。他曾同"四王"之一、《万寿盛典图》总裁王原祁舟系峰下，篷窗见月，二人对谈。王原祁指点他说：

> 有志斯道者，当于笔外求笔，墨外用墨，丘壑探之冰雪襟怀，结构炼之炉冶造化。趣味在有意无意之间，彩泽含若隐若显之中。……宁古毋今，宁拙无巧。惜墨等兼金，运笔疑鬼斧。兴至，则吮毫舒楮；兴尽，则趺坐[2]闲吟。作画时如万物皆备，置笔后一物不著，乃为身在壶中跳出圈外，此则品高道胜者也。[3]

唐英到雍正朝，得到了重用，连走"三运"。其一，雍正元年（1723），唐英被雍正帝提拔为内务府员外郎。其二，雍正三年（1725），圆明园来帖，称唐英"奉旨画的款式甚好"。他做事勤勉，艺术修养高，受到雍正帝表扬，

---

1 《养心殿造办处各作成做活计清档》，中国第一历史档案馆藏。
2 趺坐，僧人盘坐。王维《登辨觉寺》诗云："软草承趺坐，长松响梵音。"
3 《唐英全集·题罗梅仙画山水跋》，北京：学苑出版社，2008年。

这成为他将要受到重用的信号。先是，明景德镇御器厂，"以中官督造，后改巡道，督府佐司其事，清初因之"。[1]康熙时，景德镇御窑先有臧应选督陶，出现"臧窑"御瓷；后郎廷极督陶，出现"郎窑"御瓷。雍正时年希尧督陶，出现"年窑"御瓷。其二，雍正六年（1728），唐英受命赴景德镇，驻厂督陶，协助总理陶政的年希尧工作。唐英出京赴任，时雍正帝谕旨："工匠疾苦宜恤，商户交易宜平。"

在内务府的30年间，唐英养成了既敬业又敏行的素质，造成了既谨慎又清廉的性格，培育了既能书又能画的修养，修炼了既为官又为民的品行。唐英到任后，兢兢业业，一干七年。

在乾隆朝，唐英先后管理淮安关、九江关、粤海关，遥领陶务。乾隆二十一年（1756）才获准病辞，同年去世。唐英在乾隆朝主理景德镇御窑及相关工作长达21年。在有清一代景德镇御窑督陶官员中，唐英任事最久，工作最勤，业务最精，贡献最大，烧造出举世闻名的"唐窑"瓷器。唐英自己也"以陶人自况"。

二 唐英督陶

雍正六年（1728），雍正帝命"唐英着内务府员外郎衔，驻景德镇御窑厂，佐理陶务，充驻御窑厂协理官"。这一年，他47岁，是其人生的第二个转折点。时年希尧总理陶务，唐英初到御窑厂，于瓷器烧造，如自己所说："茫然不晓，日唯诺于工匠之意，惴惴焉，惟辱命误公之是惧"。唐英面临新的职责、新的挑战，是退缩、应付，还是担当、奋进——放下官员架子，变外行为

---

[1] 《清史稿注》卷505《唐英传》，台北：台湾商务印书馆，1999年。

内行？唐英的回答是：

> 用杜门，谢交游，聚精会神，苦心竭力，与工匠同其食息者三年。[1]

唐英苦学三年，做到"四不、四同、四学、四会"。

第一，闭门谢客，"四不"：不应酬，不唱和，不访客，不出游。

第二，放下架子，"四同"：同工匠，同吃饭，同劳作，同休息。

第三，钻研业务，"四学"：学窑务，学管理，学技术，学瓷艺。

第四，成为内行，"四会"：会制胎，会釉料，会彩画，会窑火。

"不经一番寒彻骨，怎得梅花扑鼻香。"三年之后，到雍正九年（1731），唐英说："于物料火候、生克变化之理，虽不敢谓全知，颇有得于抽添变通之道。向之唯诺于工匠意旨者，今可出其意旨唯诺夫工匠矣。因于泥土、釉料、坯胎、窑火诸务，研究探讨，往往得心应手。"

一个内府官员，一个包衣画匠——"纸上得来终觉浅，绝知此事要躬身"（陆游句）。唐英躬下身来，向工匠学习，变外行为内行，实在难得，实为可贵。其精神，其践行，堪称榜样，百世可鉴。

唐英于御窑瓷器，主要有三大贡献：

第一，瓷艺贡献。唐英在28年的御窑管理与烧造过程中，亲自督导和烧造，数量多，质量优，精品美，影响大，瓷器被誉为"唐窑"，唐英被誉为"瓷神"。从雍正六年（1728）到十三年的8年间，景德镇御窑烧造瓷器"不下三四十万件"。乾隆二年（1737），正月接旨、五月呈送瓷器59种、47120

---

[1] ［清］唐英：《瓷务事宜示谕稿序》，《唐英督陶文档》，北京：学苑出版社，2012年。

件。有学者估计,在乾隆初期唐英督陶的20年间,共为宫廷烧造瓷器达50万—60万件。唐英理陶、督陶的30年间,御窑烧造瓷器约有100万件。唐英督陶烧造的瓷器,既仿古集成,又采今创新。

仿古集成,就是仿制历代名窑名瓷。雍、乾二帝追慕前朝精美瓷器,复制宋代名窑及明窑瓷器,就成了唐英的重要任务。如雍正帝好钧窑,唐英到任不久,就派幕友吴尧圃赴钧窑旧址,调查釉料配置方法。他作《春暮送吴尧圃之钧州》诗,勉励吴君:

此行陶冶赖成功,钟鼎尊罍关国宝。
玫瑰翡翠倘流传,搜物探书寻故老。

吴尧圃不辱使命,掌握了钧窑生产诀窍,有了扎实技术储备,唐英仿制工作成功。有诗赞曰:"如汝柴官哥定钧,各肖其式繁其伦。"[1]

唐英仿烧宋瓷,惟妙惟肖,几乎乱真。他仿制的明朝永乐、宣德脱胎白釉、甜白刻花、印花等瓷器,形似神似,真仿难辨。

采今创新,就是创制新品。前面讲到乾隆朝瓷母、交泰转心瓶、干支字转心瓶、轿瓶、仿生瓷、西洋画瓷等,创新之例,不胜枚举。在唐英时,釉上彩、釉下彩、颜色釉均有新突破。在他主持下,景德镇御窑创烧颜色釉几十种,如胭脂红、秋葵绿等都是著名的颜色釉。

"唐窑"瓷器被公认是御瓷中珍品,不仅在国内,而且在世界,都达到空前之水平。《中国的瓷器》一书说:

---

[1] [清]钱陈群《香树斋诗文集》,《清代诗文集汇编》,上海:上海古籍出版社,2010年。

中国瓷器，到了唐窑，确实集过去所有制作之大成。

于瓷器造型设计，尊鼎觚盘礼器，花果人物文房，应有尽有；于瓷器颜色装饰，各种色釉57种，色彩绚丽斑斓，无所不能；于瓷器制作技艺，山水人物花鸟，绘画皴染之制，极尽所能。这在中国和世界陶瓷史上，都写下华彩的一章。这些精美的产品，融入了唐英的心血智慧，散发出夺目的艺术光芒。

唐英能文能诗，善书善画，兼事篆刻，精通制瓷。由于潜心钻研陶务，并且身体力行，他积累了丰富的制瓷经验，其主持烧造精美瓷器，既深受两朝皇帝的赏识，也成为中华瓷器的珍品。今国宝级陶瓷中的唐英作品，无一例外，都是精品。举三器，以为例。

1. 清雍正珐琅彩雉鸡牡丹纹碗，故宫博物院藏。高6.6厘米，口径14.5厘米，足径6厘米。碗的胎体极薄，内外白釉，洁白如雪，莹润似玉。外壁以珐琅彩装饰，用多种色彩绘画雉鸡和牡丹，寓意"吉祥富贵"，题"嫩蕊包金粉，重葩结绣云"。外底署"雍正年制"四字双行款，边围双方框。画诗书印，融为一体。画工细腻，色彩艳丽。

2. 清乾隆青花缠枝桂花纹交泰转心瓶，故宫博物院藏。瓶撇口，短颈，扁圆腹，圈足。内施松石绿釉，外通体黄地青花装饰，中部镂空。瓶内套一小瓶，与外瓶口部相连，能转动。外底署"大清乾隆年制"六字三行款。此瓶寓意：上下一体，天下太平，富贵荣华，万事如意。唐英在乾隆八年（1743）奏折称："新拟得夹层玲珑交泰瓶"进呈。此为清宫旧藏，当为唐英作品。

3. 清乾隆珐琅彩花卉纹诗句瓶，故宫博物院藏。瓶束颈、溜肩、圈足。通体施白釉，外壁用各色珐琅料绘月季、蜡梅、翠竹、水仙等花卉。题写"夕吹撩寒馥，晨曦透暖光"。闲章首引"佳丽"，末尾是"金成""旭映"，外底署"乾隆年制"四字双行款，外围双方框。画工细腻，妩媚娇艳。

图119 清雍正珐琅彩雉鸡牡丹纹碗

图120 清乾隆青花缠枝桂花纹交泰转心瓶

图121 清乾隆珐琅彩花卉纹诗句瓶

唐英将制瓷工艺与诗、书、画、印相结合。在陶瓷品类的创新上，后来成书的《景德镇陶录》赞叹道："厂窑至此，集大成矣！"誉称唐英督陶创新局面："有陶以来，未有今日之美备！"

第二，学术贡献。唐英钻研陶务，身体力行，不仅实践经验丰富，而且进行理论总结，编写出《陶冶图说》《陶成纪事碑记》《烧造瓷器则例章程》等陶瓷经典文献。学苑出版社出版《唐英全集》《唐英督陶文档》则是其集大成者。唐英对御窑瓷器的制作及其发展创新，作出了开创性的贡献。《陶冶图说》和《陶成纪事碑记》是其二例。

先是，乾隆帝命宫廷画师孙祜、周鲲、丁观鹏，绘制《陶冶图》20幅，记录乾隆御窑制瓷的工艺过程。据《清宫内务府造办处各作成做活计清档》记载：乾隆八年（1743）闰四月，朝廷造办处将此图交给唐英，命其按制瓷顺序编排，并为每张图画撰写说明。当年五月，唐英即以左图右义的形式编成《院本陶冶图册》，即著名的《陶冶图说》。全书图20幅，文4500字，以图像配文字的形式，记录陶瓷制作工艺过程，对我国古代的制瓷工艺与实践技术做出总结。这是一部陶瓷工艺史的经典文献，也是中国古文献中第一本完整记录景德镇制瓷工艺的历史文献。

《陶成纪事碑记》是唐英的又一学术贡献。这是一篇陶瓷工艺学著作，为当时御窑烧造瓷器产品、工艺的实录，备载经费、工匠解额，胪列诸色瓷釉，仿古采今，有57种。近年在御窑遗址发掘清理出《陶成纪事碑记》残碑，由景德镇市陶瓷考古研究所收藏。

第三，制度贡献。唐英任内，就人事、财务、生产、工艺，诸多方面，都立规矩。如财务制度，原来御窑开支浩大，财务制度不清。钱花了多少、花到哪里去了，缺乏统计；什么钱该花、什么钱不该花，缺乏标准。制度有漏洞，办事人员就会钻营牟利，朝臣就会议论纷纷，皇帝就会猜疑不止，窑官就会动辄得咎。由是，唐英意识到，皇帝信任靠不住，陶官监督靠不住，下属操守靠不住，个别经验靠不住，靠得住的是制度。唐英制定了《烧造瓷器则例章程》。唐英在两百年前就实施成本核算，观念超前，制度完备，切实可行，贡献斐然。

唐英在"仿古采今"，烧造"唐窑"精品的同时，其包衣身份，使他没有机会潜心读书、精熟经典、参加科考、取得功名。他留下肺腑心语，以此为终生遗憾。

三　唐英心语

唐英的文集《陶人心语》，收录他的主要作品。其诗文朴素无华，恬淡自然，他多选择自然景色和庭院风光，利用律诗对仗平仄，绘出一幅幅清淡图画。唐英也有言志诗，如他在墨彩云龙三现纹笔筒上，有七律一首："指日春雷震太空，甲麟头角动英雄；乘云带雨飞千里，吸雾呼风上九重。掷杖葛陂仙法大，点睛僧壁巧人同；思波挑浪溶溶暖，一任遨游四海中。"

唐英的人生，自谓"蜗寄"，具体分析，是任劳、任怨、任贫、任贱。

任劳，就是一个字——累。雍正时虽窑务由年希尧统管，但实际重担全压在唐英身上："一切烧造事宜，俱系奴才经营。"后来，他成为统管，春秋巡厂，督办窑务。二十八年，如同一日，小心谨慎，不敢懈怠，积劳成疾，三患大病，在景德镇，终于累死。

任怨，就是一个字——冤。瓷器数量少了、质量差了、破损多了、工期迟了、花钱超了，不满意了，不管他是否有过，都会受到皇帝指责。除了挨骂，还要挨罚。皇帝不悦，责令罚钱，一次"赔补二千一百六十四两五钱五分三厘三丝五忽二微"。相当于唐英四年多工资。一切委屈，自己忍耐。

任贫，也是一个字——穷。历朝陶官，都是肥差，趋之若鹜，因可以贪。唐英不损公肥私，还自掏腰包："所有新样，皆奴才自出工本。"进项少、开支多，捉襟见肘，自然要穷。唐英多次吟诗叹贫："心为情缘热，家随宦况贫"；"六十五年半贱贫，贱贫琢练老精神"，以此解嘲。

任贱，还是一个字——卑。唐英虽官为督陶，却身为包衣，深知自己是皇帝家奴，唯"冰兢自持"，以自保平安。唐英"渊深临战栗，冰薄屡彷徨"——从未办过出格事、说过出格话。他遇到位高权重之人，还要"冷热面前赔色笑"，指望对方伸手不打笑脸人。这种低贱身份，内心备受煎熬。

风尘学者，冠盖陶人。唐英曾作《书怀》诗云"风尘中学者，冠盖里陶人"，道出了内心的憋屈：虽为学者，却染风尘；虽顶冠盖，却是陶人。如此纠结，焉不苦恼？

学者之称，唐英当之无愧。他不仅在御窑建功立业，而且工诗、善画、能书、篆印，还会制瓷，更懂戏剧。唐英平生最快乐之事，大概是悬赏征诗。他在九江任职时，捐俸重修琵琶亭。亭为白居易写《琵琶行》遗迹，在署左，临江边，重建后，有故事。史载：

> 唐蜗寄英，榷九江，置纸笔于亭上，令过客赋诗，开列姓名，交关吏投进。唐读其诗，分高下以酬之。投赠无虚日，坐是亏累，变产以偿，怡然绝不介意。[1]

文人骚客，纷至沓来，真是"一角琵琶亭，千秋翰墨丛。公今既往矣，何人

---

[1] 傅振伦、甄励：《唐英瓷务年谱长编》，《景德镇陶瓷》1982年第2期。

继高风？"[1]著名文人袁枚曾躬逢其事："贱子当年系短桡，也曾援笔赋鹧鸪。"后旧地重游，回忆当年诗酒高会、彻夜雅集的盛况：

> 一纸诗投两手迎，敲残铜钵几多声。
> 姓名分向牙牌记，宾主重中缟纻情。
> 酒赋琴歌听不足，风警晨乌夜秉烛。
> 才子高擎鹦鹉标，侍儿争进防风粥。[2]

从文人雅趣，回到了现实，唐英又变得风尘仆仆，其至灰头土脸。俗雅之间，纠结不已。

唐英在景德镇，受到敬重。他从粤海关调回九江关，首次巡视景德镇御窑厂，民众夹道欢迎：

> 抵镇日，渡昌江，阖镇士民工贾，群迓于两岸，靡不咨嗟指点，叹余之龙钟老为者，且欢腾鼓舞，颇有故旧远归之意。

唐英感泣万分，赋诗咏怀：

> 青丝染霜回故地，何劳镇民夹道迎。
> 衰翁有负众家恩，关外子身吾陶人。

---

1 傅育红选编：《乾隆朝〈烧造瓷器则例章程〉》，《历史档案》2015年第2期。
2 [清]袁枚著，周本淳标校：《小仓山房诗文集》，上海：上海古籍出版社，2011年。

百姓的热情，令唐英感动，更成为他制作和创新瓷器的一股动力。

唐英署名瓷器作品数量多，制作精。据耿宝昌先生研究，故宫博物院收藏多件有唐英署名自制的瓷器，如白地墨彩篆书寿字笔筒、白地墨彩行书笔筒、仿官釉墨彩行书诗句水丞、冬青釉隶书《朱子家训》瓷板等，堪称精品。[1]另如清乾隆像生瓷山子，故宫博物院藏。高6厘米，长12.3厘米，宽4厘米。此山子仿自然山峰，先烧成白瓷胎，后施土色彩釉，再低温焙烧而成。底部暗刻"蜗寄居士清玩"六字一行款。另有"万年甲子笔筒"[2]等"唐窑"瓷器精品。

唐英的人生已成定局。唐英的心结是寄望后辈考功名，成重臣，摆脱包衣身份。其长子庚保，在内务府造办处供奉。次子寅保，中进士，选庶吉士，授编修，仕途一片光明，唐英欣喜万状。不料乾隆帝仍让他学习陶务，准备接班。眼看两个儿子都走上自己的老路，包衣身份，何时是了？唐英黯然神伤，吟诗消愁。然而，唐英一生酷爱读书："予性喜读书，每漏下四五，披阅不休。"（《陶人心语》）读书，既为其心性使然，也为其心苦解脱。

"未能随俗惟求己，除却读书都让人。"这是唐英人生观的写照：既有严于律己的内省，又有宽以待人的胸怀。但唐英一生，脱不掉包衣身份，洗不掉俗务风尘，换不掉陶人身份，忘不掉心灵宏愿。

唐英留下著作《唐英全集》和《唐英督陶文档》；也留下诗作，据统计有590首，实际有600余首；特别是留下了精美珍贵的"唐窑"瓷器。

"真清真白阶前雪，奇富奇贫架上书。"唐英不幸，沦为满洲阿哈；唐英有幸，成为陶瓷英杰。而有幸与不幸嫁接出的一枚硕果——唐英功业，灿烂

---

1 耿宝昌：《谈唐英款的瓷器及其他》，《景德镇陶瓷》1982年第2期。
2 《唐英督陶文档》。

图122　清乾隆像生瓷山子

辉煌。唐英既有论著又懂工艺，既长文史又善书画，既敏于学又笃于行，既为官员又做工匠。"浮梁城下水，清照使臣心"，其清廉情操，其敬业精神，其理论著述，其"唐窑"精品——做出历史结论：御窑千年史，唐英第一人。

【小资料】

（1）汉军有狭义与广义之分：其狭义，是指八旗汉军；其广义，是指后金和清初归附的汉人，被编入汉军和内务府三旗包衣佐领、包衣旗鼓佐领人。如唐英，《八旗满洲氏族通谱》被列入内务府满洲正白旗包衣旗鼓佐领人，而不列入汉军；但其子寅保，参加科考，而旗人科考只有三种学籍——满洲、蒙古、汉军，内务府三旗包衣佐领、包衣旗鼓佐领下人，均被列入"汉军"学籍，所以《清史稿·唐英传》记载："唐英，字俊公，汉军旗人。"这是指广义的汉军，也就是科考时的学籍，并不是唐英及其子寅保被编入八旗汉军。

（2）唐英书名，兹据统计，四字款识有九个：蜗寄居士、蜗寄老人、陶成居士、沐斋居士、榷陶使者、陶榷使者、甄陶雅玩、陶成宝玩、沈阳唐英；三字款识有五个：俊公氏、督陶使、古柏堂、古泉堂、陶成堂；署二字款的有十三个，唐英、俊公、隽公、叔子、蜗寄、陶人、半山、片月、松风、玉峰、沐斋、居士、古泉。

（3）唐英"佑陶灵祠"青花瓷匾，于雍正九年（1731），为"风火仙庙"所书，匾长135厘米，宽43.5厘米，现藏中国景德镇陶瓷博物馆，具有重要史料与文物价值。

日薄西山

清代御窑到嘉庆以后,伴随清朝内忧外患,历史大势,日薄西山。其前六朝天(命)、天(聪)、顺(治)、康(熙)、雍(正)、乾(隆),180年,御窑随着清朝兴盛而兴盛;后六朝嘉(庆)、道(光)、咸(丰)、同(治)、光(绪)、宣(统),116年,御窑也随着清朝衰亡而衰亡,如"九斤嫂过年——一年不如一年"。随着大清皇朝覆亡,御窑退出历史舞台。这是清朝御窑史的最后百年,也是中国御窑史的最后百年。

一 最后百年

乾隆后期,国家承平日久,改革动力渐失,痼疾逐一显现,明显呈现颓势。景德镇御窑也一样,从乾隆帝死到大清朝亡,皇帝重视不足,国家财力不支,工匠墨守成规,战火不断燃烧,百年之间,江河日下。

——嘉、道、咸三朝66年,是御窑缓慢衰落期。嘉庆朝的内忧如白莲教民变,道光朝的外患如鸦片战争,咸丰朝的内忧加外患——如太平天国攻占南京和英法联军侵入北京,加速了清朝的衰落。其间,从嘉庆朝开始,国家不再派专职官员驻厂督陶,仅由九江关监督遥领,严重削弱了御窑的管理。嘉庆四年(1799),御窑经费从乾隆时期每年银10000两,减少为5000两。

道光二十七年（1847）以后，降为2000两。在内外双重击压下，咸丰五年（1855），御窑停烧。

——同、光、宣三朝50年，是御窑加速衰落而又回光返照期。这一时期，慈禧太后柄政，三个幼帝继位年龄——同治帝6岁、光绪帝4岁、宣统帝3岁。清朝在慈禧太后把持朝纲的48年间，战争一仗败一仗，割地一片又一片，赔款一笔又一笔，耻辱一遭又一遭。然而，尽管国难当头，危机四起，外债高筑，民怨沸腾，但慈禧太后仍然大办儿子的婚礼和自己的庆寿盛典，挥金如土，穷奢极欲。

先是，太平天国时期，景德镇遭兵火，窑厂毁于一旦，瓷业街市萧条，工匠四处流散。太平天国平定，景德御窑恢复。同治三年（1864），九江关监督蔡锦青在御厂旧址上，复建堂舍72间，重点御窑柴火。同治五年（1866），筹银13万两，重建景德镇御窑厂。后每年御窑支出，恢复乾隆一万两旧制。同治年间，景德镇御窑首要之务，是同治皇帝大婚所用瓷器。光绪年间，景德镇御窑厂，窑火未停，烧造未断。此期，除光绪帝大婚之外，恰逢慈禧太后甲申年五十大寿（光绪十年，1884年），甲午年六十大寿（光绪二十年，1894年），甲辰年七十大寿（光绪三十年，1904年）。御窑为慈禧太后祝寿，烧造大量瓷器，并为她烧造"大雅斋"和"体和殿"瓷器。从烧造费用来看，同治、光绪两朝耗费于御窑的银两，与乾隆时期比，已然大大超过。

在这一时期，景德镇御窑是什么样子？幸运的是当时烧造在两件瓷器上的御窑场景图留了下来。

一件是清道光粉彩御窑厂图螭耳瓶，故宫博物院藏。高63厘米，口径22厘米，足径22.5厘米。瓶外壁通体以粉彩描绘清代景德镇珠山御窑厂实景，细致描绘了当年景德镇珠山御窑厂的繁华景象。以御窑厂内倚珠山而建的"御诗亭"为中心，东、西辕门上各挂一面黄色大旗，旗上以黑彩书写"御窑厂"三

图123　清道光粉彩御窑厂图螭耳瓶

字。两侧白墙青瓦，有回廊、拱门。正中的高大厅堂内，几名监工在议商事情。厂内工匠，各司其职，聚精会神，专心劳作。画面反映了原料开采、送料、成形、制坯、运坯、画坯、施釉、画彩、满窑、烧窑、出窑、装运等各道工序。所使用的彩料有红、黄、绿、紫、蓝、黑、金彩等，所绘人物有六十一个。瓶上所绘图案真实反映了清代御窑的生产场景，是当时景德镇御窑厂生产管理状况的珍贵实录。

另一件是清后期青花御窑厂图瓷板，首都博物馆藏。直径 72.5厘米。瓷板用青花绘饰以御窑厂为中心的景德镇图。瓷板面上端为石岭地区，西侧是奔流的昌江，中渡口、老鸦滩分设"奉旨卡"，查验来往船只。中心绘景德镇珠山御窑厂，分三进院落，东西跨院为制瓷作坊。御窑厂大门为"仪门"，门内有"奉上旨御窑厂"标旗，仪门前可见看相、茶局、命馆、赛会、风水半仙等招牌。仪门东西两侧街口，分置牌楼，东西对峙，岿然屹立。御窑厂右侧，

图124 清后期青花御窑厂图瓷板

大戏台影壁正中书写"指日高升",右侧有程家巷、毕家街。画面下端是御窑厂大门,上悬"御窑厂"匾额,门外高挂"宪奉御窑厂头门"旗。大门、仪门间有关帝庙、火神庙,大门两侧有浮梁县衙、监管窑务的"景德司"。瓷板不仅是清代景德镇整体布局、衙署建筑的形象资料,而且是清代景德镇机构建制、文献记载的图文印证,既是重要文物,也是珍贵史料。

二 名工雅匠

清朝御窑,嘉庆以后,随着皇朝衰落而衰落。道咸年间,御窑衰落,不再垄断工艺,御窑相对于民窑的工艺优势、财力支持,逐步丧失,标志之一,便是民窑出了瓷雕艺术家、瓷匠大师——陈国治。

陈国治(?—1861),安徽省祁门县人。早年入私塾,因家贫失学,转而学习砖雕、木雕技艺,20岁左右到景德镇谋生。据记载,他的艺术活动,在道、咸年间,是先学雕刻,后学瓷艺。这让陈国治有机会把雕刻技艺和陶瓷艺术相结合。陈国治的主要成就,是仿生瓷艺术具有极高的造诣,"其仿木、仿

图125 清道光反瓷雕王母庆寿图笔筒

竹、仿象牙之制,尤极神似"。前面我介绍过乾隆御窑烧造的仿生瓷和唐英烧造的仿生瓷山子。陈国治继承了御窑仿生瓷技艺,又有所创新。下面欣赏一下陈国治雕刻的笔筒。

笔筒全称是清道光反瓷雕王母庆寿图笔筒,沈阳故宫博物院藏。这件笔筒的基本情况是:其一,为反瓷雕。反瓷雕,也叫"生瓷",就是在瓷胎上直接雕刻图案花纹,不施加釉料,入窑烧造的瓷器。其二,笔筒高16.3厘米,口径16.9厘米。其三,雕刻王母庆寿图。陈国治在这件笔筒上,以透雕、圆雕、浮雕、线刻等手法,刻画出"西王母庆寿"的神话仙境和动人故事——八仙踏海、仙女踩云,各路神仙,飘然而至,栩栩如生,至为传神,艺术意境生动,技法娴熟精绝,是一件绝品。其四,笔筒底部刻有阳文篆书"陈国治作",四字两行方图章款。

以今人眼光来看,陈国治是一位纯粹的民间艺术家。"漂泊无家室,亦不谋衣食"——除了艺术之外,没有别的追求。他的作品"海内无两",时人重金求购，却不轻易出手；如果缘分和兴致不到，"虽啖重金或迫以势，不得也"，软硬不吃。

这样一位"名工雅匠"，自然不肯与俗人往来。史料记载，陈国治交往的人，既有画家如峡江知县蒋予检，也有诗人如浮梁知县冯询。

蒋予检，号矩亭，河南睢州（今河南省商丘市睢县）人。道光年间，他任江西峡江县知县，与陈国治相识。蒋予检擅画兰，时人论画，曾列为"逸品"。"夫兰为国香，传写者不知万几，欲如矩亭之雅秀出尘，真不可多得也！"如此名重一时的画家，却对陈国治这位工匠格外垂青。由器观人，入木三分。他曾送给陈国治一副对联："瓦缶胜金玉，布衣傲王侯。"这是说陈国治的作品贵重、人品高尚。其实，人的一生，贵在双品：作品和人品——作品求真求美，人品求善求朴。他还送给陈国治一块匾，上书"陶隐"。"陶隐"是指南朝大学问家、医学家陶弘景。他备受帝王青睐，却辞官隐居茅山。《南史》记载，梁武帝曾请陶弘景出山，陶弘景以画作答。画了什么呢？"唯画作两牛，一牛散放水草之间；一牛着金笼头，有人执绳，以杖驱之。"[1]梁武帝看后，笑而不怒，未加强求。蒋矩亭把陈国治比作陶弘景，一是赞赏他艺术才能之高超，二是敬佩他不求富贵之风骨。

冯询，字子良，广东番禺（今广东省广州市番禺区）人，道光年间任浮梁县知县。当时，冯询"诗名满天下"，曾国藩称他为"诗伯"，可谓尊崇。陈国治虽对客户很挑剔，但只要冯询有求，他都高兴地答应，并会融入自己的创意。冯询将陈国治奉为知己，为他赋诗一首。诗云：

　　陈生手持寸铁笔，刻划灵奇百不失。

1　《南史》卷76《陶弘景传》，北京：中华书局校点本，1975年。

　　　　飘然买棹入市来，汝亦过江好人物。
　　　　景镇窑工古所闻，巧与造化争陶甄。
　　　　成名执艺各立户，陈生突出俱无人。
　　　　一丸到手遂千古，能使泥沙入珍府。
　　　　兴酣放笔随所如，为龙为虎为虫鱼。
　　　　神仙歌舞山鬼语，顷刻满堂诧风雨。
　　　　嗟尔绝诣虽神通，不经百炼安成功。
　　　　一器乍出万誉同，尔自惨淡神从容。
　　我闻——
　　　　学艺之专无汝比，摆脱功名弃妻子。
　　　　纷纷重购不轻与，为我精营独呈技。
　　　　嗟予困苦五十年，雕心镂骨千百篇。
　　　　大半覆瓿无人镌，费神无补真徒然。
　　　　不及尔艺能值钱，呜呼安得为尔传！

　　咸丰十一年（1861），太平军攻陷景德镇，陈国治"以骂贼遇害，其所手制散亡殆尽"。幸运的是，他的技艺，代有传人，流传至今。一代巨匠，四海传颂。

三　女人的瓷

　　同治初年，御窑恢复。时慈禧太后柄政，景德镇御窑瓷器，图案纹饰，花鸟为主，色彩艳丽，鲜嫩细腻，大雅斋、体和殿瓷用红彩字款，留下女人印记。这个时期，御窑烧造瓷器，主要是"二婚三寿"的喜庆瓷器，就是同治帝、光绪帝大婚和慈禧太后五十、六十、七十大寿的御用瓷器。清帝举行大婚仪式的只有四位：顺治、康熙、同治和光绪，而在御窑大量烧造大婚用瓷的只有同治帝载淳和光绪帝载湉二人。

景德镇御窑恢复后，接旨烧造同治帝大婚御用瓷器。同治七年（1868）三月，内务府造办处交下御瓷官样。翌年，御窑烧成同治大婚瓷器"共一万零七十二件，均烧造粗糙，不堪应用"。结果九江关监督景福照数赔补。同治九年（1870）传旨景福，补造瓷器，务必精细：

> 各项瓷器，总要端正，毋得歪斜。其里外花釉以及颜色，均着烧造一律精细鲜明，勿使稍有草率。仍着景福赶紧办理，照数赔补，迅即解京。钦此。[1]

这批大婚瓷器，虽赶烧出来，却不合格。清廷不得不从承德避暑山庄调拨一批瓷器，以勉强应付大婚瓷器之需。

同治十一年（1872）九月，举行同治帝大婚典礼。翰林院侍讲、状元崇绮之女阿鲁特氏被册封为皇后。从国库拨银1100万两，为造办大婚之用。皇后大婚妆奁600抬，经过六天，抬进皇宫。皇后用瓷，数量惊人，风格独特，工艺复杂，故宫博物院留存达6000余件。

同治帝大婚瓷是成套组合的，共烧造二十三种纹样、10072件，为黄釉粉彩瓷，用淡黄色作地，绘以蓝、绿、粉红色纹饰。纹饰有兰、竹、梅、百花、百蝶、百蝠、八吉祥等图案，及"囍""寿""万寿无疆"等字样。这二十三种纹样的画样，现有二十种珍藏在故宫博物院。大婚瓷款识有"同治年制"或

---

[1] 《内务府杂件》，中国第一历史档案馆藏。

"燕喜同和"四字双行款识，用红彩楷书题写。

大婚瓷包括餐具、茶具、妆奁、花盆等。成套的餐具是在太和殿大婚筵宴用的，仅碗就分为海碗、大碗、中碗、汤碗、饭碗、盖碗和怀碗，盘分九寸、七寸、五寸，碟分四寸、三寸和二寸五等规格。

清同治粉彩黄地梅鹊大碗、羹匙，沈阳故宫博物院藏。碗高9.5厘米，口径20.9厘米，足径8.1厘米；匙长16.5厘米。这套餐具，明黄色地，外壁绘梅树、梅花和喜鹊。以赭石色勾染树干，以桃红色点染花瓣，喜鹊穿翔于花枝间，寓意"喜上眉梢"。

故宫博物院还珍藏了当时烧造这套瓷器的内府官样。画样以墨线勾勒海碗表面半幅纹样，图右用毛笔书写：

> 照此样：海碗四十件，大碗四十件，中碗四十件，汤碗四十件，饭碗六十件，怀碗四十件。九寸盘四十件，七寸盘四十件，五寸盘四十件，四寸碟四十件，三寸碟四十件，二寸五碟四十件，酒盅四十件，羹匙四十把，茶盅二十件，大茶盅二十件，盖碗二十件，茶缸二十件。二寸五见元粢斗十件，二寸见元粉盒四件，二寸五见元剧头缸四件，一寸见元胭脂盒四件。
>
> 一尺五寸见元花盆三对，腰元水仙夌二对。

从这件官样可以了解到，这套梅鹊纹瓷器，共烧造24种、692件。由此，我们可知当时宫廷在御窑定制成套瓷器时的纹样、数量和品种。

另如清同治淡黄地红蝠金彩团寿字纹盘，故宫博物院藏。高4.9厘米，口径22.2厘米，足径13.1厘米。整只盘子洋溢着喜庆气氛。在淡黄釉地上，口沿金彩，分为五圈，绘以二十四只红彩描金蝙蝠、二十九个金彩圆形"寿"字、

图126 清同治粉彩黄地梅鹊大碗、羹匙

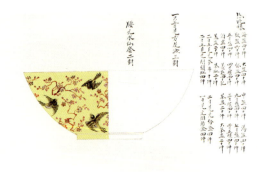

图127 清同治黄地梅花喜鹊海碗图样

十二个蓝料彩描金"卍"字。纹饰和图案寓意"福寿万年"。

  这件盘子的画样也珍藏在故宫博物院,图样以墨线勾勒半幅海碗表面纹样。右侧用毛笔题字。

  为祝福同治帝后多子多福,慈禧太后懿旨在景德镇御窑定制五彩百子瓷——百子大果盘二对、大瓶二对、茶缸八对、饭碗四对、碗八对等,共三十二对,装成九桶,由景德镇装船,运达北京。但是,同治帝结婚后不久病死,年仅19岁;皇后阿鲁特氏也死于非命,年仅22岁——这对新婚皇帝和皇

图128 清同治淡黄地红蝠金彩团寿字纹盘

图129 清同治黄地红蝠金彩团寿字纹盘

后,既无子,也无福,更无寿。

同治、光绪两朝,御窑薪火,没有停歇。除了继续烧造御用瓷器外,还特为慈禧太后烧造以"大雅斋"和"体和殿"为款的瓷器。

第一,大雅斋瓷。大雅斋是咸丰帝的居室,原有两处。咸丰五年(1855),咸丰帝下令写了两方"大雅斋"匾:一方挂在圆明园天地一家春;另一方挂在养心殿平安室(今养心殿后殿西耳房)。咸丰帝住在哪里,懿嫔(后来的慈禧)就随侍在哪里。大雅斋的命名、赐匾,象征着咸丰帝对懿嫔的宠眷。两处大雅斋,命运各不同。咸丰十年(1860),英法联军侵入北京,火烧圆明园,天地一家春的大雅斋化为灰烬。剩下的养心殿平安室的大雅斋,慈禧对之非常珍视。同治帝大婚,慈禧搬到长春宫居住,"大雅斋"牌匾也跟着搬到长春宫。所以,"大雅斋"不仅记录着慈禧青春的黄金岁月,而且成为她尊贵身份的象征。

大雅斋瓷是慈禧太后懿旨景德镇御窑烧造的专用瓷器，纹饰颜色艳丽、饱满，上施粉彩华美、繁缛，书"大雅斋"三字，镌"天地一家春"印，以双龙纹环绕。慈禧作为女性的审美取向与男性帝王有所不同，这也反映到大雅斋瓷上。如慈禧爱花，狂热痴爱，大雅斋瓷中的花盆、花缸、花瓶特别多，形态各异，色彩绚丽。大雅斋瓷器的纹饰，以花卉、花鸟题材为主，以工笔绘就，女性味十足。

清宫还藏有大雅斋瓷器画样。内务府档案记载：同治十三年（1874），传旨景德镇御窑，并交付大雅斋御瓷画样三十三件，令其"照式烧造，统限于本年九月内呈进"。瓷器烧成呈交，是在光绪初年。此时，同治帝已死，光绪帝新立。此后，大雅斋瓷器继续烧造，成为慈禧威权的象征。下面介绍一件大雅斋瓷器。

清光绪粉彩花鸟纹圆花盆、盆托，故宫博物院藏。花盆高11.5厘米，口径17.6厘米，足径11.9厘米；盆托高3.6厘米，口径17.6厘米，足径13.5厘米。这组花盆，体态娇小，玲珑秀巧，釉色娇艳，通高15.1厘米，外壁满绘牡丹、梅花和鸟雀；口沿绘蓝彩回纹。上下呼应，合为一体。引人注目的是，花盆有红彩楷体"大雅斋"三字款及篆体"天地一家春"印章款。

纵观千年御窑历史，御窑为皇太后大批量烧造瓷器，绘有双龙纹饰，并有专门的款识、印章，"女皇"慈禧，空前绝后。

第二，体和殿瓷。光绪十年（1884），慈禧太后为庆祝自己五十大寿，从长春宫移住储秀宫。之前，在西六宫大兴土木，把原翊坤宫和储秀宫打通，连为一体，格局大变。新的储秀宫，有一处宽敞明亮的穿堂殿，沿用了原来的名字——体和殿，慈禧太后常在此用膳。

体和殿瓷是慈禧太后命景德镇御窑为自己烧造的专用瓷器。其款识为篆体"体和殿制"。落款的位置，不在瓷器的口沿下端，而是仿照明代以来御窑

图130　清光绪粉彩花鸟纹圆花盆、盆托

图131　清光绪藕荷地粉彩花卉纹捧盒

的传统，写在瓷器外底。这表明，慈禧太后俨然就是皇帝了。下面介绍一件体和殿瓷器。

清光绪藕荷地粉彩花卉纹捧盒，故宫博物院藏。通高17.2厘米，口径30厘米，足径17.3厘米。这件捧盒是为慈禧太后五十大寿而烧造的。盒呈馒头形，上下子母口套合，盒内施白釉，外壁以粉彩花卉纹装饰。这件捧盒外壁以藕荷色为地，满绘桃花、水仙、牵牛花，色彩浓艳，花形烂漫，而盒盖顶部中心的正面五爪龙，更增添其至高无上的尊贵气质。外底署红彩篆体"体和殿制"四字。

慈禧太后的大雅斋瓷、体和殿瓷，有大量藕荷色地粉彩瓷器，这种颜色在慈禧太后的服饰上也常见。这应当与慈禧太后的喜好相关。大雅斋瓷、体和殿瓷，在晚清御窑瓷器中独具装饰风格，于其时粗滥之风中，显见其精细艳丽。究其一因，是慈禧太后身边的一位女画师缪嘉蕙（又作"惠"）。由宫廷女画师缪嘉蕙参与设计的瓷器，成就了御窑史上的最后一抹余晖。

缪嘉蕙，字素筠，云南昆明人。她少年不幸，嫁给同乡某当继室，才一个月，丈夫去世。她终身未改嫁，给两个前房儿子当后妈，把他们都养育成人。不幸遭际并未泯灭缪嘉蕙的才气。她出身书香之家，父亲任鹤庆州学正，兄长中举，自己从小受到很好的教育。缪嘉蕙读史著文，工诗抚琴，能书善画，名动一时。光绪年间，慈禧常以书画自娱，想找位随侍，兼做代笔。缪嘉蕙被推荐入宫，开始了漫长的宫掖女画师生涯。

缪嘉蕙尤其擅画花鸟，深得慈禧钟爱。人们所追求的不过是"亲、信、富、贵"四个字，缪嘉蕙都沾上了：论亲，慈禧把她带在身边，朝夕不离，就连西逃时都命她随侍；平日她就住在慈禧寝宫的偏房里，每月准假十天。论信，慈禧不但向她学画、命她代笔，而且经常与她谈天说地，排闷消遣。论富，慈禧给缪嘉蕙月银200两，至于年节赏赐，岁时红包，数量不定，亦甚丰厚。论贵，慈禧于缪嘉蕙"特赐三品服"，免跪拜之礼，"命内监扶掖出入，天下以为奇遇"，宫人都尊称她为"缪先生"。

亲、信、富、贵俱有，夫复何求？缪嘉蕙自有难言之苦。苦，也有四样：宫规难守、后师难当、尊重难得、画技难伸。

先说宫规难守。缪嘉蕙虽出身官宦之家，但对内廷规矩陌生。民国《申报》曾刊过一则逸闻：

> 光绪之季，云南缪素筠女士供奉内庭。召见之日，慈禧皇太后传旨御膳房上膳，比例贵妃，盖隆之也。有顷，御膳房持菜牌入，请女士采择，曰："须点十六色。"女士如其言。膳时肴馔尚丰，味亦不恶。晚餐亦如之，明日复如之。女士厌其不变更也，商之守监，则曰："择定之物已奏明太后，行文光禄寺、内务府。如须变更，必请旨而后可。"女士遂安之。居数年，每日必如前所择者。不得已，一月假出宫，至亲戚家大嚼一次而去。可见宫中日用俱有例，在臣下不

能自主张，然亦苦矣。[1]

次说后师难当。缪嘉蕙既为太后之师，又为臣，两种身份，很难协调。末代皇帝宣统帝之弟爱新觉罗·溥杰先生曾回忆说，慈禧绘画时的礼仪：

> 由"如意馆"人跪地手托颜料碟等伺候着，照例还有一位云南女画家缪嘉蕙在旁"指点"。所谓"指点"，如太后说："这仙鹤腿画不好。"缪嘉蕙便须恭恭敬敬地画出仙鹤腿的样子来。[2]

缪嘉蕙与其说是后师，不如说是画奴。

三说尊重难得。缪氏虽获得亲信，富贵加身，但身为臣下，想要得到慈禧尊重，却是难上加难。《清稗类钞》有"孝钦后戏缪素筠"条：

> 滇中缪素筠女士，以代孝钦后作画，供奉宫中，躯肥而矮。孝钦尝觅得大号凤冠一顶，及玉带、蟒袍之类，命着之，侍立于旁，以为笑乐。[3]

凤冠、玉带、蟒袍，都是御用服制，怎么可以给画师穿戴取乐呢？慈禧太后这么做，既违反了祖制之规矩，更伤了缪嘉蕙之自尊。

四说画技难展。缪嘉蕙身为宫廷画师，要按照慈禧太后的意愿作画，毫

1　《申报》1922年7月21日。
2　溥雪斋执笔，溥杰整理：《晚清见闻琐记》，《武汉文史资料》2007年第5期。
3　[清]徐珂编撰：《清稗类钞·宫闱类》，北京：中华书局，2010年。

图132　清宣统黄釉盖罐

无自由探索空间。这些对于提高画技没有任何帮助。不过，因为供奉内廷，缪嘉蕙得览历朝名家真迹，增长见识，提高品位。一般认为，缪嘉蕙创作高峰，是在慈禧去世、隆裕太后放她出宫以后。

缪嘉蕙的一生，见证世事冷暖。她早年丧夫，中年伴君，晚年鼎革。她的内廷经历，倏然从万人艳羡，跌落为千夫所指。昨天还被喻为班昭再世，今天则被斥为"老寡妇"。[1]落差之大，令人咋舌。

光绪三十四年（1908），光绪皇帝和慈禧太后先后去世，3岁的溥仪继位，是为宣统帝。

清宣统黄釉盖罐，故宫博物院藏。高28.5厘米，口径9.5厘米，足径11厘米。黄釉罐内外及圈足内均施黄釉，颈部釉下头青料自右向左书写楷体"坤宁宫祭器"，为当时在坤宁宫举行萨满祭神祭天仪式时所用的祭器。外底釉下以

1　《安徽青年军第一隧电》，《申报》1911年12月15日。

青料署楷体"大清宣统年制"六字双行款。这件宣统御窑烧造的黄釉罐，颜色与清朝盛时不可同日而语，但造型规整，端庄典雅，釉面匀净，釉色纯正。

这件大清末朝宣统黄釉盖罐祭器——既是清朝御窑的绝唱，又是大清皇朝的绝唱，还是千年御窑的绝唱，更是两千年帝制的绝唱。

宣统三年十二月二十五日（1912年2月12日），清隆裕太后颁布退位诏书，宣统逊位，民国肇建，御窑历史，随之终结。

【小资料】

（1）青花瓷器：是指在瓷胎白地上，用钴颜料绘画和纹饰，上釉后经高温烧造而成的瓷器。

（2）斗彩瓷器：是指瓷胎釉下青花高温烧造后，在釉上绘画五彩，再低温烧造而成的瓷器。

（3）五彩瓷器：是既指釉下青花釉上五彩，又指瓷胎釉上施绘多种彩色、经低温烧造而成的瓷器。

（4）珐琅瓷器：是指在烧造瓷胎上用珐琅颜料绘画和纹饰，经烧造而成的瓷器。又称瓷胎画珐琅。

（5）粉彩瓷器：是指在瓷胎玻璃白上画珐琅彩，经烧造而成的带粉质感的釉上彩瓷器。

瓷器之路

中国的瓷器，与丝绸和茶叶等同样，通过陆海两条通路，成为国际文化交流的内容。这两条陆海通路，被称作"丝绸之路"，又被称作"瓷器之路"，和现在的"一带一路"基本重合。从宋到清，千年以来，在一带一路上，瓷器成为中外文化交流的"使者"。[1]下面按照历史演进轨迹，分作宋元、明代和清代三个时期，做简略叙述。

一 海陆交流

汉唐以来，丝绸之路，东西之间，已经开通。玄奘西行，鉴真东渡，成为唐代中外文化交流史上的佳话。本书《御窑千年》，因以北宋为时间起点，故本节叙述从宋元到明清，千年瓷器的对外文化交流。

两宋都是半壁山河，南北分治，北方通往西域的陆路通道，先被辽，后被金，此外被西夏所掌控，由是海上通道，更为通畅活跃。两宋帝国，文明昌盛，陶瓷发达。北宋都城汴梁，经运河，到淮安，达扬州，出长江，进东海。

---

[1] 据学者考证，欧洲人伯特格尔于1709年（清康熙四十八年），成功烧造出瓷器，是为欧洲瓷器诞生之年。而后，生产出被称为"满大人"的瓷器。

南宋都城临安,经浙东运河东行180公里,到今宁波,进入东海,或从泉州、广州,或从钦州出海。海路,往北可达朝鲜、日本;往南经越南、泰国、马来西亚,从马六甲,入印度洋,经阿拉伯,进地中海。这个时期,社会生产进步,航海技术发达,中外交流,盛况空前。

北方的辽或金,从燕京(今北京市)向西,出玉门关,经新疆,有三条陆路可通中亚、西亚以及印度,这就是著名的丝绸之路。商人、僧侣等,年复一年,往来不绝,把中国的瓷器、丝绸、茶叶等运往西方,也把中国文化和技术传播到西方,同时吸纳外域的物产和文化东来。

两宋时期,中国的海上航行技术、海外贸易,比以前有了更大的发展。宋代,中国造船与航海技术,居于世界领先地位。其主要特点有二。

一是船坚乘风。船体用木板榫卯接合,以桐油和麻丝等做成油灰腻缝,结合严密,船体坚固;船舱内分隔为若干舱位,如个别分舱漏水,也无倾覆之虞;水手掌握季风,利用篷帆,借风顺势,乘风破浪,远洋航行。南宋广州商船出口瓷器情状,宋人朱彧《萍洲可谈》记载:

> 舶船深阔各数十丈,商人分占贮货,人得数尺许,下以贮物,夜卧其上。货多陶器,大小相套,无少隙地。[1]

二是船大行远。造船的龙骨和船舵大有进步,运用指南针,以罗盘定位,并有航海图,由此传到阿拉伯人海船,再传到欧洲等地。宋代船舶大者可载重三百吨,乘坐五六百人。中国海船远航,把大量的丝绸,特别是中国瓷器,运往所到之处。宋代赵如适《诸蕃志》记载,宋瓷运往世界五十多个国家

---

1 [宋]朱彧撰,《萍洲可谈》卷2,北京:中华书局,2007年。

和地区，最远达非洲的坦桑尼亚。有学者认为，从宋开始，"海上丝绸之路"可称作"海上瓷器之路"，此论有水下考古作出印证。

以"南海一号"为例。1987年在广东省阳江市东南约20海里上下川岛海域，在古海上瓷器之路航线上，发现南宋初的一艘沉船，位于海面下27米深处，被2米多厚泥沙覆盖，后定名为"南海一号"，先后经多次水下考古试掘。2007年12月22日，"南海一号"整体打捞出水，船长30.4米，宽9.8米，高约4米，排水量600吨，载重近800吨。寻将沉船、文物与其周围海水、泥沙按照原状，总重约3000吨，一次性吊浮起运，整体平移到海陵岛的十里银滩上，新建"广东海上丝绸之路博物馆"的"水晶宫"，存放保护展示。"水晶宫"是一个巨型玻璃缸，其水质、温度、环境都与沉船所在海底实况近似。"水晶宫"内建造两条长60米、宽40米的水下观光走廊。我曾有幸参观，留下深刻记忆。经过数年保护整理，计有南宋瓷器30余种、6万余件，这些沉没海底800余年的瓷器，大多完好，品相如新，许多可定为国家一级文物。这些瓷器，主要有江西景德镇青白瓷、浙江龙泉青瓷、福建德化白瓷等。据介绍，与这些瓷器年代、工艺相当的一个瓷碗，此前在美国卖出数十万美元，而这里却是整船、成批地展现在世人面前。船中还有阿拉伯风格的瓷器，如仿银器瓷碗、盛手抓饭的大瓷盘等，这些被认为是海外"来样加工"的外销瓷。这艘"南海一号"是世界航海史上迄今发现的沉船之中年代最早、船体最长、保存最好、文物最多的远洋贸易商船，是"海上瓷器之路"的一颗珍珠，为"海上瓷器之路"提供了重要历史证据。

蒙元一统，格局巨变。蒙元帝国建立及成吉思汗分封子孙四大汗国——钦察汗国、察合台汗国、窝阔台汗国、伊利汗国，元朝经常同四大汗国联系，大力发展陆上与海上贸易，把亚欧大陆海上陆上连成一片，极大地促进了东西交通和文化交流。交通运输更加发达，人员往来更加频繁，文化交流更加密

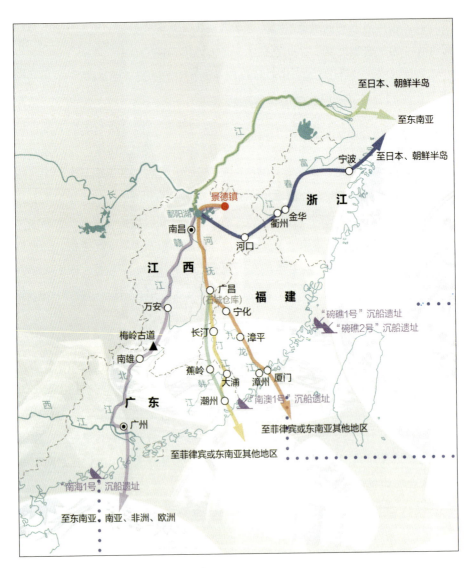

图133 景德镇瓷器外销路线与沿海沉船示意图

切。特别是中国与阿拉伯交往增加，而阿拉伯文化在中古世界，对融会、沟通东西文化起了重要作用。

从陆路来说，驿站交通，布局完善，遍及中国，横布欧亚。考古发掘，提供证据。新疆维吾尔自治区霍城元青花凤首壶、俄罗斯艾尔米塔什博物馆元青花蒙古包、甘肃武威元青花高足碗、内蒙古自治区黑水城元青花碎片、内蒙古自治区集宁古城出土元釉里红玉壶春瓶、西安元青花人物图匜等，丰富多彩，价值非凡。

从海路来说，高桅巨船，航行海洋，通达四方。今宁波、泉州、广州、钦州等是中国"海上瓷器之路"的重要起点。而当时海上运送的瓷器，则有多地展示的瓷器和瓷片，以及许多博物馆的瓷器藏品提供史证。航海家汪大渊曾两次附商船航行，其"舶货"中有瓷器，著有《岛夷志略》。书中有关与元代进行瓷器等贸易的国家和地区的记载达90余条，涉及众多地名。瓷器品种有景德镇青花瓷、龙泉（处州）青瓷、德化白瓷等，所及包括今爪哇、印度，阿拉伯、东非等地区。另一位航海家亦黑迷失，奉命先后5次远航，海上活动达20余年，他所携带的瓷器，为中外文化交流增添光彩。泉州出土的石碑，其碑文记载他奉使出航"火鲁没思"。经专家考证，"火鲁没思"就是"忽鲁谟斯"，即今阿曼湾与波斯湾交界处的霍尔木兹地区。

2014—2015年，故宫博物院与印度有关方面，在印度西南奎龙港口（Kollam Port），挖出水下文物万余件，包括500多件中国瓷器残片。

中国商船沿阿拉伯海西航，到达波斯湾、亚丁湾、红海、非洲东岸。在埃及库赛尔港口，出土了元末明初景德镇青花瓷。在肯尼亚出土不少元代景德镇瓷器，安哥瓦纳古城遗址出土元青花瓷，数量很多，种类丰富，时间延续，直到明朝。

二　七下西洋

瓷器之路在明朝出现了新的特点。总的说来就是：南北通、东西通。《明史·外国传》记载，明朝同87个国家和地区有外事交往。同期，西方进入大航海时代。此期，东西交流，实属空前。具体说来，明朝出现永宣、嘉万、天崇三次高潮。

永乐宣德时期，中国烧造出"青花间装五色"的五彩瓷器。精美中华瓷器，受到域外喜爱。

先说南北。朱元璋建立明朝后，高丽大将李成桂取得政权，请明朝赐以国名，明太祖朱元璋说：

> 东夷之号，惟朝鲜之称最美，且其来远矣，宜更其国号曰朝鲜。[1]

从此，朝鲜取代高丽，成为其国国名；朝鲜成为明朝藩属国，其国王受明廷册封。永乐帝即位后，派太监亦失哈到黑龙江入海口处的奴儿干（庙街），竖碑建制，并设置奴儿干都指挥使司，管辖外兴安岭以南、大兴安岭以东到大海的土地。明朝往北的交通——海路从蓬莱或明州（今浙江省宁波市）北行达朝鲜、日本；陆路，由南京或北京北行到达奴儿干。往南，达南海，直至曾母暗沙。

再说东西。明代郑和（1371—1432），先后七下西洋，发展海上通路，进行文化交流。第一次在永乐三年（1405）六月，《明史·郑和传》记载：

---

[1] 《明太祖实录》卷223，洪武二十五年（1392）十二月乙酉，台北"中研院"历史语言研究所校勘本，1962年。

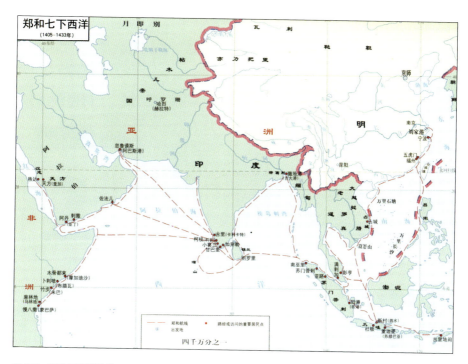

图134　郑和下西洋路线图

将士卒二万七千八百余人，多赉金币。造大舶，修四十四丈、广十八丈者六十二。[1]

---

[1] 马欢《瀛涯胜览》记载："宝船六十三号，大者四十四丈四尺，阔一十八丈。"宝船尺寸，见解不同，其一种说法是：折合今尺为长150.5米，宽61.6米。见《云帆万里照重洋——纪念郑和下西洋六百周年》，北京：中国社会科学出版社，2005年，第181页。

郑和一行自苏州太仓刘家港出发，经马六甲海峡，到达占城等地，两年后返回。之后的六次，云帆万里，远航重洋，达今东非马达加斯加。郑和下西洋是人类航海史上舰队最大、人数最多、航程最远、影响最巨的航行，是中外文化交流史上的空前壮举。

郑和历经亚非二十多个国家和地区，将丝绸、瓷器、茶叶等献给所到之处的国家首领、部落酋长，促进了中外文化交流。跟随郑和下西洋的马欢在《瀛涯胜览》中，记载爪哇"国人最喜中国青花瓷器"，并记录所到五国进行的瓷器贸易。同样跟随郑和下西洋的费信在《星槎胜览》中，记载瓷器二十八处，并指出用青花瓷交易的国家有九处。随着郑和船队在多个国家和地区的交流与交易，永乐二十一年（1423），出现南浡利、苏门答腊、阿鲁、满剌加等十六国遣使1200多人到北京朝贡的盛况。明代无论是禁海，还是开海，中国与东南亚、南亚、中亚、西亚以及非洲、欧洲的民间贸易始终不断。

2010—2013年，国家博物馆水下考古研究中心和北京大学考古文博学院与肯尼亚联合，发掘肯尼亚沿海21处古代遗址，在该国马林迪王国都城马林迪地区，进行考古发掘，出土文物20多万件，其中两处遗址出土中国瓷片500件（片），有江西景德镇青花瓷、浙江龙泉青瓷、福建德化白瓷等。在马林迪附近曼布鲁伊村遗址发掘中，出土景德镇永乐官窑青花瓷和明初龙泉官窑青瓷等。[1]在肯尼亚拉姆岛上，存有用中国古青花瓷片装饰的门框，令人为之一震。这与郑和航海年代相吻合。此前，《纽约时报》记者曾采访肯尼亚一位黑人，他说自己是中国人的后裔，且可能是郑和下西洋人员的后裔。

再举两个例子。如撒马尔罕国首脑不断向明廷进贡狮子，以求获赐瓷器。又如，1499年（明弘治十二年），达·伽马率领葡萄牙舰队，从印度返

---

1 《中国文物报》2016年8月12日。

回里斯本后,将中国瓷器带回葡萄牙,献给国王唐·曼努埃尔一世和王后伊莎贝拉,是为葡萄牙文献中最早提到的中国瓷器。在里斯本桑托斯宫的天花板上,镶嵌261件中国青花瓷。有学者认为,葡萄牙人到达中国沿海之后,景德镇出现了青花瓷外销。

明朝中叶嘉靖万历时期,倭寇猖獗,海上通道,受其阻隔。戚继光等率军抗倭,取得胜利。海上航行,重新畅通。尔后,西方商人、传教士、探险家等,乘船扬帆,纷纷东来。

对内的瓷器传布。明代瓷器大量从北京运至边远少数民族地区。据明人记载,来自西域、蒙古、女真等贡使,在返回本部时,所装瓷器多至数十车,高至三丈余。《万历野获编》记载其包装方法是:

> 初买时,每一器内纳少土,及豆、麦少许,叠数十个,辄牢缚成一片。置之湿地,频洒以水。久之则豆、麦生芽,缠绕胶固。试投之荦确之地,不损破者,始以登车。[1]

这是陆路远途运输的包装妙法。

明代瓷器,大量出口。万历三十二年(1604),荷兰人袭击葡萄牙船,得到中国瓷器约60吨。后运到荷兰阿姆斯特丹拍卖,法王亨利四世买了一套餐具。据《荷兰印度公司与瓷器》一书记载,运往荷兰的瓷器,万历四十年(1612)有38641件,万历四十二年(1614)有69057件,两次共107698件,数量之大,实在惊人! 可见,中国与西方文化交流,盛况空前。

以"南澳Ⅰ号"为例。南澳岛位于广东省汕头市南澳县,此为泉州港到

---

1 [明]沈德符:《万历野获编》卷30,北京:中华书局点校本,1959年。

图135 "南澳Ⅰ号"出水瓷器

南洋航船必经之路。2007年有渔民在作业时,无意中发现一艘古沉船,后定名为"南澳Ⅰ号"。船长27米,宽7.8米,共有25个舱位,是迄今为止发现明代沉船里舱位最多的一艘。考古勘探资料证明,水深约27米,船体大部被泥沙覆盖,沉船保存较好。2009年发掘,到2010年7月9日,经过盘点:"南澳Ⅰ号"共出水文物10241件,其中瓷器9711件,多产于明嘉靖到万历年间,如万历青花仕女大盘、青花"义"字大盘、青花海马纹大碗及套装粉盒等,还有漳州平和窑的克拉克瓷瓷器以及景德镇产的彩釉瓷器。瓷器的主要类型包括青花瓷盘、碗、碟、罐、瓶、钵、杯等。出水青花瓷器中,有一件高约30厘米、腹径约20厘米的青花大罐。"南澳Ⅰ号"为"海上瓷器之路"提供了历史证据。

图136　明万历青花荷塘水禽纹克拉克盘

1603年（明万历三十一年），荷兰东印度公司在马六甲海峡捕获一艘葡萄牙商船，船上装有约十万件万历时期的青花瓷器。这批瓷器后在阿姆斯特丹拍卖，轰动欧洲。16世纪末至17世纪，中国生产的这种外销青花瓷，其装饰画常构成一朵花瓣形图案，并在其中添加各种纹饰。由于运载这种瓷器的大帆船在葡萄牙语中被称作"Caraack"，转成英语为"Kraak"，因此这种瓷器被欧洲人称之为克拉克瓷。

明朝天启崇祯时期，海上航行完全打通，东西交往格外频繁。有数字显示，出口海外瓷器，崇祯九年（1636）达259380件，崇祯十二年（1639）竟达366000件。后来青花五彩瓷器大量供奉欧洲王室，成为宫廷新的装饰品。

中华外销瓷器，远达非洲地区。如在非洲十七个国家和地区、二百多个地点，先后发现中国古瓷遗址或遗存，散布地域广阔，数量庞大惊人。在非洲出土中国瓷器各遗址中，几乎都发现有明代青花瓷器。[1]

1　万明：《明代青花瓷崛起的轨迹——从文明交融走向社会时尚》，《故宫博物院院刊》2008年第6期。

图137 《诸神之宴》中的中国瓷器

明朝青花瓷器，影响欧洲绘画。威尼斯画家贝利尼和提香把两件明代青花，绘入名作《诸神之宴》。在这幅世界名画中，绘有两件色彩绚丽的明弘治青花瓷器。画中男子头顶的缠枝莲纹折沿青花瓷盘，应是景德镇产品；画中女郎手捧青花大碗，内壁为如意纹，外壁为缠枝莲花纹。这与景德镇珠山出土的弘治官窑青花碗极其相似。这幅世界名画现存美国华盛顿国家美术馆。

到了清朝，形势一变。中国瓷器，通达四方。

三　远播四方

明末清初，战乱不已。从顺治元年（1644）清军入关，到康熙二十二年（1683）统一台湾，凡40年。而后，海禁重新开放，国家基本安定。中西文化交流，出现新的态势。晚清外国在北京设立29个使领馆，中西文化交往出现新特征。中国瓷器外销，有学者估计：在17世纪，从万历三十年（1602）到康熙二十一年（1682）的80年间，运往欧洲的瓷器约有1200万件；在18世纪，运往欧洲的瓷器有2500万—3000万件。[1]总之，陆海两路，远播四方。

陆上瓷器之路方面，盛清版图，空前统一，满、蒙、疆、藏、台，都归属清朝。乾隆二十七年（1762），设立伊犁将军。"丝绸之路"的陆路，在西域完全打开：自北京经西安，穿过河西走廊，到哈密、吐鲁番，再分作三路——南路，绕经塔里木盆地南缘，过和阗（今新疆维吾尔自治区和田县）、喀什噶尔（今新疆维吾尔自治区喀什市），到今乌兹别克斯坦的撒马尔罕；中路，自吐鲁番，经库尔勒、阿克苏、喀什噶尔，到撒马尔罕；北路，自吐鲁番，经天山北麓，过惠远（今新疆维吾尔自治区霍城县），再分作三路——

---

[1] 王鲁湘、赵纲：《归来·丝路瓷典——明清外销瓷》，南昌：江西美术出版社，2016年。

南路，沿伊塞克湖南缘，到撒马尔罕；西路——沿伊犁河谷西行，到巴尔喀什湖，再西往伏尔加河；北路，经塔尔巴哈台（今新疆维吾尔自治区塔城市）、阿勒泰，到俄罗斯、蒙古、哈萨克斯坦。新疆的"丝绸之路"，通达今哈萨克斯坦、乌兹别克斯坦、伊朗、土耳其，进入欧洲，到达意大利、法国、德国、俄罗斯等国。此期，太平洋、印度洋、大西洋的海上航行，往返穿梭，航行全球。

海上瓷器之路方面，在南海地区，我国西沙群岛永乐岛沉船中发现瓷器133件（片）；在东南亚地区，瓷器在菲律宾、泰国、马来西亚、新加坡、爪哇等国家和地区都有出土或藏品。

外国喜爱清代瓷器，亚洲事例不必细说，欧洲事例更为生动。

在法国，太阳王路易十四，宫廷生活，丰富多彩。他喜爱中国瓷器，尤其喜欢青花瓷。他不仅收藏大量中国青花瓷，而且把青花瓷做宫廷装饰。为赢得情人蒙德斯潘的高兴，他模仿中国园林的园艺，在凡尔赛宫建造特里亚农瓷宫，收藏中国瓷器。这座瓷宫，有三组亭式建筑，每层檐翼，悬挂响铃，园内瓷宫、陈列瓷器——许多景德镇青花瓶等，彰显中国风格。此风一开，各国君主、王公贵族，争相效仿。1680年（康熙十九年），路易十四向中国派出了耶稣会传教士，法国入华传教士对中国瓷器风格和珐琅瓷器等，产生了重要影响。

路易十五时期，尽管法国财政拮据，也要购买景德镇瓷器。国王情人蓬巴杜夫人珍藏中国文物，钟情中国艺术。1738年（乾隆三年），法国塞夫勒陶瓷厂成立，后成为皇家陶瓷厂。1765年（乾隆三十年），该国发现高岭土，借鉴迈森制瓷工艺，模仿景德镇瓷器，烧造素瓷雕塑。蓬巴杜夫人亲自督导瓷器生产，大量采用中国纹饰图案，形成了蓬巴杜纹饰，深刻影响了法国时尚潮流。

在英国，1730年（雍正八年），英国东印度公司从中国进口瓷器51.7万件。[1]1780年（乾隆四十五年），英国向清朝订购瓷器达80万件之多。英国女王玛丽二世醉心于中国瓷器，在宫内专门设置许多玻璃橱陈列各种中国瓷器。布列顿东方宫殿，是乔治四世居住的别墅，他定做了几件中国嘉庆青花五彩七级宝塔，高276厘米，在六面塔座上，绘画中国风景、塔檐、塔身，或绘画，或镂空，或镶嵌，富丽堂皇。

在葡萄牙，贝纳宫多处厅室墙面贴有青花瓷砖。构图如中国开光装饰，开光内绘山水人物，外用花卉装饰。皇宫外墙同样用青花碎片组成图案，充满淡雅的东方情调。葡萄牙一处旧王宫，金字塔形天花板嵌满261件中国青花瓷，青花雅丽，令人羡慕。

在德国，恩斯巴赫、夏洛腾堡等宫殿，以收藏中国瓷器著称。

在瑞典，至今仍完好地保存着中国宫，陈列着许多中国瓷器珍品。

在东欧，有意思的是腓特烈·奥古斯特（1670—1733），为萨克森选侯，1697年（康熙三十六年）当选为波兰国王。他一生最大的开支，一是战争耗费，二是购买瓷器。据记载，1717年（康熙五十六年），奥古斯特二世以600名萨克森骑兵，换取普鲁士帝国腓特烈·威廉一世127件中国瓷器。为收藏和陈列中国瓷器，他购置了陆军元帅费烈米克的官邸，扩建为宫殿，收藏瓷器。他说：我没有任何疾病，如果硬要说有，那就是太爱瓷器。他逝世后，留下35798件精美瓷器，多为景德镇烧造的瓷器。他喜爱中国瓷器，如痴如狂，各国贵族，争相效仿。

在北美洲，虽远隔重洋，但美国总统华盛顿，喜欢中国瓷器，有自己专用的中国瓷器餐具。

此外，在土耳其第三大城市安塔利亚市，2015年举行20国集团领导人第

1　[英]柯玫瑰、孟露夏，张淳淳译：《中国外销瓷》，上海：上海书画出版社，2014年。

10次峰会。据报道：安塔利亚市博物馆珍藏着上万件中国青花瓷器。

还有，在非洲埃塞俄比亚马里岛的古老教堂，珍藏着中国明代的瓷坛，被视之为镇堂之宝。

以"碗礁Ⅰ号"为例，水下考古新获，再做生动史证。"碗礁Ⅰ号"沉船位于福建省平潭县（平潭岛）——由126个岛屿和近千个礁组成的海岛及其海域。先是，渔民在一无名礁水下打捞出瓷碗，因名其为碗礁。2005年，渔民在碗礁水域深约10米地方，发现一艘沉船掩埋在泥沙中，后定名"碗礁Ⅰ号"，同年进行抢救性发掘，百天之中，五遇台风，力战困难，发掘成功：是清代康熙时期沉船，船上发现完好无损的青花大瓷盘55件，还有一件高60厘米的将军罐，以及葫芦瓶等，色泽艳丽，光洁如新，累计出水瓷器17000余件，含50余种器型，100余种纹饰，多为康熙时期景德镇民窑烧造的青花瓷，有盖罐、粉盒、花觚、笔洗以及尊、炉、碟、碗、杯、盅等，并有少量青花釉里红、五彩瓷等。"碗礁Ⅰ号"为"海上瓷器之路"再提供历史证据。

山东烟台蓬莱墟里遗址，发现清代中晚期的沉船。2009年采集的瓷器主要是青花，如碗、盘、杯、碟、罐以及五彩盘等。根据出水瓷器特征判断，沉船遗址为清代中晚期，产品来自景德镇等地。

总之，在千年历史的瓷器之路上，中国瓷器成为中华文化的友善代表、国际文化交流的诚信使者。

瓷器之路的千年历史表明：以往瓷器之路辉煌，今后瓷器之路宽广。中国创烧的瓷器，作为中华文化的一个符号，在中外文化交流史上，不仅是一条颜色锦绣斑斓的彩带，而且是一座跨越四洲三洋的津梁。瓷器、china、china、瓷器——优美动人故事，一代传一代、一地接一地，讲下去，传开来。

【小资料】

郑和七下西洋经过地域，包括占城（越南南部）、爪哇（印度尼西亚）、暹罗（泰国）、满剌加（马六甲）、苏门答腊（印度尼西亚）、锡兰（斯里兰卡）、榜葛拉（孟加拉）、柯枝（印度科钦）、古里（印度卡里卡特）、溜山（马尔代夫）、祖法儿（阿曼佐法儿）、阿丹（也门亚丁）、忽鲁谟斯（伊朗霍尔木兹）、天方（沙特阿拉伯麦加）、木骨都束（索马里摩加迪沙）、卜剌哇（索马里布腊瓦）、麻林地（肯尼亚马林迪）、比剌（莫桑比克）、孙剌（莫桑比克索法拉河口）、马达加斯加等。

插图目录

图1　童宾铜像
图2　宋代《文会图》，台北故宫博物院藏
图3　北宋汝窑青瓷莲花式温碗，台北故宫博物院藏
图4　南宋官窑青瓷贯耳壶，台北故宫博物院藏
图5　宋代哥窑青釉鱼耳炉，故宫博物院藏
图6　宋代龙泉窑青釉弦纹瓶，故宫博物院藏
图7　宋代耀州窑青釉刻花牡丹纹瓶，故宫博物院藏
图8　北宋定窑白瓷婴儿枕，台北故宫博物院藏
图9　宋代建窑黑釉兔毫纹盏，故宫博物院藏
图10　宋代吉州窑剪纸贴花三凤纹盏，故宫博物院藏
图11　宋代钧窑玫瑰紫釉葵花式花盆，故宫博物院藏
图12　宋代景德镇窑青白釉刻花缠枝花卉纹梅瓶，故宫博物院藏
图13　宋代景德镇窑青白釉双狮枕，故宫博物院藏
图14　景德镇瓷窑遗址（部分）示意图
图15　八棱净水瓶，1987年法门寺地宫出土
图16　传统制瓷工艺（部分）示意图
图17　景德镇古窑（龙窑）遗址
图18　元青花鬼谷子下山图大罐
图19　"至正十一年"铭青花云龙纹象耳瓶，英国大维德中国艺术基金会藏
图20　元青花云龙纹菱花口大盘，土耳其托普卡比宫藏
图21　元青花缠枝牡丹纹梅瓶，伊朗国家博物馆藏

图22　元青花青地白花凤凰穿花纹菱口大盘，伊朗国家博物馆藏
图23　波普论文书影
图24　元青花墨书带盖梅瓶（六只），江西高安元青花博物馆藏
图25　元青花云肩缠枝牡丹纹带盖梅瓶（"礼"字），江西高安元青花博物馆藏
图26　元青花题诗句缠枝花纹高足杯，江西高安元青花博物馆藏
图27　元青花淡描云龙纹花口大盘，1980年在落马桥元代窑址出土
图28　元青花云龙纹桶式盖罐，1988年在珠山出土
图29　元青花海水白龙纹八棱带盖梅瓶，河北省文物保护中心藏
图30　元青花釉里红开光镂雕花卉纹罐，故宫博物院藏
图31　元青花云龙缠枝牡丹纹铺首耳盖罐，江西高安元青花博物馆藏
图32　元青花凤首扁壶，首都博物馆藏
图33　元青花凤首扁壶，新疆维吾尔自治区伊犁哈萨克自治州博物馆藏
图34　元青花缠枝莲花杂宝纹蒙古包，俄罗斯艾尔米塔什博物馆藏
图35　元青花萧何月下追韩信图梅瓶，南京市博物馆藏
图36　元青花云肩凤纹大盘，伊朗国家博物馆收藏
图37　元卵白釉枢府铭印花盘，内蒙古自治区集宁古城出土，内蒙古自治区文物考古研究所藏
图38　元卵白釉"太禧"铭龙纹盘（临摹图）
图39　元卵白釉印花太禧铭云龙纹盘，故宫博物院藏
图40　青釉菱花式折沿盘
图41　青釉刻划缠枝莲纹凤尾瓶
图42　钧窑双耳三足炉
图43　元釉里红花卉纹玉壶春瓶，内蒙古自治区文物考古研究所藏
图44　元景德镇窑祭蓝釉单把杯、盘，台北故宫博物院藏
图45　元蓝釉白龙纹酒盏托盘，故宫博物院藏
图46　明洪武红釉暗花云龙纹梨形执壶，故宫博物院藏
图47　明洪武釉里红缠枝花纹碗，故宫博物院藏
图48　明洪武青花怪石牡丹纹菱花式盘，故宫博物院藏
图49　明永乐甜白釉划花缠枝莲纹梅瓶，故宫博物院藏
图50　明永乐甜白釉僧帽壶，景德镇市陶瓷考古研究所藏
图51　明永乐甜白釉三壶联通器，景德镇市陶瓷考古研究所藏

图52　明永乐甜白釉八方烛台，景德镇市陶瓷考古研究所藏
图53　明宣德青花云龙纹蟋蟀罐，景德镇市陶瓷考古研究所藏
图54　明宣德仿汝釉蟋蟀罐，故宫博物院藏
图55　明永乐青花海水江崖纹香炉，故宫博物院藏
图56　明永乐青花缠枝莲纹压手杯，故宫博物院藏
图57　明永乐青花园景花卉图大盘，故宫博物院藏
图58　明永乐青花花卉纹扁壶，台北故宫博物院藏
图59　明宣德青花蓝查体梵文出戟盖罐，故宫博物院藏
图60　明宣德青花卷草斜格网纹盖罐，台北故宫博物院藏
图61　明宣德宝石红釉僧帽壶，台北故宫博物院藏
图62　明宣德青花五彩碗，西藏萨迦寺藏
图63　明成化斗彩鸡缸杯，台北故宫博物院藏
图64　明成化斗彩三秋杯，故宫博物院藏
图65　明成化斗彩海水天马图"天"字盖罐，台北故宫博物院藏
图66　明成化斗彩缠枝莲纹"天"字盖罐，故宫博物院藏
图67　明成化斗彩海水云龙纹"天"字盖罐，故宫博物院藏
图68　明永乐甜白釉三系茶壶，台北故宫博物院藏
图69　明宣德紫金釉桃形执壶，台北故宫博物院藏
图70　明宣德红釉桃形执壶，景德镇市陶瓷考古研究所藏
图71　明成化青花折枝花果纹茶盅，台北故宫博物院藏
图72　明成化斗彩团花鸟图茶杯，台北故宫博物院藏
图73　明成化斗彩婴戏图茶杯，故宫博物院藏
图74　明弘治黄釉暗龙纹盘，沈阳故宫博物院藏
图75　明弘治黄釉描金牺耳尊，故宫博物院藏
图76　明正德青花阿拉伯文烛台，故宫博物院藏
图77　明正德青花阿拉伯文七孔花插，台北故宫博物院藏
图78　明正德青花龙穿莲花纹碗，故宫博物院藏
图79　明嘉靖青花云龙纹大龙缸，明十三陵博物馆藏
图80　明嘉靖青花云龙纹寿字罐，故宫博物院藏
图81　明嘉靖青花鹤寿大盒，沈阳故宫博物院藏

图82　明嘉靖红地黄彩缠枝莲纹葫芦瓶，故宫博物院藏
图83　明嘉靖五彩龙穿莲池纹绣墩，故宫博物院藏
图84　明万历五彩瓷百鹿尊，台北故宫博物院藏
图85　明万历五彩镂空云凤纹瓶，故宫博物院藏
图86　明万历青花五彩龙纹梅花大印泥盒，沈阳故宫博物院藏
图87　清顺治茄皮紫釉暗花云龙纹盘，故宫博物院藏
图88　清顺治青花五彩雉鸡牡丹图尊，故宫博物院藏
图89　清顺治青花雉鸡牡丹图盖罐，故宫博物院藏
图90　清顺治青花加官晋爵图盘，故宫博物院藏
图91　清康熙青花团花纹摇铃尊，故宫博物院藏
图92　清康熙青花万寿尊，故宫博物院藏
图93　清康熙五彩十二月花卉纹杯，故宫博物院藏
图94　清康熙瓷胎画珐琅花卉纹菱花口折沿盘，台北故宫博物院藏
图95　清康熙郎窑红釉棒槌瓶（口残），沈阳故宫博物院藏
图96　清康熙郎窑红釉观音尊，故宫博物院藏
图97　清康熙豇豆红玉壶春瓶，沈阳故宫博物院藏
图98　清康熙青花釉里红圣主得贤臣颂文笔筒，故宫博物院藏
图99　清康熙乌金釉描金山水图笔筒，故宫博物院藏
图100　清康熙祭红釉笔筒，故宫博物院藏
图101　清康熙洒蓝地五彩人物图笔筒，故宫博物院藏
图102　清康熙釉里三色山水人物图笔筒，故宫博物院藏
图103　清雍正珐琅彩松竹梅图橄榄瓶，故宫博物院藏
图104　清雍正瓷胎画珐琅柳燕图碗，台北故宫博物院藏
图105　清雍正黑釉描金云龙纹高足杯，台北故宫博物院藏
图106　清雍正青花桃蝠图橄榄瓶，故宫博物院藏
图107　清雍正青花釉里红松竹梅纹梅瓶，故宫博物院藏
图108　清雍正青花枯树栖鸟图梅瓶，故宫博物院藏
图109　清乾隆祭蓝釉描金粉彩开光乾隆行围图转心瓶，南京博物院藏
图110　清乾隆黄地粉彩镂空干支字象耳转心瓶，故宫博物院藏
图111　清乾隆黄釉粉彩八卦如意转心套瓶，台北故宫博物院藏

图112　清乾隆粉彩描金书函式金钟笼，故宫博物院藏
图113　清乾隆多种釉彩大瓶，故宫博物院藏
图114　清乾隆古铜釉描金寿字方壶，台北故宫博物院藏
图115　清乾隆珐琅彩开光西洋人物螭耳瓶，台北故宫博物院藏
图116　清乾隆三希堂东墙壁瓶，故宫博物院藏
图117　清乾隆蓝锦地粉彩蝠桃如意云纹开光御制诗句双耳轿瓶，南京博物院藏
图118　唐英雕像
图119　清雍正珐琅彩雉鸡牡丹纹碗，故宫博物院藏
图120　清乾隆青花缠枝桂花纹交泰转心瓶，故宫博物院藏
图121　清乾隆珐琅彩花卉纹诗句瓶，故宫博物院藏
图122　清乾隆像生瓷山子，故宫博物院藏
图123　清道光粉彩御窑厂图螭耳瓶，故宫博物院藏
图124　清后期青花御窑厂图瓷板，首都博物馆藏
图125　清道光反瓷雕王母庆寿图笔筒，沈阳故宫博物院藏
图126　清同治粉彩黄地梅鹊大碗、羹匙，沈阳故宫博物院藏
图127　清同治黄地梅花喜鹊海碗图样，故宫博物院藏
图128　清同治淡黄地红蝠金彩团寿字纹盘，故宫博物院藏
图129　清同治黄地红蝠金彩团寿字纹盘，故宫博物院藏
图130　清光绪粉彩花鸟纹圆花盆、盆托，故宫博物院藏
图131　清光绪藕荷地粉彩花卉纹捧盒，故宫博物院藏
图132　清宣统黄釉盖罐，故宫博物院藏
图133　景德镇瓷器外销路线与沿海沉船示意图
图134　郑和下西洋路线图
图135　"南澳I号"出水瓷器
图136　明万历青花荷塘水禽纹克拉克盘，伦敦苏富比
图137　《诸神之宴》中的中国瓷器

主要参考书目

［宋］李焘编：《续资治通鉴长编》，北京：中华书局，2004年。
［宋］李心传撰：《建炎以来系年要录》，北京：中华书局，1988年。
［宋］蒋祈著：《陶记》，康熙《浮梁县志》卷8，康熙二十一年（1682）刻本。
［元］脱脱等：《宋史》，北京：中华书局校点本，1977年。
［明］宋濂等：《元史》，北京：中华书局校点本，1976年。
［明］王宗沐纂修：《江西省大志·陶书》，明嘉靖三十五年（1556）刻本。
《明实录》，台北"中研院"历史语言研究所校勘本，1962年。
《满洲实录》，北京：中华书局影印本，1986年。
［清］王临元修，曹鼎元等纂：康熙《浮梁县志》，康熙十二年（1673）刻本。
［清］陈淯修，邓幱、周之文纂：康熙《浮梁县志》，康熙二十一年（1682）刻本，景德镇市图书馆藏。
《清圣祖仁皇帝实录》，北京：中华书局影印本，1985年。
［清］张廷玉等：《明史》，北京：中华书局校点本，1974年。
《清世宗宪皇帝实录》，北京：中华书局影印本，1985年。
［清］李洊德、汪埙等修：乾隆《浮梁县志》，乾隆七年（1742）刻本，国家图书馆善本部藏。
［清］唐英著，张发颖编：《唐英全集》，北京：学苑出版社，2008年。
［清］唐英著，张发颖编：《唐英督陶文档》，北京：学苑出版社，2012年。
［清］唐英著：《陶人心语》，长沙：湖南人民出版社，2014年。
［清］梁同书著：《古窑器考》，宣统年间版。

［清］朱琰著，杜斌校注：《陶说》，济南：山东画报出版社，2010年。

《清高宗纯皇帝实录》，北京：中华书局影印本，1985、1986年。

［清］徐松辑：《宋会要辑稿》，北京：中华书局，1957年。

［清］蓝浦、郑廷桂著，欧阳琛、周秋生校点，卢家明、左行培注释：《景德镇陶录校注》，南昌：江西人民出版社，1996年。

［清］唐秉钧撰：《文房肆考图说》，北京：书目文献出版社，1996年。

［清］贺熙龄纂：道光《浮梁县志》，道光十二年（1832）刻本。

［清］程哲著：《窑器说》，道光年间刻本。

《清德宗景皇帝实录》，北京：中华书局影印本，1987年。

［清］寂园叟著，杜斌注解：《匋雅》，济南：山东画报出版社，2010年。

赵尔巽等：《清史稿》，北京：中华书局标点本，1976—1977年。

许之衡著：《饮流斋说瓷》，北京：中华书局，2012年。

台北故宫博物院等编：《故宫瓷器录》，1964年。

刘兰华著：《清代陶瓷》，哈尔滨：北方文物杂志社，1988年。

《康雍乾瓷器》，北京：紫禁城出版社，香港：两木出版社，1990年。

耿宝昌著：《明清瓷器鉴定》，北京：紫禁城出版社，香港：两木出版社，1993年。

易行广编著：《余靖谱传志略》，广州：暨南大学出版社，1993年。

冯先铭主编：《中国陶瓷》，上海：上海古籍出版社，1994年。

宋伯胤著：《清瓷萃珍·从刘源到唐英》，南京：南京博物院，香港：香港中文大学博物馆，1995年。

叶佩兰著：《元代瓷器》，北京：九州图书出版社，1998年。

冯先铭主编：《中国古陶瓷图典》，北京：文物出版社，1998年。

炎黄艺术馆编：《景德镇出土元明瓷器》，北京：文物出版社，1999年。

杨静荣著：《古陶瓷鉴赏》，桂林：广西师范大学出版社，2000年。

李辉柄著：《中国瓷器鉴定基础》，北京：紫禁城出版社，2001年。

台北故宫博物院编：《大汗的世纪：蒙元时代的多元文化与艺术》，2001年。

故宫博物院编：《故宫博物院藏明初青花瓷》，北京：紫禁城出版社，2002年。

徐湖平主编，南京博物院编著：《中国清代官窑瓷器》，上海：上海文化出版社，2003年。
耿宝昌主编：《名窑名瓷名家鉴赏》，南昌：江西美术出版社，2004年。
王光尧著：《中国古代官窑制度》，北京：紫禁城出版社，2004年。
陈润民主编，故宫博物院编：《清顺治康熙朝青花瓷》，北京：紫禁城出版社，2005年。
铁源主编：《江西藏瓷全集——清代》（上、下），北京：朝华出版社，2005年。
中国第一历史档案馆、香港中文大学文物馆合编：《清宫内务府造办处档案总汇》，北京：人民出版社，2005年。
故宫博物院陶瓷研究中心编：《故宫博物院藏清代御窑瓷器》，北京：紫禁城出版社，2006年。
熊寥、熊微编注：《中国陶瓷古籍集成》，上海：上海文化出版社，2006年。
黄云鹏主编：《元青花研究》，上海：上海辞书出版社，2006年。
郭兴宽、王光尧主编，故宫博物院编：《官样御瓷——故宫博物院藏清代制瓷官样与御窑瓷器》，北京：紫禁城出版社，2007年。
首都博物馆编：《景德镇珠山出土永乐官窑瓷器》，北京：文物出版社，2007年。
铁源主编：《江西藏瓷全集——明代》（上、下），北京：朝华出版社，2007年。
沈阳故宫博物院编：《沈阳故宫博物院院藏文物精粹》（瓷器卷上下），沈阳：万卷出版公司，2008年。
廖宝秀主编：《华丽彩瓷　乾隆洋彩》，台北：台北故宫博物院，2008年。
吕成龙、杨精荣主编，故宫博物院编：《故宫陶瓷馆》（上、下），北京：紫禁城出版社，2008年。
周思忠著：《清宫瓷胎画珐琅研究》，北京：文物出版社，2008年。
中国第一历史档案馆编、北京铁源陶瓷研究院编纂：《清宫瓷器档案全集》，北京：中国画报出版社，2008年。
吕成龙主编，故宫博物院编：《故宫陶瓷图典》，北京：紫禁城出版社，2010年。
王光尧著：《明代宫廷陶瓷史》，北京：紫禁城出版社，2010年。
刘金成著：《高安博物馆藏文物精粹》，北京：文物出版社，2011年。
安泳锝主编：《天骄遗宝——蒙元精品文物》，北京：文物出版社，2011年。
叶喆民著：《中国陶瓷史》（修订版），北京：生活·读书·新知三联书店，2011年。

上海博物馆编：《幽蓝神采：元代青花瓷器特集》，上海：上海书画出版社，2012年。

台北故宫博物院编：《精彩一百　国宝总动员》，2012年。

刘伟著：《帝王与宫廷瓷器》，北京：故宫出版社，2012年。

南京博物院编：《南京博物院珍藏大系——中国清代官窑瓷器》，南京：江苏美术出版社，2013年。

余春明编著：《中国瓷器欧洲范儿——南昌大学博物馆藏中国清代外销瓷》，北京：生活·读书·新知三联书店，2014年。

甲央主编：《宝藏：中国西藏历史文物》（上、下），北京：朝华出版社，2015年。

故宫博物院、首都博物馆编：《盛世风华——大清康熙御窑瓷》，北京：北京出版社，2015年。

江西省文物考古研究所、乐平市博物馆著：《景德镇南窑考古发掘与研究：2014年南窑学术研讨会论文集》，北京：科学出版社，2015年。

［美］罗伯特·芬雷（Robert Finlay）著，郑明萱译：《青花瓷的故事：中国瓷的时代》，海口：海南出版社，2015年。

故宫博物院陶瓷研究所、景德镇市陶瓷考古研究所编：《明代宣德御窑瓷器——景德镇御窑遗址出土与故宫博物院藏传世瓷器对比》，北京：故宫出版社，2015年。

赵纲主编：《瓷韵华彩：景德镇陶瓷馆藏珍》，北京：文物出版社，2016年。

王鲁湘、赵纲主编：《归来·丝路瓷典：明清外销瓷》，南昌：江西美术出版社，2016年。

张敏著：《大清督陶官唐英》，南京：江苏凤凰美术出版社，2016年。

故宫博物院编：《故宫博物院藏元代瓷器》（上、下），北京：故宫出版社，2016年。

故宫博物院陶瓷研究所、景德镇市陶瓷考古研究所编：《明代洪武永乐御窑瓷器——景德镇御窑遗址出土与故宫博物院藏传世瓷器对比》，北京：故宫出版社，2016年。

故宫博物院陶瓷研究所、景德镇市陶瓷考古研究所编：《明代成化御窑瓷器——景德镇御窑遗址出土与故宫博物院藏传世瓷器对比》（上、下），北京：故宫出版社，2016年。

故宫博物院编：《故宫博物院藏御制诗陶瓷器》，北京：故宫出版社，2016年。

吕成龙主编，故宫博物院陶瓷研究所编：《官窑瓷器》，北京：故宫出版社，2016年。

R.L.Hobson, Blue and White before the Ming Dynasty: A Pair of Dated Yüan

Vase, Old Furniture: A Magazine of Domestic Ornament, Vol.6 (Jan.- Apr., 1929).

John Alexander Pope, Fourteenth-century Blue-and-White:A Group of Chinese Porcelains in the Topkapu Sarayi Müzesi, Istanbul, Freer Gallery of Art Occasional Papers, Volume2, Number 1, Washington, 1952.

感谢辞

在《御窑千年》的准备、研究、撰写、出版过程中，得到诸位领导、专家和朋友们的热情关心和大力支持，谨向他们致以诚挚的敬谢：

爱新觉罗·启骧先生题写片名和书名，耿宝昌先生题写书名页书签；

故宫博物院单霁翔院长、王亚民常务副院长，故宫研究院郑欣淼院长，中国紫禁城学会晋宏逵会长暨学会同仁，故宫博物院器物部主任、故宫研究院陶瓷研究所所长吕成龙研究馆员在百忙之中通校拙作全稿，特此致谢；

北京社会科学院王学勤院长暨同仁；

北京满学会陈丽华终身荣誉会长暨同仁；

中共景德镇市委常委、宣传部汪剑平部长、郑鹏副部长，景德镇古窑民俗博览区董事长陈武平先生；

景德镇市陶瓷考古研究所、中国景德镇陶瓷大学、中国景德镇陶瓷博物馆专家周荣林、江建新、李一平、曹建文、詹嘉、徐桃生、白光华、黄清华、黄薇教授，赵纲馆长；

台北故宫博物院原院长周功鑫、冯明珠先生，首都博物馆白杰书记、武俊玲研究员，上海博物馆陈克伦副馆长，沈阳故宫博物院原副院长杨小东、李理副院长，江西高安博物馆刘金成馆长；

生活·读书·新知三联书店路英勇总经理、翟德芳总编辑；舒炜副总编辑；

中央电视台科教频道阚兆江主任、"百家讲坛"制片人那尔苏、编导孟庆吉、摄像高虹、制片吴林、化妆师杨静等诸君；

中国出版集团谭跃总裁、李岩副总经理；

最后，感谢国家新闻出版广电总局阎晓宏副局长，闻知我的《御窑千年》课题后，给以关心、指导、鼓励和支持；

像以往一样，我的家人给予全力的关心和支持。

阎崇年

2017年3月8日

于四合书屋